青森 弘前・津輕・十和田 ②

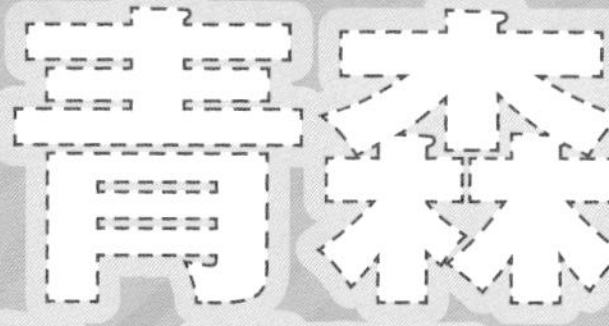

可以拆下使用

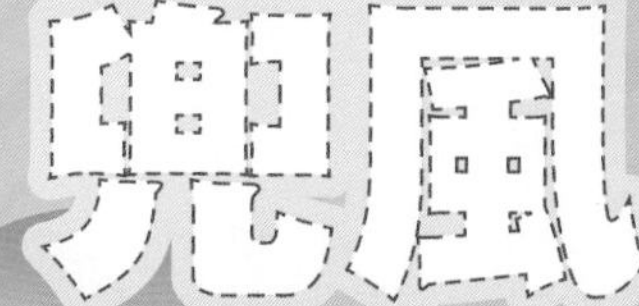

# 青森 兜風自駕&逛街 MAP

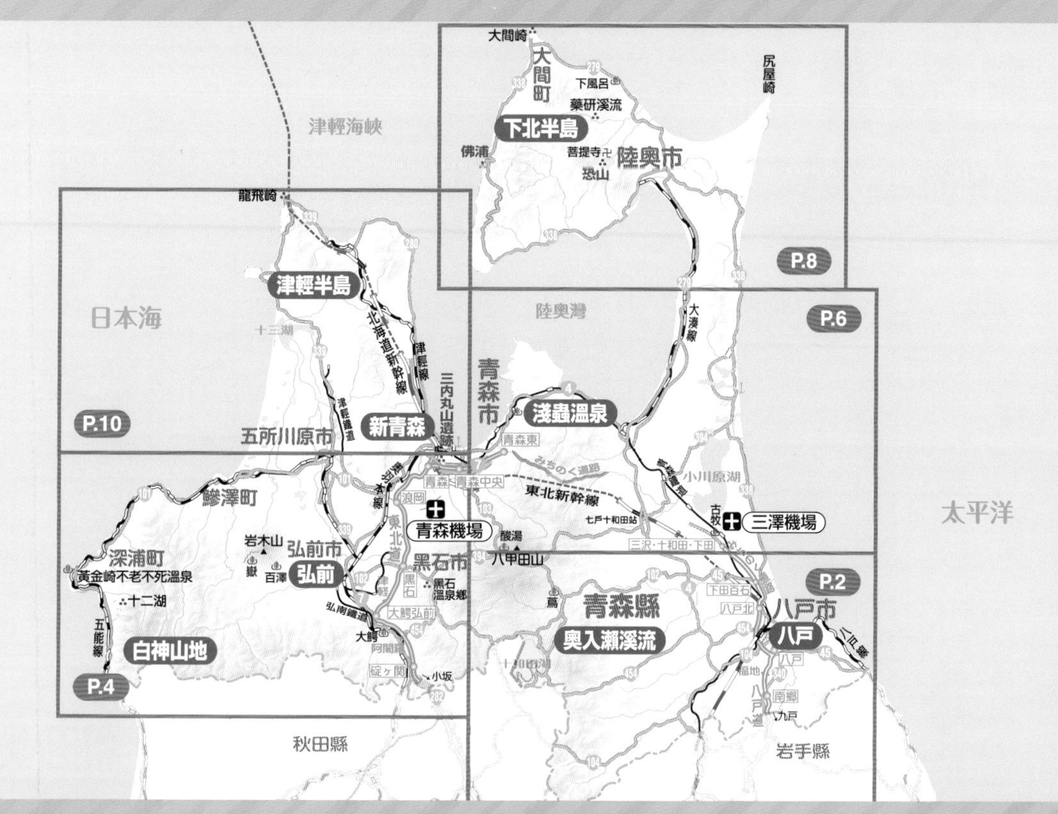


■關於本書所刊載之地圖
この地図の作成に当たっては、国土地理院長の承認を得て、同院発行の2万5千分1地形図　5万分1地形図　20万分1地勢図　50万分1地方図、100万分1日本及び基盤地図情報を使用した。（承認番号　平29情使、第45-283801号　平29情使、第46-283801号　平29情使、第47-283801号 平29情使、第48-283801号）

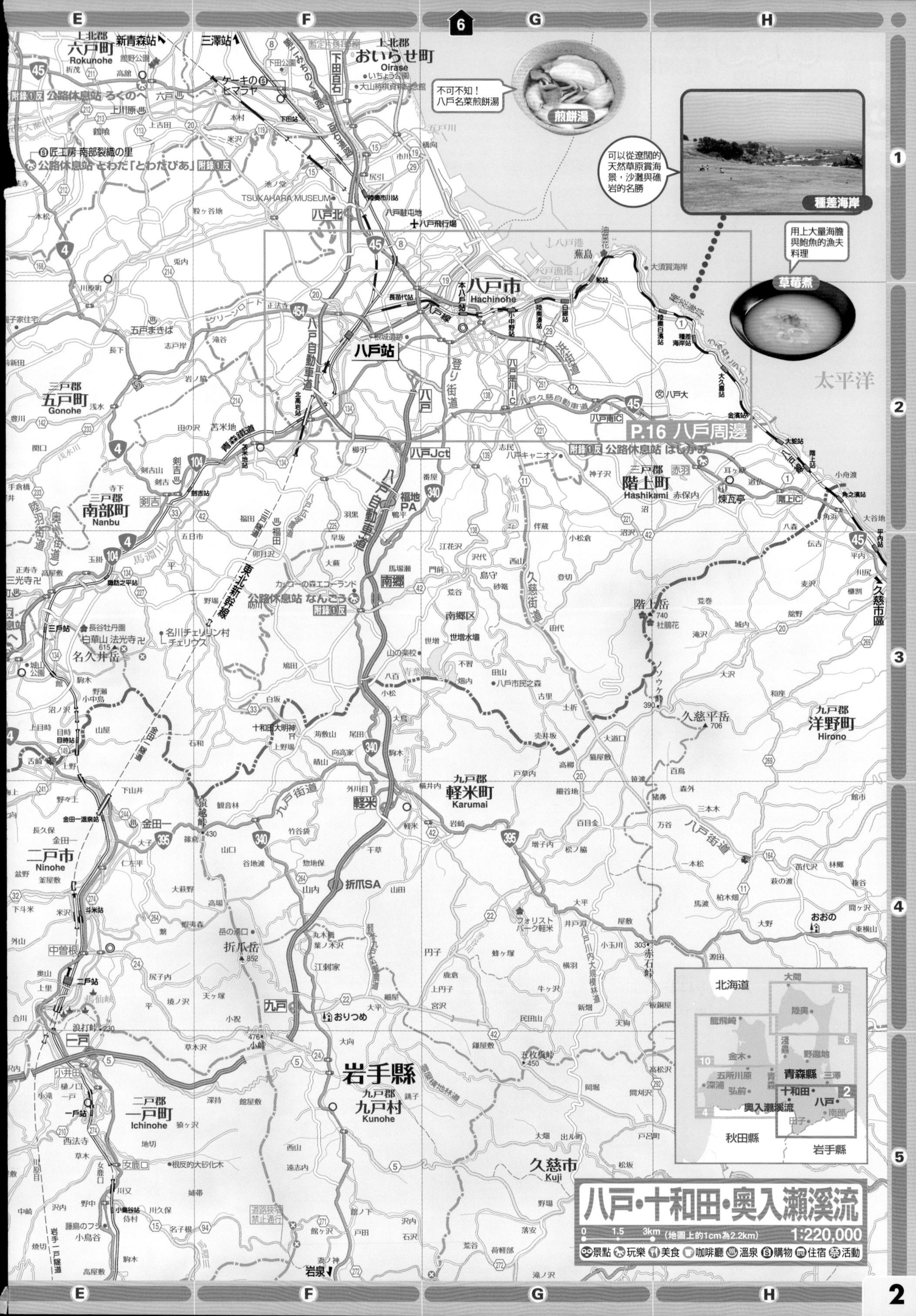

八戸·十和田·奧入瀨溪流
0 1.5 3km (地圖上的1cm為2.2km)
1:220,000
景點 玩樂 美食 咖啡廳 溫泉 購物 住宿 活動
不可不知！
八戶名菜煎餅湯
煎餅湯
可以從遼闊的天然草原賞海景，沙灘與礁岩的名勝
種差海岸
用上大量海膽與鮑魚的漁夫料理
草莓煮
P.16 八戸周邊
太平洋
八戸市
Hachinohe
八戸站
上北郡
おいらせ町
Oirase
上北郡
六戸町
Rokunohe
三戸郡
五戸町
Gonohe
三戸郡
南部町
Nanbu
三戸郡
階上町
Hashikami
九戸郡
軽米町
Karumai
九戸郡
洋野町
Hirono
二戸市
Ninohe
二戸郡
一戸町
Ichinohe
九戸郡
九戸村
Kunohe
久慈市
Kuji
岩手縣
久慈市區
公路休息站 ろくのへ
公路休息站 とわだ「とわだぴあ」
公路休息站 なんごう
公路休息站 はしかみ
匠工房 南部裂織の里
ケーキの店 ヒマラヤ
TSUKAHARA MUSEUM
八戸飛行場
八戸港
蕪島
種差海岸
八戸Jct
八戸北IC
八戸南IC
福地PA
折爪SA
階上岳
名久井岳
折爪岳
久慈平岳
東北新幹線
青森鐵道
八戸自動車道
新青森站
三澤站
岩泉
北海道
青森縣
秋田縣
岩手縣
大間
陸奧
龍飛崎
金木
五所川原
弘前
深浦
野邊地
三澤
十和田
八戶
奧入瀨溪流
南部
田子

兜風自駕地圖
八戶・十和田・奧入瀨溪流
青森市 Aomori
黑石市 Kuroishi
元湯猿倉溫泉 P.81
青森市區
蔦之七沼 P.80
蔦溫泉旅館 P.80
奥入瀬グリーンホテル
野の花 焼山荘 P.127
遊魚荘 P.75
舊笠石家住宅 P.78
奧入瀨永水館 附錄①正
奧入瀨溪流館 附錄①正
奥入瀬モスボール工房 P.69
石窯ピザ Ortolana P.75
溪流休息站 おいらせ 附錄①正
星野度假村 奧入瀨溪流飯店 P.70・124
三亂之流 P.68・附錄①正
石戶休憩所 附錄①正
天然温泉掛け流しの宿 ホテル ポニー温泉 P.120
十和田市馬事公苑（馬騎園地） P.78
官廳街道（駒街道） P.78
cube cafe&shop P.77
十和田市現代美術館 P.76
公路休息站 奧入瀨 附錄①反
奥入瀬麦酒館 P.78
バラ焼き大衆食堂 P.78
和風レストランとわだ P.78
每個角度看都是如畫美景，四季更迭的風貌很迷人
奧入瀨溪流
本書P.74 十和田湖
十和田湖
湖泊周邊散佈著許多觀景台，能欣賞絕景
青森縣 十和田市 Towada
平川市 Hirakawa
白地山
鹿角郡 小坂町 Kosaka
十和田山
戶來岳
大黑森
三戸郡 新鄉村 Shingo
耶穌之墓（耶穌之里公園） P.75
公路休息站 しんごう 間木の平グリーンパーク 附錄①反
十和利山
發荷峠
來一探流傳於新鄉村的耶穌降臨傳說之謎吧
耶穌之墓
三戸町 Sannohe
ドコノ森
三戸郡 田子町 Takko
朝日奈岳
竜ヶ森
秋田街道
秋田縣 鹿角市 Kazuno
中岳
稲庭岳
八幡平市 Hachimantai
淨法寺
十和田
大湯
碇ヶ関IC
花輪SA
鹿角八幡平
安代Jct
五ノ宮嶽
東北自動車道
八戸自動車道
十和田道

P.14
青森市區·新青森
將鯛魚燒油炸而成的五所川原知名點心
炸鯛魚燒
P.103 あげたいの店
津輕市
Tsugaru
五所川原市
Goshogawara
本書P.103 五所川原
五所川原北IC
五所川原IC
五所川原東IC
P.103 津輕金山燒
附錄①反 公路休息站 もりた
Café de Ami P.103
新青森站
新青森站
P.64 北洋硝子
青森Jct
青森自動車道
青森中央
青森東IC
東北新幹線
北海道新幹線
梵珠山
大釈迦峠
羽州街道
P.103 鶴之舞橋
北津輕郡
鶴田町
Tsuruta
公路休息站 つるた 附錄①反
北津輕郡
板柳町
Itayanagi
附錄①反 公路休息站 なみおか「アップルヒル」
浪岡
大釈迦
P.62 青森公立大學 青森國際藝術中心
青森機場
青森市
Aomori
岩木山的山腳下有一望無際的蘋果園
岩木山
南津輕郡
藤崎町
Fujisaki
本書P.44 黑石
將炒麵淋上湯汁的在地美食
黑石湯汁炒麵
能欣賞由知名人物創作的津輕木偶
こけしアートギャラリー
P.43 こいの広場
アソベの森いわき荘 P.128
岩木山神社 P.42
高照神社 P.42
百澤溫泉 P.43
田舍館村藝術田園展(第1田園藝術展區)
南津輕郡
田舍館村
Inakadate
P.49 田舍館村藝術田園展(第2田園藝術展區)
旅の宿 斉川 P.48
P.12 弘前市區
富士見橋臨時停車場
岩木橋臨時停車場
デザートショップ
P.31 津軽三味線ライブ
P.43 弘前市蘋果公園 あいや
P.35 弘前シードル工房 kimori
P.35 Tamura Farm
星與森之 P.129 ROMANTOPIA
境關溫泉 P.41
P.45 盛美園
猿賀公園 P.45
弘果物流
Pâtisserie Blanc P.35
SALLE A MANGER deux CHEZ-MOI P.29
Chez Ange P.29
公路休息站 いなかだて 附錄①反
黑石
P.48 黑石溫泉鄉
花禅の庄 P.127
かねさだ旅館 P.129
P.45 津輕傳承工藝館
新屋溫泉 P.41
黑石市
Kuroishi
公路休息站 虹の湖 附錄①反
ランプの宿 青荷溫泉 P.48
盛美園
《借物少女艾莉緹》曾以此為參考
せせらぎ溫泉 P.41
白馬龍神溫泉 P.41
附錄①反 公路休息站 ひろさき
津輕SA
大鰐弘前
弘前市
Hirosaki
P.33 弘大カフェ 成田專藏珈琲店
不二やホテル P.48
観光ホテル寿実麗 P.48
ランプの宿 青荷溫泉
大鰐溫泉 P.48
P.46·126 星野度假村 界 津輕
P.128 青森釀酒廠酒店
阿闍羅PA
阿闍羅山
南津輕郡
大鰐町
Owani
公路休息站 いかりがせき 附錄①反
碇ヶ関
平川市
Hirakawa
下榻於遠離喧囂、只有油燈照亮的恬靜旅館
秋田縣
大館市
Odate
鹿角郡
小坂町
Kosaka
大館市區
小坂IC
鹿角
十和田湖
七戸
淺蟲溫泉

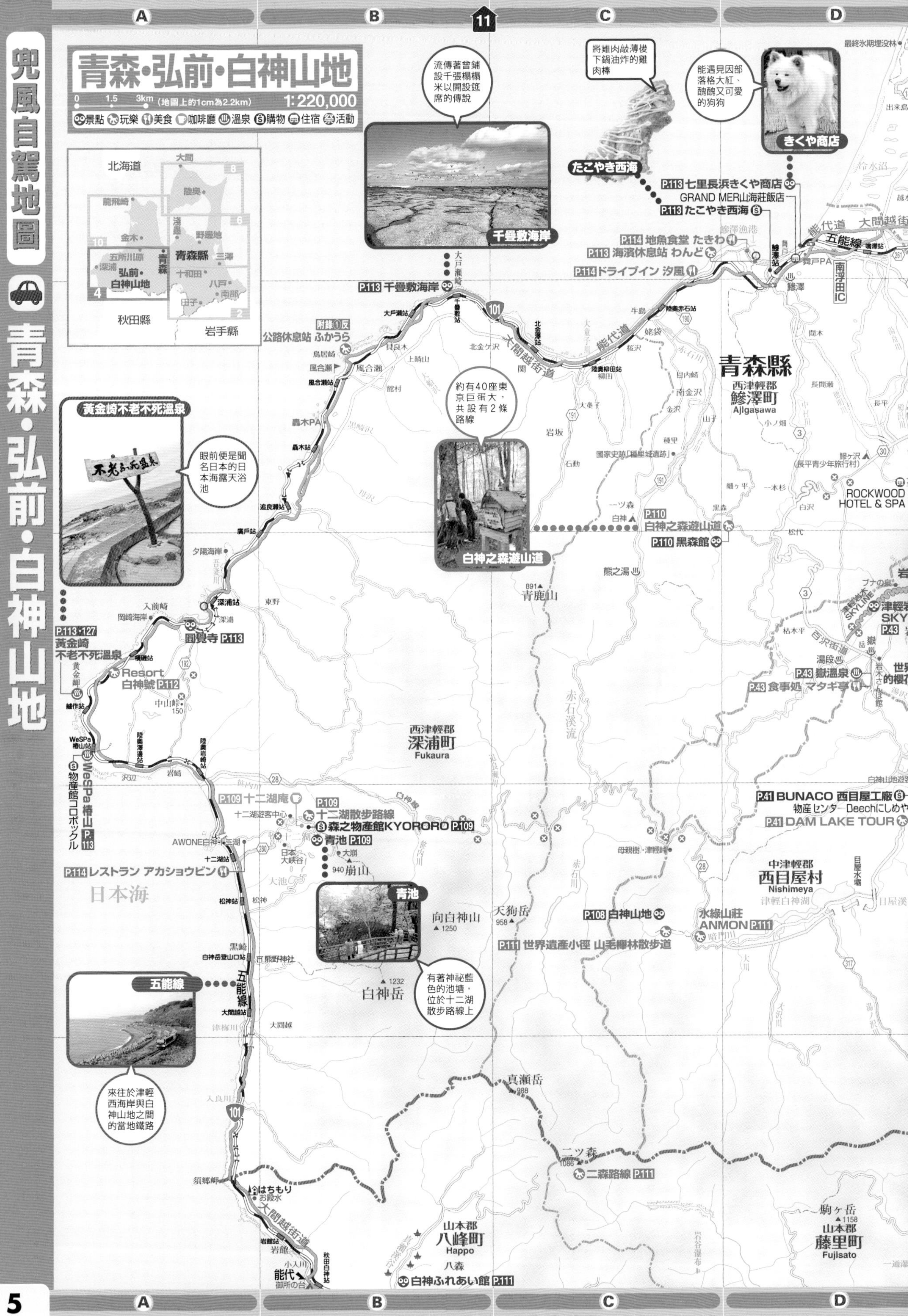
青森・弘前・白神山地
0 1.5 3km (地圖上的1cm為2.2km) 1:220,000
景點 玩樂 美食 咖啡廳 溫泉 購物 住宿 活動
北海道
大間
陸奧
龍飛崎
金木
五所川原
深浦
弘前・白神山地
青森
青森縣
淺蟲
野邊地
三澤
十和田
八戶
南部
田子
秋田縣
岩手縣
流傳著曾鋪設千張榻榻米以開設筵席的傳說
千疊敷海岸
將雞肉敲薄後下鍋油炸的雞肉棒
たこやき西海
能遇見因部落格大紅、醜醜又可愛的狗狗
きくや商店
P.113 七里長浜きくや商店
GRAND MER山海莊飯店
P.113 たこやき西海
P.114 地魚食堂 たきわ
P.113 海濱休息站 わんど
P.114 ドライブイン 汐風
鰺澤漁港
能代道
大間越街道
五能線
南浮田IC
P.113 千疊敷海岸
附錄① 反
公路休息站 ふかうら
大戶瀬崎
千疊敷站
北金澤站
陸奧赤石站
陸奧柳田站
風合瀬
驫木PA
驫木站
追良瀨站
廣戶站
深浦站
青森縣
西津輕郡
鰺澤町
Ajigasawa
約有40座東京巨蛋大，共設有2條路線
白神之森遊山道
國家史跡「種里城遺跡」
P.110 白神之森遊山道
P.110 黑森館
ROCKWOOD HOTEL & SPA
黃金崎不老不死溫泉
眼前便是聞名日本的日本海露天浴池
P.113・127 黃金崎不老不死溫泉
圓覺寺 P.113
Resort 白神號 P.112
WeSPa椿山站
WeSPa 椿山 物產館コロボックル P.113
青鹿山
熊之湯
赤石溪流
西津輕郡
深浦町
Fukaura
P.43 嶽溫泉
P.43 食事処 マタギ亭
津輕岩木SKYLINE
P.41 BUNACO 西目屋工廠
物産センター Deechにしめや
P.41 DAM LAKE TOUR
P.109 十二湖庵
P.109 十二湖散步路線
十二湖遊客中心
森之物產館KYORORO P.109
青池 P.109
AWONE白神十二湖
十二湖站
日本大峽谷
崩山
P.114 レストラン アカショウビン
日本海
青池
有著神祕藍色的池塘，位於十二湖散步路線上
向白神山
天狗岳
白神岳
P.108 白神山地
水綠山莊 ANMON P.111
P.111 世界遺產小徑 山毛櫸林散步道
中津輕郡
西目屋村
Nishimeya
津輕白神湖
五能線
來往於津輕西海岸與白神山地之間的當地鐵路
真瀨岳
二ツ森
二森路線 P.111
はちもり
大間越街道
岩館
能代
山本郡
八峰町
Happo
白神ふれあい館 P.111
駒ヶ岳
山本郡
藤里町
Fujisato

淺蟲溫泉‧下北半島(南)
0 1.5 3km (地圖上的1cm為2.2km) 1:220,000
景點 玩樂 美食 咖啡廳 溫泉 購物 住宿 活動
整個町渲染上油菜花的色彩，5月第3週日舉辦
油菜花節
上北郡 横浜町 Yokohama
上北郡 六ヶ所村 Rokkasho
P.122 六所原燃PR中心
公路休息站「よこはま」菜の花プラザ 附錄①反
西太公魚與銀魚的釣魚場，周邊還設有露營區
小川原湖
P.97‧附錄①反 公路休息站 みさわ 斗南藩記念観光村
P.96 くれ馬ぱ～く
P.97 三澤市寺山修司紀念館
公路休息站 おがわら湖 附錄①反
三澤市 Misawa
P.97 青森縣立三澤航空科學館
P.97 三澤基地航空祭
三澤機場
美國日 P.97
Sky Plaza MISAWA P.96
HOTEL ROUTE-INN MISAWA
Annex Princess Hotel Misawa
はまなす食堂
P.96 きらく亭
P.92‧125 星野度假村 青森屋
能親睹真正的戰鬥機與日本首架客機等
青森縣立三澤航空科學館
北寄貝丼是12～3月限定的三澤名菜
北寄貝丼
上北郡 おいらせ町 Oirase
上北郡 六戸町 Rokunohe
淋代海岸
太平洋
淺蟲溫泉 1：17,000 周邊圖 附錄②P.7 A-3
青森市
P.129 絕景之宿 淺蟲櫻花觀光飯店
青森縣營淺蟲水族館 P.66
淺蟲水族館
約有300種水生動物，海豚秀廣受好評
P.128 秋田屋酒店
公路休息站淺虫温泉
附錄①反 公路休息站 浅虫温泉「ゆ～さ浅虫」
P.66 淺蟲溫泉
P.128 南部屋‧海扇閣
津軽藩本陣の宿柳の湯 P.66
椿館 P.66
割烹旅館さつき
辰巳館
淺蟲溫泉站
青森鐵道
北海道 秋田縣 岩手縣 青森縣 三澤

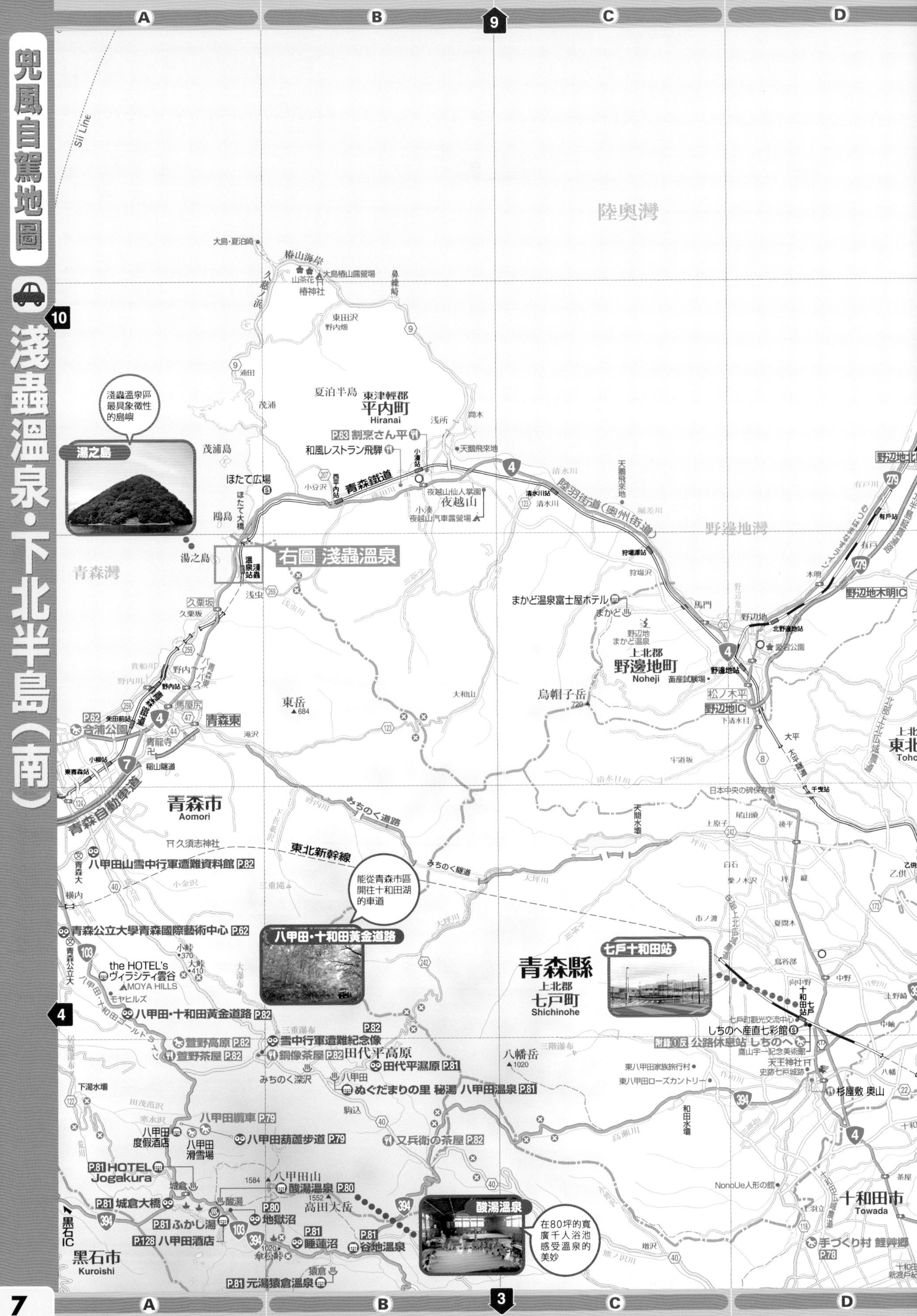
陸奥灣
青森灣
野邊地灣
大島・夏泊崎
椿山海岸
大島椿山露營場
椿神社
東田沢
野内畑
浦田
夏泊半島
東津輕郡
平内町
Hiranai
P.63 割烹さん平
和風レストラン飛騨
浅所
茂浦島
天鵝飛來地
ほたて広場
青森鐵道
夜越山
小湊
小湊站
西平内站
夜越山仙人掌園
夜越山汽車露營場
鴎島
湯之島
淺蟲溫泉區最具象徵性的島嶼
湯之島
右圖 淺蟲溫泉
淺蟲溫泉站
浅虫
久栗坂
清水川
清水川站
陸羽街道(奥州街道)
狩場沢站
狩場沢
まかど温泉富士屋ホテル
まかど
野辺地まかど温泉
上北郡
野邊地町
Noheji
畜産試験場
馬門
野辺地
北野邊地站
愛宕公園
野邊地站
松ノ木平
野辺地IC
野辺地木明IC
野辺地北IC
有戸
木明
下清水目
大平
太平隧道
千曳站
宇道坂
日本中央の碑保存館
上北
東北
Toho
東岳
684
大和山
烏帽子岳
720
野内站
野内
貴船川
野内川
馬屋尻
青森東
P.62 合浦公園
矢田前站
小柳站
東青森站
青龍寺
稲山隧道
青森自動車道
滝沢
青森市
Aomori
みちのく道路
天間林水壩
久須志神社
八甲田山雪中行軍遭難資料館 P.82
東北新幹線
みちのく隧道
能從青森市區開往十和田湖的車道
上原子
尾山頭
後平
白石
栗ノ木沢
市ノ渡
夏間木
乙供
横内
三重滝
大坪川
青森公立大學青森國際藝術中心 P.62
八甲田・十和田黃金道路
小峠
370
大峠
410
the HOTEL's ヴィラシティ雲谷
MOYA HILLS
モヤヒルズ
八甲田・十和田黃金道路 P.82
青森縣
上北郡
七戸町
Shichinohe
七戸十和田站
鳥谷部
向中野
中野
七戸町観光交流センター
しちのへ産直七彩館
附錄①反 公路休息站 しちのへ
鷹山宇一記念美術館
天王神社
史跡七戸城跡
杉屋敷 奥山
東八甲田家族旅行村
東八甲田ローズカントリー
三重瀑布
P.82
萱野高原 P.82
萱野茶屋 P.82
雪中行軍遭難紀念像
銅像茶屋 P.82
田代平高原
田代平濕原 P.81
八幡岳
1020
下湯水壩
みちのく深沢
八甲田
ぬぐだまりの里 秘湯 八甲田温泉 P.81
和田水壩
駒込
八甲田纜車 P.79
八甲田度假酒店
八甲田滑雪場
八甲田葫蘆步道 P.79
又兵衛の茶屋 P.82
高瀬川
P.81 HOTEL Jogakura
城倉
1584
八甲田山
酸湯溫泉 P.80
酸湯
1552
高田大岳
P.81 城倉大橋
P.80 地獄沼
P.81 ふかし湯
P.128 八甲田酒店
P.81 睡蓮沼
1020
傘松峠
P.81 谷地溫泉
黒石IC
黒石市
Kuroishi
猿倉
P.81 元湯猿倉溫泉
酸湯溫泉
在80坪的寬廣千人浴池感受溫泉的美妙
NonoUe人形の館
十和田市
Towada
手づくり村 鯉艸郷 P.78
十和田新渡戸記
増沢

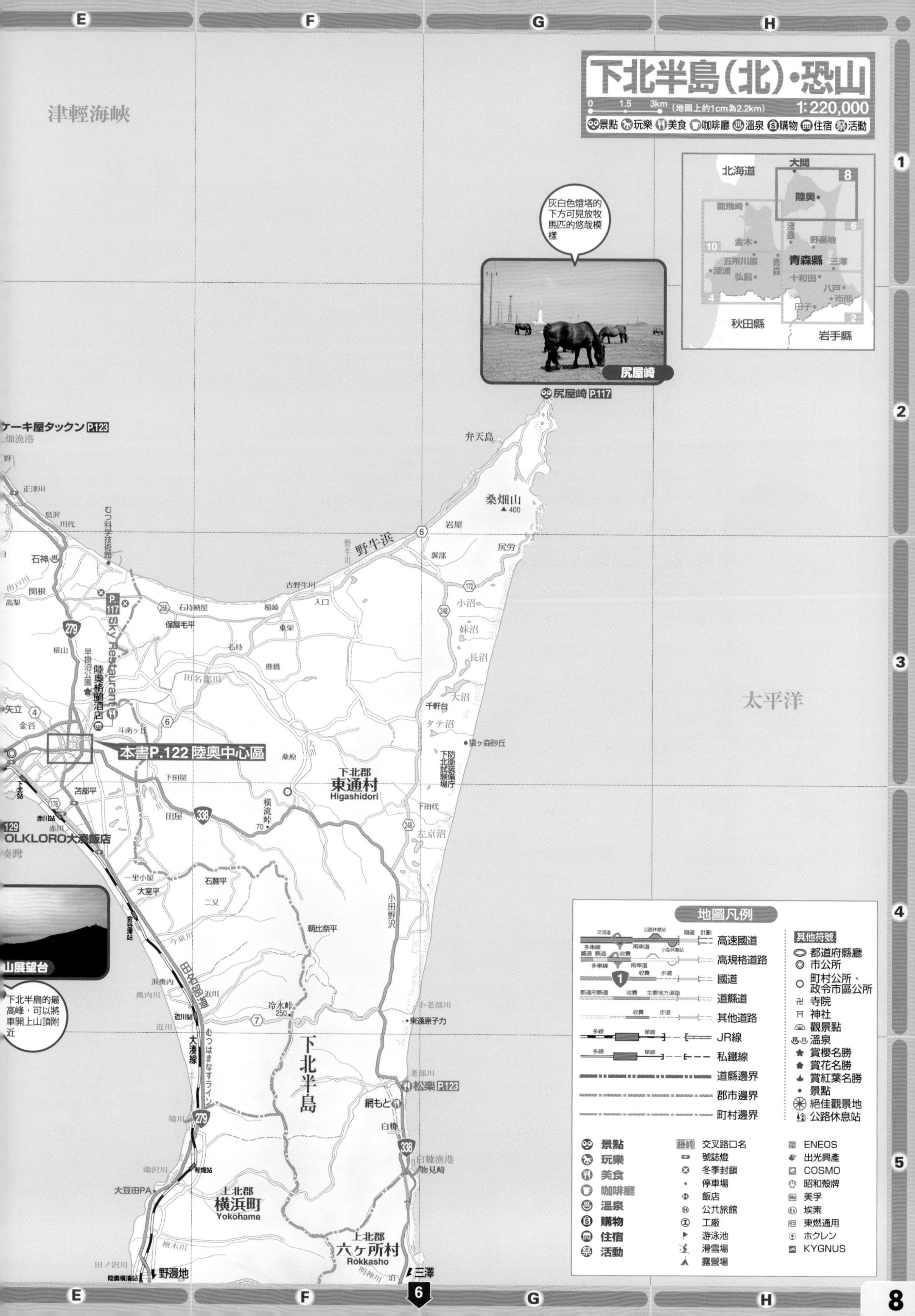

下北半島(北)・恐山
0 1.5 3km (地圖上的1cm為2.2km) 1:220,000
景點 玩樂 美食 咖啡廳 溫泉 購物 住宿 活動
津輕海峽
太平洋
灰白色燈塔的下方可見放牧馬匹的悠哉模樣
尻屋崎
尻屋崎 P.117
弁天島
桑畑山 400
岩屋
尻労
野牛浜
ケーキ屋タックン P.123
Sky Restaurant P.117
陸奥格蘭酒店
本書P.122 陸奥中心區
下北郡 東通村 Higashidori
下北半島
上北郡 横浜町 Yokohama
上北郡 六ヶ所村 Rokkasho
松楽 P.123
網もと
OLKLORO大湊飯店
山展望台
下北半島的最高峰，可以將車開上山頂附近
野邊地
三澤
北海道 大間 陸奥 青森縣 秋田縣 岩手縣
地圖凡例
高速國道 高規格道路 國道 道縣道 其他道路 JR線 私鐵線 道縣邊界 郡市邊界 町村邊界
其他符號
都道府縣廳 市公所 町村公所、政令市區公所 寺院 神社 觀景點 溫泉 賞櫻名勝 賞花名勝 賞紅葉名勝 景點 絕佳觀景地 公路休息站
景點 玩樂 美食 咖啡廳 溫泉 購物 住宿 活動
交叉路口名 號誌燈 冬季封鎖 停車場 飯店 公共旅館 工廠 游泳池 滑雪場 露營場
ENEOS 出光興產 COSMO 昭和殼牌 美孚 埃索 東燃通用 ホクレン KYGNUS

# 下北半島(北)・恐山

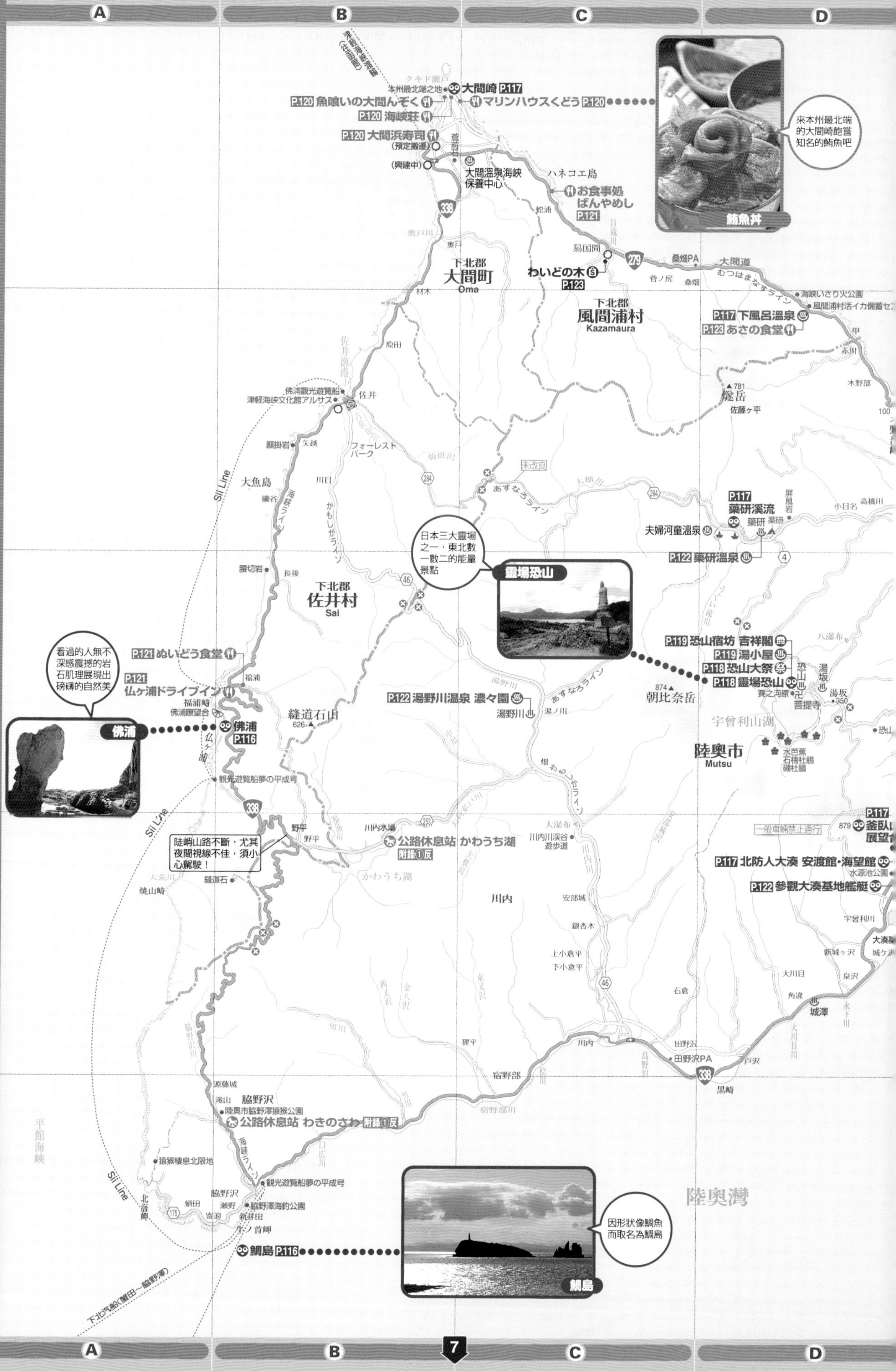

A
B
C
D
大間崎 P.117
本州最北端之地
P.120 魚喰いの大間んぞく
マリンハウスくどう P.120
P.120 海峡荘
P.120 大間浜寿司
(預定搬遷)
(興建中)
大間温泉海峡保養中心
ハネコエ島
お食事処 ばんやめし P.121
來本州最北端的大間崎飽嘗知名的鮪魚吧
鮪魚丼
338
279
易国間
わいどの木 P.123
下北郡 大間町 Oma
下北郡 風間浦村 Kazamaura
桑畑PA
大間道
むつはまなすライン
海峡いさり火公園
風間浦村活イカ備蓄セ
P.117 下風呂温泉
P.123 あさの食堂
781 縫岳
佐藤ヶ平
木野部
赤川
佛浦觀光遊覧船
津軽海峡文化館アルサス
佐井
願掛岩
矢越
フォーレストパーク
大魚島
磯谷
川目
未改良
284
あすなろライン
P.117 薬研溪流
夫婦河童温泉
薬研
P.122 薬研温泉
日本三大靈場之一，東北數一數二的能量景點
靈場恐山
腰切岩
長後
46
下北郡 佐井村 Sai
P.119 恐山宿坊 吉祥閣
P.119 湯小屋
P.118 恐山大祭
P.118 靈場恐山
874 朝比奈岳
賽之河原
菩提寺
湯坂
350
看過的人無不深感震撼的岩石肌理展現出磅礴的自然美
P.121 ぬいどう食堂
P.121 仏ヶ浦ドライブイン
福浦
福浦崎
佛浦瞭望台
佛浦
佛浦 P.116
縫道石山 626
P.122 湯野川温泉 濃々園
湯野川
湯ノ川
宇曾利山湖
陸奥市 Mutsu
水芭蕉
石楠杜鵑
磯杜鵑
觀光遊覧船夢の平成号
Sii Line
野平
川内水場
公路休息站 かわうち湖 附錄①反
大滝布
川内川溪谷遊歩道
一般車輛禁止通行
879 釜臥山展望台 P.117
P.117 北防人大湊 安渡館・海望館
水源池公園
P.122 參觀大湊基地艦艇
陡峭山路不斷，尤其夜間視線不佳，須小心駕駛！
大荒川
焼山崎
縫道石
かわうち湖
川内
安部城
銀杏木
上小倉平
下小倉平
宇曾利川
大湊
城ヶ沢
新城ヶ沢
大川目
泉沢
角違
石倉
城澤
川内
田野沢
田野沢PA
芦沢
黒崎
宿野部
宿野部川
源藤城
滝山
脇野沢
陸奥市脇野澤猿猴公園
公路休息站 わきのさわ 附錄①反
平館海峽
猿猴棲息北限地
觀光遊覧船夢の平成号
脇野沢
蛸田
瀬野
寄浪
新井田
牛ノ首岬
北海岬
175
脇野澤海釣公園
陸奥灣
因形狀像鯛魚而取名為鯛島
鯛島 P.116
鯛島
下北汽船(蟹田—脇野澤)



7

木古内IC
龍飛崎 P.105
階梯國道 P.105
龍飛岬觀光服務處「龍飛館」P.105
青函隧道紀念館 P.105
公路休息站 みんまや P.105・附錄①反
通往龍飛崎的細長樓梯，是車輛無法行走的罕見國道
階梯國道
津輕海峽
高野崎 P.104
岩屋觀音 P.106
北海道新幹線
外ヶ浜町総合交流センター「かぷと」P.106
秀鮨 P.104
東津輕郡 外濱町 Sotogahama
矢形石山
東津輕郡 今別町 Imabetsu
袴腰岳
丸屋形岳
平館不老不死温泉
公路休息站 たいらだて 附錄①反
平舘燈塔
だいば
佐井村 Sai
陸奥市 Mutsu
Sii Line
平舘海峽
P.106 奥津輕今別站
P.106・附錄①反 公路休息站 いまべつ 半島プラザアスクル
四ッ滝山
大量使用十三湖特產品大和蜆製作的蜆拉麵
五所川原市 Goshogawara
蜆拉麵
P.116 陸奧灣渡輪
陸奧灣渡輪（蟹田－脇野澤）
松前街道（陸羽街道）
東津輕郡 外濱町 Sotogahama
蟹田
TOP MAST
蟹田駅前市場 ウェル蟹 P.106
公路休息站 十三湖高原 P.105・附錄①反
P.105 しじみ亭奈良屋
ドライブイン和歌山 P.106
十三湖 P.105
津輕半島
北津輕郡 中泊町 Nakadomari
袴腰岳
東津輕郡 蓬田村 Yomogita
以冬季的暖爐列車和夏季的風鈴列車出名的津輕鐵道
大倉岳
ドレミ食堂
津輕鐵道
左圖 金木
P.101 茶房「駅舎」
津輕市 Tsugaru
五所川原市 Goshogawara
青函渡輪（函館－青森）
津輕海峽渡輪（函館－青森）
青森灣
青森市 Aomori
P.59 自家製麵 中華そば ひらこ屋
P.64 北洋硝子
P.14 青森市區・新青森
新青森站
淺蟲溫泉
青森東IC
P.59 中華そば 田むら
P.103 あげたいの店
本書P.103 五所川原
津輕金山燒 P.103
高達6層樓高的摩天睡魔氣勢凌人
立佞武多
浪岡IC
弘前
青森Jct
浪岡IC

津輕半島・五所川原
0 1.5 3km (地圖上的1cm為2.2km) 1:220,000
景點 玩樂 美食 咖啡廳 溫泉 購物 住宿 活動
北海道
大間
龍飛崎
陸奥
金木
淺蟲
野邊地
五所川原
青森
青森縣
三澤
深浦
弘前
十和田
八戶
南部
田子
秋田縣
岩手縣
金木
1：45,000
周邊圖 附錄② P.10 F-4
0 250 500m
十三湖
津輕中里站
金木町藤枝
芦野公園
蘆野公園站
縣立蘆野公園
保食神社
五所川原市
津輕鐵道
P.101 赤い屋根の喫茶店「駅舎」
伊藤忠吉紀念圖書館
金木小
P.101 太宰治回憶廣場
金木高
金木クラフト
不動宮
P.101 雲祥寺
P.101 津輕三味線會館
金木中
金木站
金木溫泉
金木溫泉旅館
P.101 太宰らうめんと郷土料理「はな」
P.100 太宰治紀念館「斜陽館」
太宰治 疏開之家「舊津島家新座敷」 P.100
金木自動車學校
五所川原市區
津輕五所川原站
日本海
能遠眺津輕海峽對岸的北海道，景色壯麗
龍飛
小說「津輕」之像紀
小泊岬
漫步太宰治的故鄉就從金木站啟程，風雅的車站也不容錯過
金木站
斜陽館
文豪太宰治的老家，單就建築遺產來看也極具價值
七里長浜
最終氷期埋没林
出来島

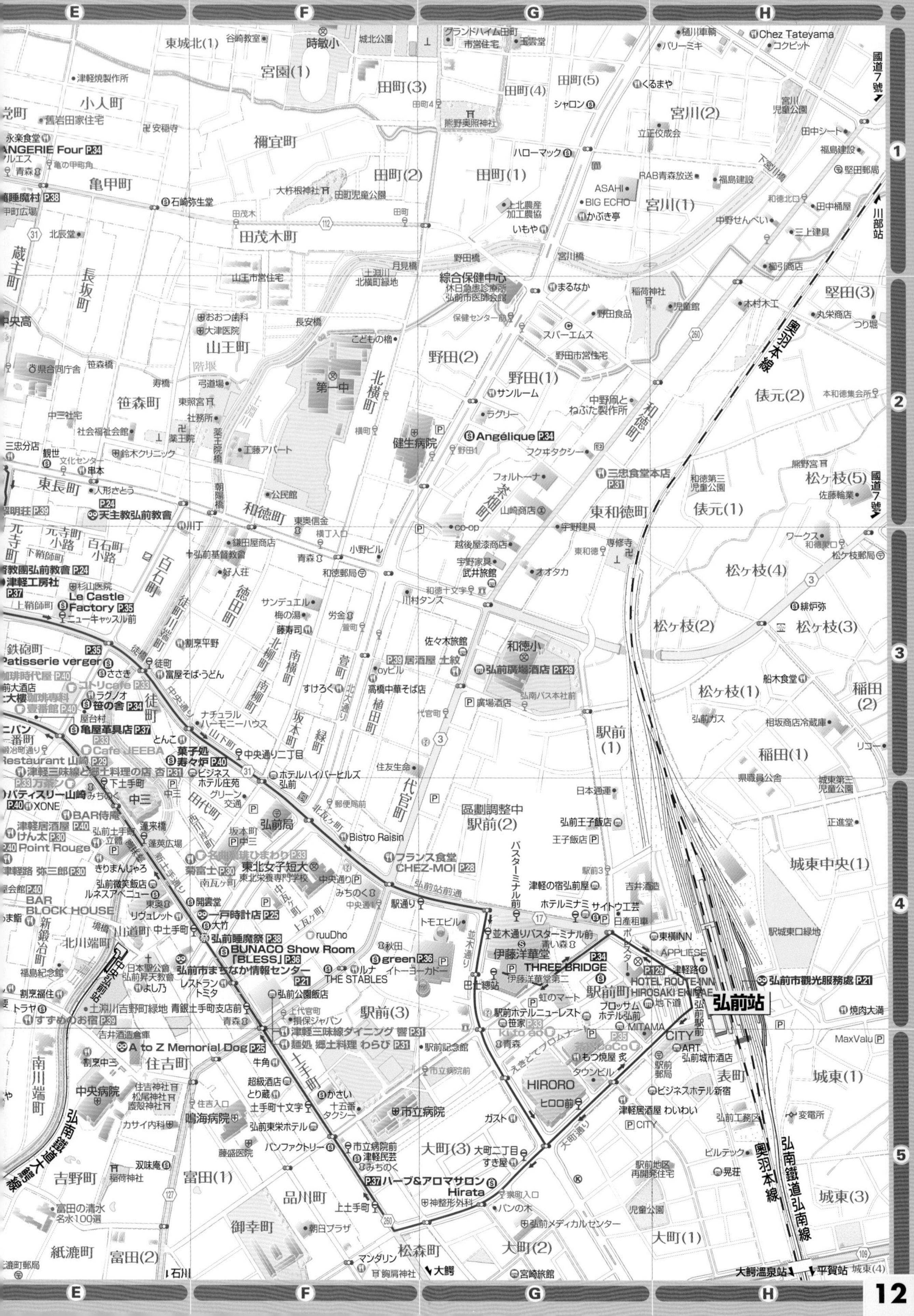
E
F
G
H
東城北(1)
谷崎教室
時敏小
城北公園
グランドハイム田町
市営住宅
玉雲堂
樋川車輌
パリーミキ
Chez Tateyama
コクピット
國道7號
宮園(1)
津軽焼製作所
田町(3)
田町(4)
田町(5)
くるまや
小人町
旧岩田家住宅
安穏寺
熊野奥照神社
シャロン
宮川(2)
宮川児童公園
立正佼成会
田中シート
永楽食堂
禰宜町
ANGERIE Four P.34
亀の甲町角
ハローマック
福島建設
亀甲町
田町(2)
田町(1)
RAB青森放送
福島建設
堅田郵局
大杵根神社
田町児童公園
ASAHI
下宮川橋
田茂木
上北農産加工農協
BIG ECHO
宮川(1)
和徳北口
田中桶屋
石崎弥生堂
かぶき亭
川部站
北辰堂
田茂木町
いもや
中野せんべい
三上建具
野田橋
宮川橋
蔵主町
月見橋
櫛引商店
山王市営住宅
北横町緑地
綜合保健中心
休日急患診療所
弘前市医師会館
まるなか
稲荷神社
児童館
木村木工
堅田(3)
長坂町
おおつ歯科
長安橋
保健センター前
野田食品
丸栄商店
大津医院
スパーエムス
つり堀
中央高
山王町
こどもの橋
奥羽本線
県合同庁舎
笹森橋
野田(2)
野田市営住宅
寿橋
弓道場
第一中
野田(1)
俵元(2)
本和徳集会所
笹森町
東照宮
北横町
サンルーム
中野凧と
ねぷた製作所
社務所
ラグリー
中三社宅
和徳町
社会福祉会館
薬王院
横町
健生病院
三忠分店
工藤アパート
Angélique P.34
観世
鈴木クリニック
野田1
フクヰタクシー
文化センター
串本
熊野宮
東長町
人形さとう
フォルトーナ
三忠食堂本店 P.31
和徳第三児童公園
松ヶ枝(5)
公民館
佐藤輪業
國道7號
明荘 P.39
朝陽橋
和徳町
茶畑町
山崎商店
東和徳町
俵元(1)
P.24
天主教弘前教會
川丁
東奥信金
宇野建具
元寺町
元寺町小路
百石町
小路
横丁入口
co-op
専修寺
ワークス
和徳案口
下鞘師町
鎌田屋商店
越後屋漆商店
東和徳
松ヶ枝郵局
弘前基督教會
青森
小野ビル
宇野家具
オオタカ
松ヶ枝(4)
教團弘前教會 P.24
好人荘
和徳郵局
武井旅館
津軽工房社
杉山医院
百石町
徳田町
和徳十文字
P.37
Le Castle Factory P.35
上鞘師町
川村タンス
ニューキャッスル前
サンデュエル
梅の湯
労金
緋炉弥
松ヶ枝(2)
松ヶ枝(3)
藤寿司
萱町
佐々木旅館
鉄砲町
徒町川端町
割烹平野
北柳町
南横町
和徳小
P.35
Patisserie verger
ささき
徒町
P.39 居酒屋 土紋
oyビル
弘前廣場酒店 P.129
船木食堂
加琲時代屋 P.40
富屋そば・うどん
すけろく
高橋中華そば店
稲田(2)
前大酒店
コトリcafe P.33
南柳町
北瓦ヶ町
植田町
弘南バス本社前
松ヶ枝(1)
ラグノオ
笹の舎 P.34
廣場酒店
大樓 珈琲専科
中央通り
代官町
壹番館 P.40
屋台村
坂本町
緑町
弘前ガス
相坂商店冷蔵庫
徒町
ナチュラルハーモニーハウス
亀屋革具店 P.37
山下町
駅前(1)
稲田(1)
リコー
とんこ
Cafe JEEBA
菓子処寿々炉 P.31
中央通り二丁目
ビジネスホテル荘苑
住友生命
県職員公舎
Restaurant 山崎 P.29
ホテルハイパーヒルズ弘前
城東第三児童公園
津軽三味線と郷土料理の店 杏 P.31
下土手町
P.33 万茶ン
中三
グリーン交通
郵便局前
日本通運
パティスリー山崎 P.40
みちのく
田代町
P.40 XONE
BAR侍庵
弘前局
區劃調整中
駅前(2)
正進堂
津軽居酒屋 P.40
弘前土手町
蓬莱橋
坂本町
中三
弘前王子飯店
けん太 P.40
立鍋
蓬莱広場
Bistro Raisin
バスターミナル前
城東中央(1)
P.40 Point Rouge
名曲喫茶ひまわり P.33
王子飯店
きりまんじゃろ
菊富士 P.30
東北女子短大
東北栄養専門学校
フランス食堂 CHEZ-MOI P.28
駅前3
津軽路 弥三郎 P.30
南瓦ヶ町
吉井酒造
弘前微笑飯店
中央通り
津軽の宿弘前屋
ルネスアベニュー
みちのく
弘前站前通
BAR BLOCK HOUSE
開雲堂
中瓦ヶ町
中央通
駅通り
ホテルミナミ
サイトウ工芸
リヴュレット
一戸時計店 P.25
上瓦ヶ町
日産租車
駅城東口緑地
新鍛冶町
土手町
山道町
中土手町
大竹
トモエビル
並木通り
並木通りバスターミナル前
東横INN
北川端町
弘前睡魔祭 P.38
ruuDho
青い森
APPLIESE
BUNACO Show Room「BLESS」P.36
秋田
伊藤洋華堂
日本聖公會弘前昇天教會
弘前市まちなか情報センター P.21
green P.36
THREE BRIDGE P.34
津軽路
福島紀念館
ルナ THE STABLES
イトーヨーカドー
伊藤洋華堂第二
HOTEL ROUTE-INN HIROSAKI EKIMAE
弘前市觀光服務處 P.21
よし乃
レストラン トミタ
巴土總站
割烹福住
弘前公園飯店
虹のマート
駅前町
弘前站
土淵川吉野町緑地
青銀土手町支店前
上代官町
駅前ホテルニューレスト
フロッサムホテル弘前
地下道
焼肉大満
すずめのお宿 P.39
損保ジャパン
駅前(3)
笹家 P.33
吉井酒造倉庫
津軽三味線ダイニング 響 P.31
Kito eo
青森
MITAMA
MaxValu
A to Z Memorial Dog P.25
麺処 郷土料理 わらび P.31
駅前記念館
えきどてプロムナード
CITY
ART
割烹中三
住吉町
牛角
土手町
市立病院前
もつ焼屋 炙
弘前城市酒店
南川端町
HIROR0
駅前郵局
表町
城東(1)
中央病院
住吉神社
松尾神社
菱菱神社
住吉入口
超級酒店
とり蔵
かさい
タウンビル
ヒロロ前
ビジネスホテル新宿
カサイ内科
鳴海病院
土手町十文字
十五番タクシー
市立病院
ガスト
津軽居酒屋 わいわい
CITY
弘前工務区
変電所
弘南鐵道大鰐線
弘前東栄ホテル
藤盛医院
パンファクトリー
市立病院前
津軽民芸
みちのく
大町(3)
大町二丁目
すき屋
大町通り
ビルテック
見荘
城東(3)
吉野町
稲荷神社
双味庵
富田(1)
P.37 ハーブ&アロマサロン Hirata
品川町
駅前地區再開發住宅
奥羽本線
弘南鐵道弘南線
富田の清水 名水100選
上土手町
神整形外科
泉町入口
パンの木
弘前メディカルセンター
児童公園
大町(1)
御幸町
朝日プラザ
紙漉町
富田(2)
松森町
大町(2)
マンダリン
駒肩神社
大鰐
宮崎旅館
大鰐温泉站
平賀站
城東(4)
漉町郵局
石川
1
2
3
4
5

逛街地圖
弘前市區
弘前市區
周邊圖
附錄②P.4 F-3
0 50 100m
(地圖上的1cm為2.2km)
1：8,500
景點 玩樂 美食 咖啡廳 溫泉 購物 住宿 活動
土手町循環100日圓巴士路線
A
B
C
D
鰺澤
和田町
紺屋町
舊梅田家住宅
舊伊東家住宅
仲町傳統建築物群保存地區
石場家住宅
松味屋
P.25 川崎染
岩木川
城西小
袋町
五十石町
弘前市
北城郭
武德殿
平岡町
弘前第二中
新町
西大工町
市民體育館
駒越町
河原町
西濠
本丸
天守閣
弘前城
西城郭
P.23 弘前公園(弘前城)
弘前櫻花祭 P.26
牡丹園
野餐廣場
二之丸
三之丸
城西(2)
城西(1)
西大工町
P.34 パンロワール
弘前工高
馬屋町
鷹匠町
弘前工業高グラウンド
P.39 弘前市立博物館
P.36 想い出ショップ さくらはうす
弘前城植物園
弘前城菊花與紅葉節 P.17
市民大會堂
市民廣場
弘前Electrical Fantasy
P.23 藤田紀念庭園
市民會館
P.21 弘前市立觀光館
櫻花林隧道
城西(5)
新町
上白銀町
P.32 大正浪漫喫茶室
P.32 星巴克咖啡 弘前公園前店
弘前市役所
P.22 舊弘前市立圖書館
山車展示館 P.39
P.24 青森銀行紀念館
舊東奧義塾外人教師館
南袋町
Salon de Cafe
迷你模型建造物群 P.22
南城西(1)
南城西(2)
みかみ工芸 P.41
塩分町
森町
元大工町
P.39 鄉土料理 しまや
P.28 ポルトブラン
西茂森(1)
禪林三十三ケ寺
覚仙町
本町
P.40 OSTERIA ENOTECA DA SASINO
P.39 禪林街
在府町
相良町
弘前大附屬病院
弘前大本町地區
弘前こぎん研究所 P.41
茂森町
朝陽小
西茂森(2)
北新寺町
茂森新町(1)
南塘町
P.35 しかないせんべい
新寺町
P.39 最勝院
茂森新町(1)
茂森新町(3)
樹木(2)
新寺町寺院街
弘前高
大鰐站

E
F
G
H
1
2
3
4
5
青森灣海濱步道
石油コンビナート
ニヤクコーポレーション
客船碼頭
青森灣
新中央埠頭
八甲田丸
青函渡輪紀念船八甲田丸 P.62
ヤマイシ冷蔵庫
堤川緑地公園
キムラ埠頭冷蔵庫
県漁連
青森漁港
マルハニチロ北日本
三吉神社
港町
プリンス
県営上屋
浜町緑地
港湾合同庁舎
しあわせプラザ
ポンプ場
東北電力
柳川
青い海公園
安方
青海公園
青森縣観光物産館ASPAM
本町
青柳
石森橋
駅西口通り
浄連寺
LOVINA
青森署
青森屋台村さんふり横丁 P.56
合浦小前
駅西口
AUGA新鮮市場
古川青果店
新町
青森日航都市酒店
ホテル前
APPLE PALACE AOMORI
青柳郵局
長町小
港町郵局
合浦小
茶屋町
青森縣立鄉土館 P.62
茶屋町公園
青森國際酒店
善知鳥神社
P.57 evie
P.63 ねぶたの國 たかく
村上病院
櫻野百貨
魚屋酒家たご
クラウンパレス
居酒屋 いなげ家 P.56
Universe
茶屋町
栄町郵局
栄町
P.63 小倉家 旬亭 浜まち
ホテル青森
LINK STATION 青森市文化會館
阿弥陀寺
栄町1
東署
合浦公園
P.64 二階堂
鮨処すずめ P.63
橋本小
青森
中央郵局
堤橋
青森縣廳
正覚寺
SELECT INN
古川
グリーンパーク
市役所前
国道柳町
堤町
諏訪神社
花園
フランス料理ポミエ P.63
橋本
Italian dining & Bar Kei P.57
浪打変電所
気象台
古川小
青森市役所
ポンプ場
記念館通り
古川三郵局
長島小
市民中心
松尾神社
長島4
長島郵局
平和公園
勝田
松原
青森電視
青森鐵道
長島
中央大橋
聖マリア
中央
浦町小
公園前
NHK
棟方志功紀念館 P.62
北斗高
堤小
久須志
古川中前
北金沢公園
千富郵局
北金沢
沖館変電所
金沢
金沢小
甲田中
リンクモア平安閣 市民ホール
山下
大野
ライジング
下山下
小山歯科
なかやまでんき
大野山下
前田
古川小前
大野
山田運輸
1:8,500
0
100
200m
青森灣大橋
青森驛
遊覧船乗船處
瞭望台
P.60 A-FACTORY
Galletteria Da Sasino P.61
gelato natura due P.61
魚っ喰いの田 ワ・ラッセ店 P.53
青森ふるさとショップ アイモリー P.53
青森灣區
水産ビル
観光物産館
みちのく料理 西むら ASPAM店 P.57
Sweet Factory Pam Pam
青森縣観光物産館ASPAM P.64
睡魔之家 WA・RASSE P.53
戸外體育場
青海公園
青森站
青森駿輪服務中心
正調民謡の店 甚太古
日本租車
安方パークビル
青森通運倉庫
青森冷凍
本町(3)
日通倉庫
P.51 青森市觀光交流情報中心
東横INN
ニュームラコシ
青森ボウル
豐田租車
ヤマイシ
ライオンズ
ROUTE-INN
歐力士租車
安方(1)
まるかい
パークハイツ第2
パークハイツ
フラワービル
富士
時代租車
山一久我商店
労働福祉会館
奥羽本線
青森鐵道
津輕線
LOVINA
宮脇
P.57 おさない
損保ジャパン日本興亜
ポールスター
ウィークリー翔
安方通
青森署
神外科胃腸科
労金
AUGA市民圖書館
新町(1)
駅前公園
ニューやまと
燦路都
APA飯店〈青森站東〉
新町郵局
建設会館
クレア
長尾中華そば 青森站前店 P.59
アウガ
市民図書館
サンフレンドビル
駅前郵局
ガスト
アベスト
青森日航都市酒店
APA飯店〈青森站縣廳通〉
MARRON P.64
P.63 安方(2)
酒肴旬三ッ石
毎日新聞
P.63 肴処あおもり家
華盛頓
別室
ワシントンホテル前
あすなろ橋
P.129 青森國際酒店
ダイソー
P.52・附錄①正 青森睡魔祭
新町1
一念寺
みずほ
村上新町病院
善知鳥神社 P.62
陸奥新報
居酒屋 鶯 P.57
本町(2)
百代
Straub
古川1
中三
新町1櫻野百貨
八甲通り
2丁目ビル
みちのく
青森
カクヒロ
野村証券
県庁通り
赤い林檎
市民美術展示館
りんご茶屋 P.63
微笑飯店
グリーンパークアネックス
淺蟲溫泉站
P.58 自助海鮮丼(魚菜中心內)
居酒屋 侍
P.59 くどうラーメン
青食センター
珈琲詰館 壽盖帽子 P.64
お食事処 四季の千成 P.63
BENY MART
秋田
Art HOTEL COLOR
大和証券
CLEOPATRA P.64
新町2
安方2
本町1
卡布里喬莎
海鮮創作 海坊厨
六兵衛 P.56
古川(1)
県警本部
県庁北棟
合同庁舎
新町(2)
火災共済会館
安定寺
オーラ
センター
古川郵局
まちなかおんせん
青い森
cafe quatre P.64
味の札幌 大西 P.59
青森
みちのく
警察本部東
青森縣廳
日赤
第二合同庁舎
日本公庫
常光寺
新町2
正覚寺
筒井
古川こ線橋
青森公園
長島(1)
農林中金
本町1
本町(1)
本町公園
国道旭町通
SELECT INN
岩手
県庁前
裁判所前
法務総合庁舎
本町変電所
東北電力
ハツ橋
消防本部
中央署
和幸
商工中金
裁判所
リッチモンドホテル青森
アベイ
柳町ビル
第一生命ビル
国道柳町
古川(3)
青森青果市場
古川(2)
朝日新聞
フコク生命
長島(2)
廣田會館
ニッセイセンタービル
市役所前
長島2
ヨシダ
廣田苑
日銀
中央(1)
青森中央IC
サンドーム
MaxValu
ハツ橋ニュータウン
筒井南小
県立図書館前
Netz
極楽湯
浜田中央公園
サンドーム前
青森縣營溜冰場
Netz
運輸支局
上玉川
青森東IC
青森環状バイパス
県立図書館前
綜合社會教育中心
スケート場
検查場
ISUZU
YANASE
ハツ役
浜田
妙見東
Universe
P.62 青森縣近代文學館
縣立圖書館
青森中央收費站
AUTOBACS
LEXUS
ROUTE-INN
青森自動車道
青森刑務所
刑務所前
東奥日報
第二問屋町
青森モータースクール
角弘
青森市運動公園
藤戸
青森定期自動車物流ステーション
可口可樂
やはぎ宿舎前
八甲田山

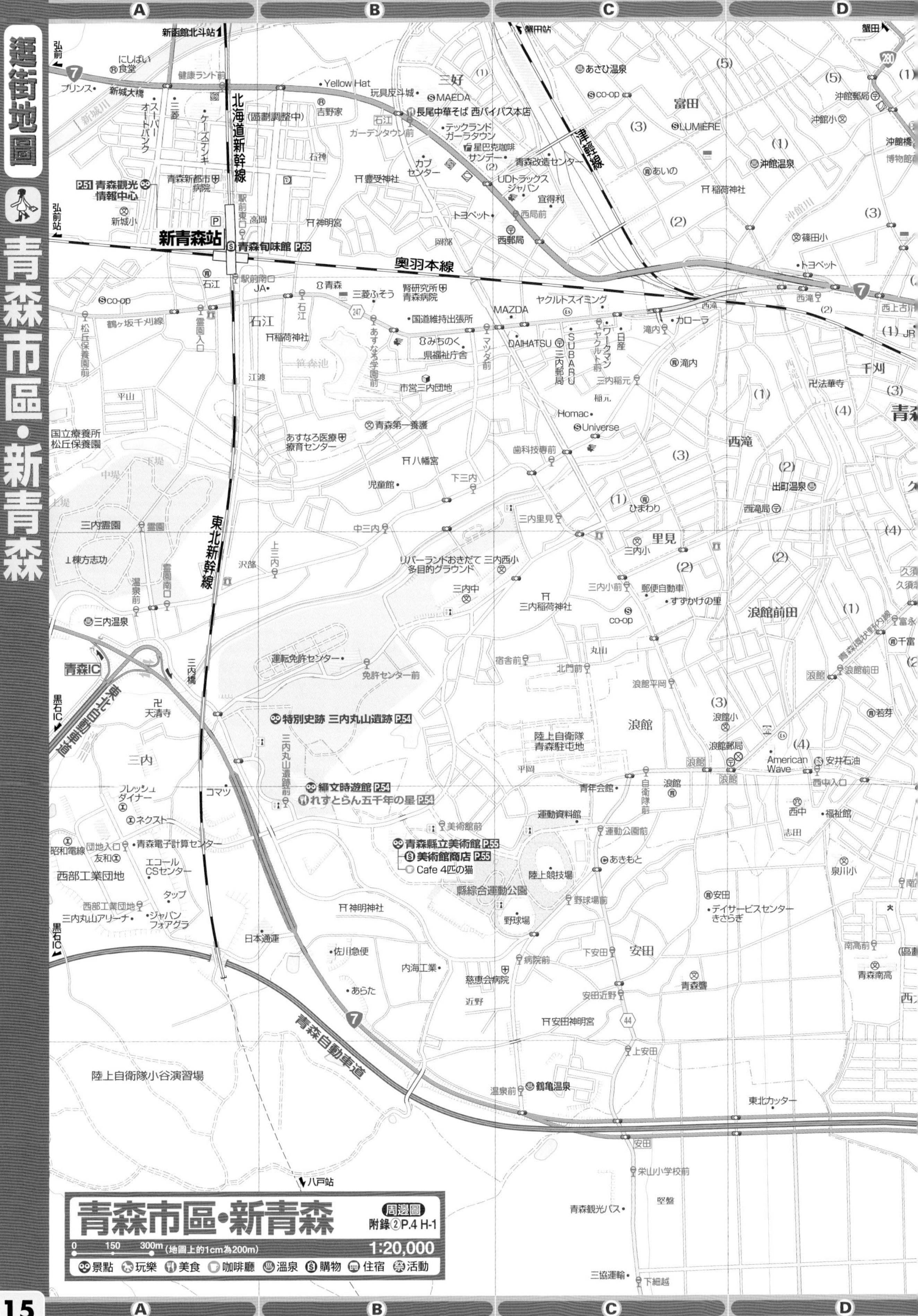
新青森站
青森旬味館 P.65
青森觀光情報中心 P.51
北海道新幹線
東北新幹線
奥羽本線
津輕線
特別史跡 三內丸山遺跡 P.54
繩文時遊館 P.54
れすとらん五千年の星 P.54
青森縣立美術館 P.55
美術館商店 P.55
Cafe 4匹の猫
縣綜合運動公園
青森自動車道
青森IC
石江
三好
富田
西滝
里見
浪館
浪館前田
安田
三內
西部工業団地
陸上自衛隊小谷演習場
陸上自衛隊青森駐屯地
沖館温泉
出町温泉
三內温泉
鶴亀温泉
青森市區・新青森
周邊圖
附錄②P.4 H-1
0 150 300m (地圖上的1cm為200m)
1:20,000
景點 玩樂 美食 咖啡廳 溫泉 購物 住宿 活動

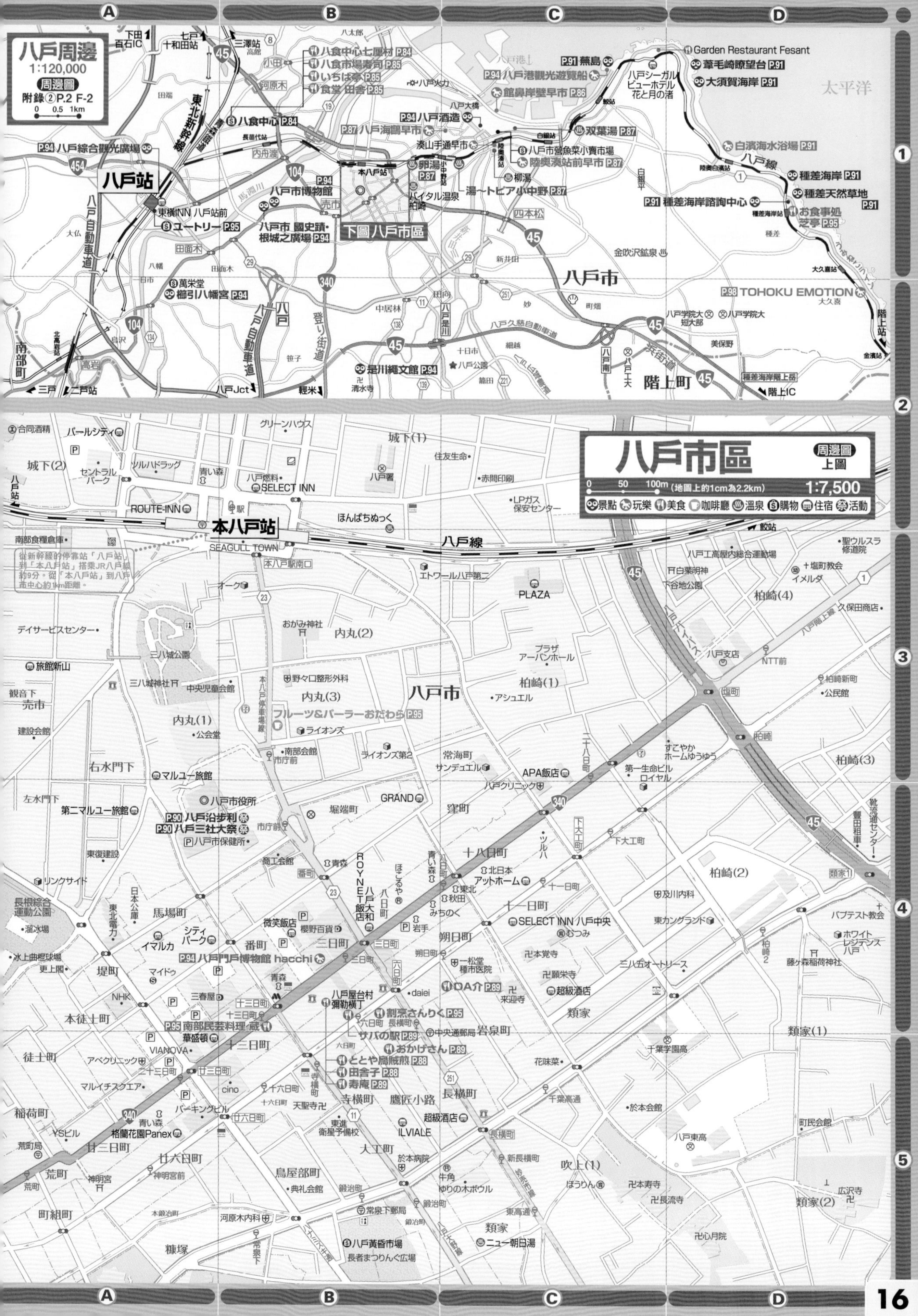

八戶周邊
1:120,000
周邊圖
附錄②P.2 F-2
0 0.5 1km
八戶站
下田 百石IC
七戶十和田站
三澤站
東北新幹線
八食中心七厘村 P.84
八食市場壽司 P.85
いちば亭 P.85
食堂 田舍 P.85
八食中心 P.84
P.94 八戶綜合觀光廣場
P.87 八戶海鷗早市
P.94 八戶酒造
P.91 蕪島
P.94 八戶港觀光遊覽船
館鼻岸壁早市 P.86
Garden Restaurant Fesant
八戶シーガルビューホテル 花と月の渚
葦毛崎瞭望台 P.91
大須賀海岸 P.91
太平洋
双葉湯 P.87
湊山手通早市
八戶市營魚菜小賣市場
陸奧湊站前早市 P.87
白濱海水浴場 P.91
八戶線
種差海岸 P.91
種差天然草地 P.91
P.91 種差海岸諮詢中心
お食事処 芝亭 P.95
卵湯 P.87
バイタル温泉
柳湯
湯～トピア小中野 P.87
八戶市博物館
東横INN 八戶站前
ユートリー P.95
八戶市 國史跡・根城之廣場 P.94
下圖八戶市區
金吹沢鉱泉
八戶市
P.98 TOHOKU EMOTION
萬栄堂
御引八幡宮 P.94
八戶自動車道
是川繩文館 P.94
八戶久慈自動車道
階上町
階上IC
三戶
二戶站
八戶Jct
輕米
八戶市區
周邊圖 上圖
0 50 100m (地圖上約1cm為2.2km)
1:7,500
景點 玩樂 美食 咖啡廳 溫泉 購物 住宿 活動
本八戶站
SEAGULL TOWN
八戶線
從新幹線的停靠站「八戶站」，到「本八戶站」搭乘JR八戶線約9分。從「本八戶站」到八戶市中心約1km距離。
城下(1)
城下(2)
ROUTE-INN
SELECT INN
ほんぱちぬっく
PLAZA
內丸(2)
內丸(3)
內丸(1)
八戶市
フルーツ&パーラーおだわら P.95
旅館新山
三八城公園
三八城神社
柏崎(1)
柏崎(2)
柏崎(3)
柏崎(4)
常海町
APA飯店
八戶市役所
P.90 八戶沿步利
P.90 八戶三社大祭
馬場町
十八日町
十一日町
SELECT INN 八戶中央
P.94 八戶門戶博物館 hacchi
三日町
番町
朝日町
DA介 P.89
超級酒店
類家
類家(1)
類家(2)
割烹さんりく P.95
サバの駅 P.89
おかげさん P.89
とどや烏賊煎 P.88
田舍子 P.88
寿庵 P.89
P.95 南部民芸料理 藏
十三日町
岩泉町
長橫町
寺橫町
鷹匠小路
大工町
鳥屋部町
吹上(1)
八戶東高
千葉學園高
八戶黃昏市場
長者まつりんぐ広場
ニュー朝日湯
糠塚
町組町
荒町
廿三日町
廿六日町
稲荷町
徒士町
本徒士町
堤町
右水門下
左水門下

人人趣旅行系列

# 日本神社與寺院之旅

從日本為數眾多的神社與寺院中精挑細選，並分門別類呈現給讀者。編輯超推薦此生必訪！

精美的大張圖片，好美！還有詳細解說、參訪&交通資訊、周遭的觀光景點。

介紹日本知名的大型祭典、神社與寺院的建築知識、宗派等，美感度&知識性含金量都超高！！眾目亮睛！

子一定要去一次！

修身 休憩

祈福 療癒

人人趣旅行
What am I feeling here ?
日本
神社與寺院之旅
Shrines and Temples with Scenic Views in Japan
一輩子一定要去一次！
紅葉、白雪、山水、庭園
精選日本絕美神社與寺院！
超美大圖搭配詳細好懂的說明！
美感度&知識性兼具！
更有詳細地圖和周邊觀光景點指南

行程範例、交通方式、參拜重點、
伴手禮、重要祭典、周邊景點…
依季節、依主題走訪超過130間的神社與寺院！
超經典的參拜探訪指南

系列姊妹作：
《日本觀光列車之旅》《日本絕景之旅》
定價450元

MAPPLE MAGAZINE
哈日情報誌
まっぷる

# 青森 弘前・津輕・十和田

CONTENTS 1

## 2大特別附錄

可以拆下使用!

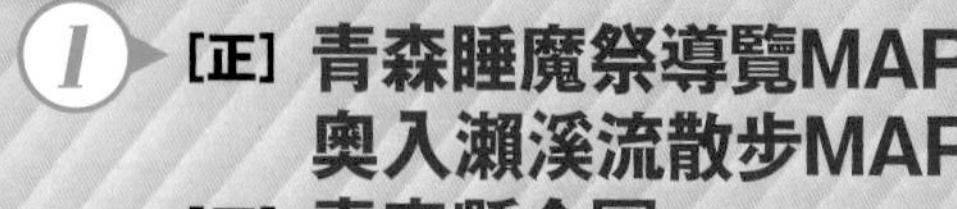

卷首特輯

## 為青森之旅添色的5大關鍵字



青森旅遊法

# 前進日本 最夯景點

定價：350元

定價：420元

定價：350元

定價：380元

定價：360元

定價：360元

定價：350元

定價：360元

定價：399元

定價：420元

定價：360元

定價：380元

MAPPLE MAGAZINE 哈日情報誌 まっぷる

CONTENTS 2

# 青森 弘前・津輕・十和田

封面照片(青森犬)・Yoshitomo Nara 2005

### 請務必閱讀下列事項

本書刊載的內容是2017年8～10月所採訪、調查時的資訊。

本書出版後，餐飲店菜單和商品內容、費用等各種資訊可能有所變動，也可能因季節性的變動或臨時公休等因素而無法利用，或因消費稅的調整而使各項費用有可能變動，因此會有部分設施的費用以未稅價標示，消費之前請務必事先確認。此外，因本書刊載內容所造成的糾紛和損害等，敝公司無法提供補償，請在確認此點之後再行購買。

**●標誌的用法**

標示於區域導覽中各種設施的標誌代表以下內容。

見る 景點 遊ぶ 玩樂 食べる 美食 買う 購物

カフェ 咖啡廳 溫泉 溫泉 イベント 活動

**…電話號碼**
本書標示的是各設施的洽詢用號碼，需留意可能與實際設施的號碼不同，而在衛星導航的位置搜尋上也可能與實際地點有所差異。

**L…營業時間・開館時間**
營業時間・開館時間標示為可實際入內的時間。餐飲店標示為開店到最後點餐時間，各種設施則標示為開館到可入館的最後時間。

**休…公休日**
原則上只標示公休日，過年期間及黃金週、盂蘭盆節、臨時公休等不予標示。

**¥…費用・價格**
各種設施的使用費基本上為1位成人的費用。
住宿費用標示為該住宿一般客房的費用，附餐點時則標示為1房2位房客的1人份費用。雖然標示上為包含服務費、消費稅的費用，但金額會視季節或平假日、房型等不同因素而有所差異，預約時請務必確認。

**P…停車場**
標示出該設施是否有停車場。若有，會標示出一般車輛可停的車輛數；若無，則會標示為「無」。

**所…所在地**
各設施所在的地點。由於自然景點為參考值，設定衛星導航時請多加留意。

**交…交通方式**
原則上標示出從最近車站出發的交通方式。所需時間為參考值，有可能因季節或天候、交通營運狀況等而更動。

**MAP P.00 0-0**
標示出設施在地圖上的位置。

# 5大關鍵字

隨著季節更迭而展現出不同風貌的絕景與祭典。藝術作品及歷史性建築物所欣賞到的迷人巧思、不可錯過的溫泉和美食，就讓我們在青森的獨特的方言裡，探索青森的魅力吧！

## 關鍵字 1 絕景 令人"讚嘆！"

▼來到青森便能遇見令人不禁出聲讚嘆的景致。除了天然美景外，經由人工打造的氣勢磅礴景色也不容錯過。

弘前 4月下旬~5月上旬

### 2600株競相爭豔 弘前公園賞櫻

★ひろさきこうえんのさくら

P.26

▶這裡令人"讚嘆！"約2600株恣意綻放的櫻花，飄落的花瓣漂浮於護城河的美景更顯風情。

田舍館 6月上旬~10月上旬

### 田野化身吸睛藝術 藝術田園展

★たんぼあーと

P.49

▶這裡令人"讚嘆！"藉由種植不同品種的稻米所勾勒出的藝術正是米鄉青森的特色。

八戶

### 無垠的草原之美 種差海岸

★たねさしかいがん

P.91

▶這裡令人"讚嘆！"平緩綿延的草坪與海岸線營造出讓人想在此久留的景致。

絕景令人"讚嘆!"

# 魅力洋溢 為青森之旅添色的

白神山地 5月下旬~6月下旬

世界自然遺産

## 白神山地

★しらかみさんち

P.108

▶這裡令人"讚嘆!" 珍稀動植物棲息的山毛櫸樹林散發出大自然的氣息。

八甲田 1~2月 P.79 八甲田纜車

因凍寒而產生的神奇景致

## 八甲田的樹冰

★はっこうだのじゅひょう

▶這裡令人"讚嘆!" 嚴寒的八甲田風雪塑造出雪中怪物般的魄力。

八戶

週日早上限定的光景

## 館鼻岸壁早市

★たてはながんぺきあさいち

P.86

▶這裡令人"讚嘆!" 隨著日出而開工的早市擺滿了美食與雜貨，宛如自成一座城市。

奧入瀨 5月下旬~6月上旬

清流和綠意療癒人心

## 奧入瀨溪流

★おいらせけいりゅう

P.68、附錄①正

▶這裡令人"讚嘆!" 流淌於鬱蔥綠意中的清流水聲、景觀彷彿能洗滌心靈。

紅葉也很美!

關鍵字 2

# 祭典使人"雀躍不已!"

▼青森每個季節都有令人心情躍動起來的祭典，其中不乏觀光客也能隨意參加的慶典，快一躍而進栽入這股熱鬧氛圍中吧。

青森市區 8月2~7日

威勇的吆喝聲響徹夜空

## 青森睡魔祭

★あおもりねぶたまつり

P.52、附錄①正

▶這裡使人"雀躍!"花上一整年製作的人形燈籠花車伴隨著鼓聲，舞者一齊熱舞！

八戶 7月31日~8月4日

華麗絢爛的花車

## 八戶三社大祭

★はちのへさんしゃたいさい

P.90

▶這裡使人"雀躍!"

以神話和歌舞伎等為題材所裝飾的花車熱鬧遊街。

弘前 8月1~7日

綿延不絕的扇形睡魔

## 弘前睡魔祭

★ひろさきねぶたまつり

P.38

▶這裡使人"雀躍!"配上太鼓與笛子奏出的強力樂聲，扇形睡魔燈籠緩緩前進。

五所川原 8月4日~8日

高度超過20m的氣勢!

## 五所川原立佞武多

★ごしょがわらたちねぶた

P.102

▶這裡使人"雀躍!"

令人不禁抬起頭來的高大佞武多花車，配上鼓聲及吆喝聲來炒熱氣氛。

為青森之旅添色的5大關鍵字

祭典使人"雀躍不已!"&設計"打動人心!"

關鍵字 3

# 設計"打動人心!"

▼青森隨處可見可愛迷人的設計，其中也有可以帶回家的可愛伴手禮，不妨買回去吧？

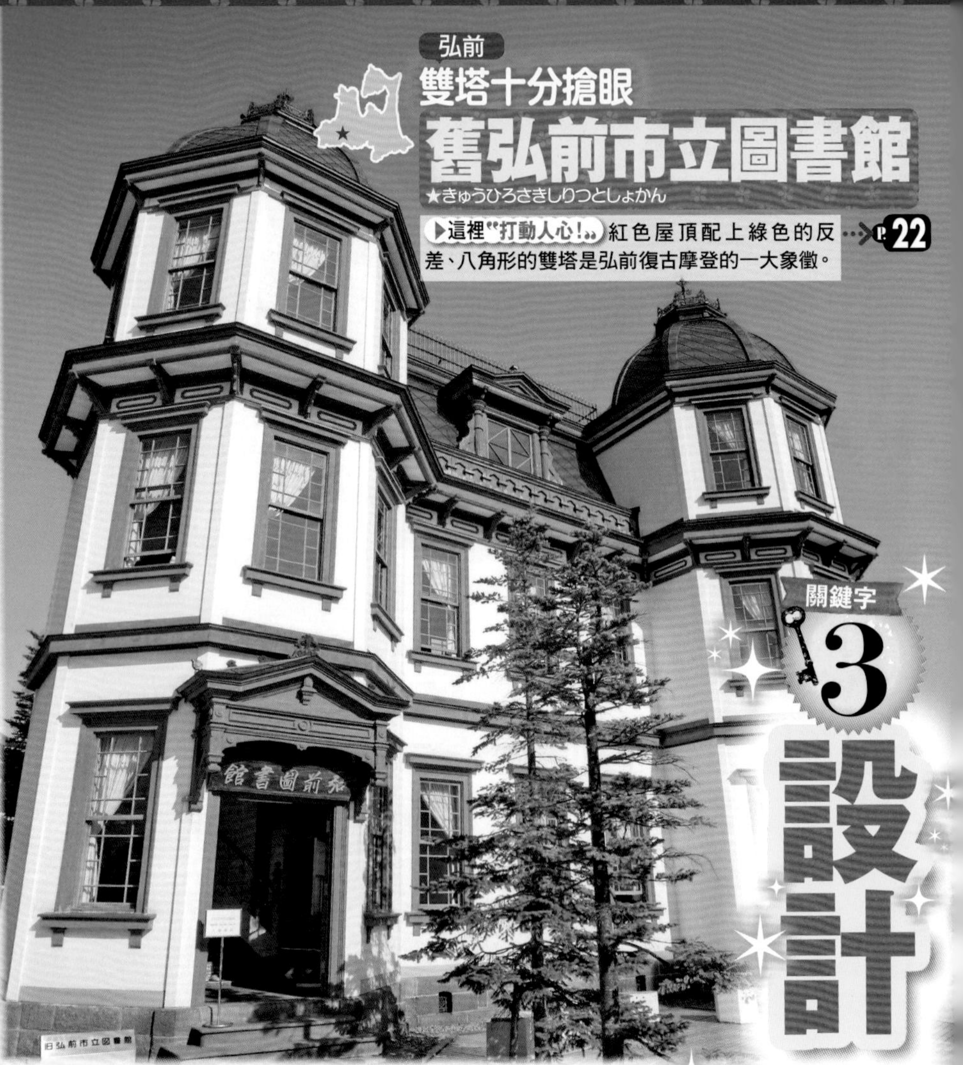

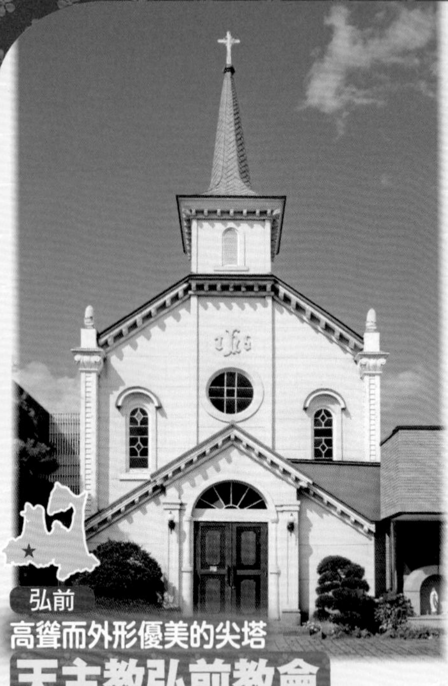

弘前

高聳而外形優美的尖塔

## 天主教弘前教會

★かとりっくひろさききょうかい

▶這裡"打動人心!"坐落於住宅區，高聳的尖塔及純白的殿堂十分高雅。 P.24

弘前

雙塔十分搶眼

## 舊弘前市立圖書館

★きゅうひろさきしりつとしょかん

▶這裡"打動人心!"紅色屋頂配上綠色的反差、八角形的雙塔是弘前復古摩登的一大象徵。 P.22

奈良美智《夜露死苦女孩2012》攝影：小山田邦哉 ©Yoshitomo Nara 2012

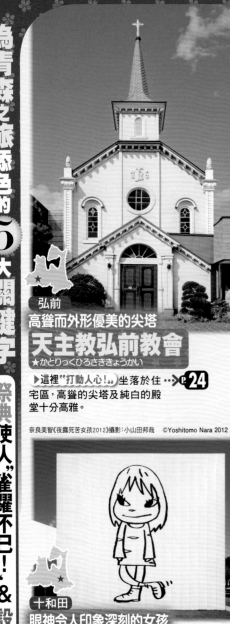

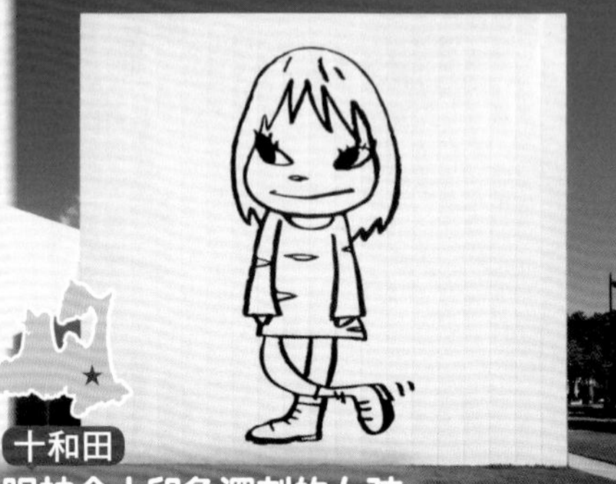

十和田

眼神令人印象深刻的女孩

## 夜露死苦女孩2012

★よろしくがーる

▶這裡"打動人心!"由生於青森縣的奈良美智所描繪的女孩，展示在十和田市現代美術館中。 P.76

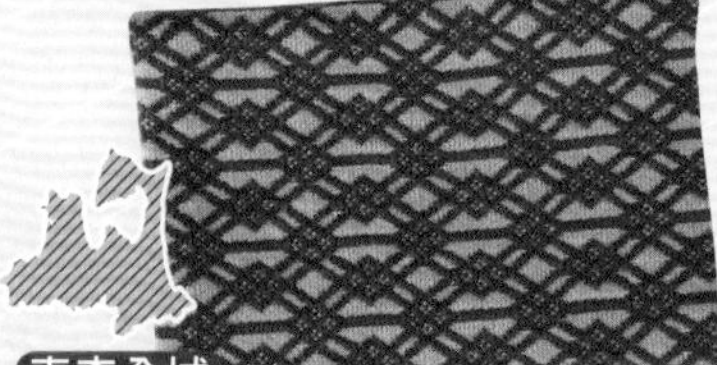

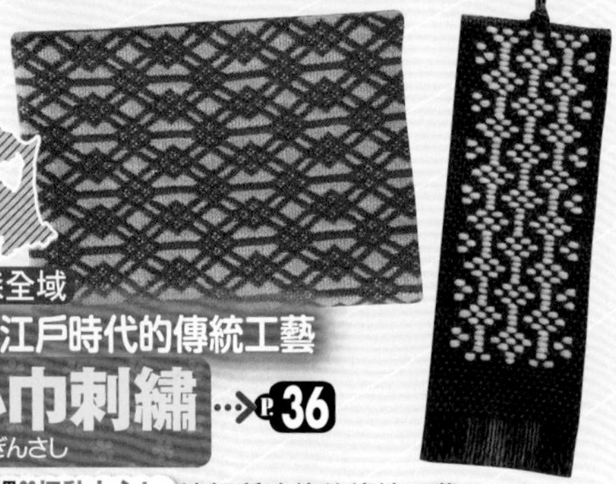

青森全域

源自江戶時代的傳統工藝

## 小巾刺繡

★こぎんさし

▶這裡"打動人心!"津輕所流傳的傳統工藝，將花色改造成現代風格，深受歡迎。 P.36

青森市區

能在青森縣立美術館欣賞到的巨大作品

## 青森犬

★あおもりけん

P.55

▶這裡"打動人心!"

這座高達8.5m的巨大立體藝術品，其表情會依觀看位置而異。

©Yoshitomo Nara 2005

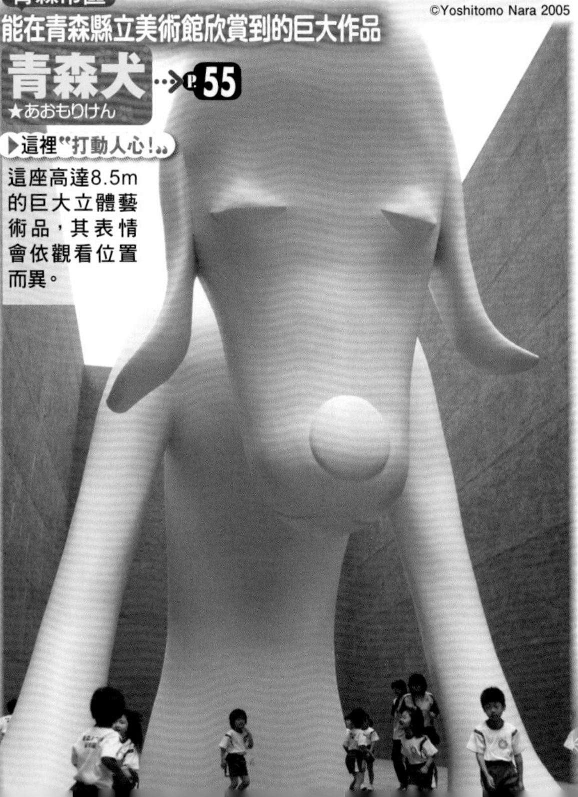

關鍵字 4

# 溫泉"暖和身心！"

▼青森四處遍布著能讓身心放鬆的溫泉，使人猶豫不知該選擇要以山中秘湯或是欣賞海邊美景溫泉來溫暖身心。

八甲田

規模驚人的千人浴池

## 酸湯溫泉

★すかゆおんせん

P.80

▶這裡"暖和身心！"面積達160張榻榻米，全由羅漢柏打造的浴室設有5座浴池。

津輕西海岸

波浪敲打的露天浴池

## 黃金崎不老不死溫泉

★こがねさきふろうふしおんせん

P.113

▶這裡"暖和身心！"彷彿與日本海融為一體的露天浴池，享受無限的開闊感。

八甲田

泡山毛櫸浴槽放鬆

## 蔦温泉旅館

★つたおんせんりょかん

P.80

▶這裡"暖和身心！"在架設於源泉上的山毛櫸浴槽徹底暖和身子。

黑石

微暈光影下的燈籠

## 青荷溫泉

★あおにおんせん

P.48

▶這裡"暖和身心！"透著微光的露天浴池燈籠點亮了浪漫遊興。

青森市區

眺望陸奧灣

## 淺蟲溫泉

★あさむしおんせん

P.66

▶這裡"暖和身心！"

深受藝術家喜愛的老旅館及能遠眺陸奧灣的絕景旅館兩者兼俱（P.128）。

為青森之旅添色的5大關鍵字

溫泉"暖和身心!"&美食"滿足味蕾!"

關鍵字5

# 美食"滿足味蕾!

▼青森是山珍海味及活用雪國生活智慧的美食寶庫，即使是同縣內也會隨著地區不同而各有特色，令人玩味。

下北半島

日本第一的品牌鮪魚

## 大間鮪魚

★おおまのまぐろ

→P.120

▶這裡"滿足味蕾!"

以一支釣法釣起的大間鮪魚肉質緊實、油花完美。

青森全域

搭配多元的在地酒享用

## 鄉土料理

★きょうどりょうり

→P.30

▶這裡"滿足味蕾!" 採用特產扇貝和花枝烹製的菜色豐富，請搭配在地酒品嘗。

→豐盃等多款在地酒

八戶

海膽和鮑魚的日式湯品

## 草莓煮

★いちごに

→P.95

▶這裡"滿足味蕾!"

靠海膽與鮑魚的海潮味帶出清爽風味的八戶名菜。

青森市區

自選愛吃的配料

## 自助海鮮丼

★のっけどん

→P.58

▶這裡"滿足味蕾!" 可以自由盛裝市場陳列的海產和熟食而成的客製化蓋飯。

十和田

長年備受喜愛的當地美食

## 十和田牛五花燒

★とわだばらやき

→P.78

▶這裡"滿足味蕾!" 醬油基底的特製甜辣醬汁拌上洋蔥及牛五花快炒。

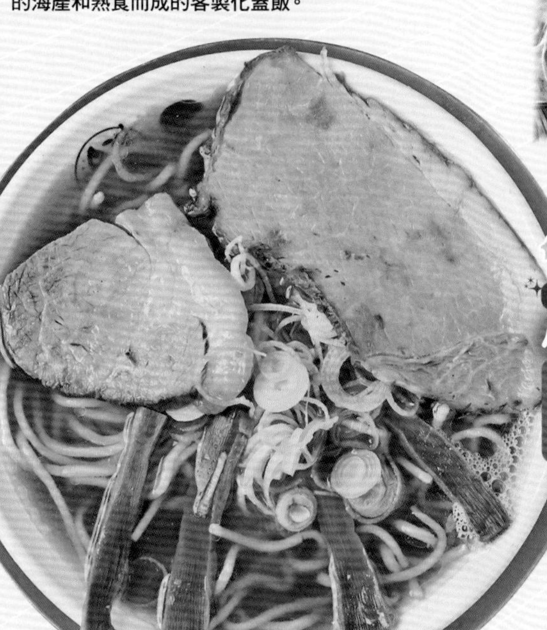

青森市區

小魚乾高湯的香氣

## 津輕拉麵

★つがるらーめん

→P.59

▶這裡"滿足味蕾!"

將小魚乾及烤魚乾用於湯頭中，滿是海產之都青森的風味。

青森全域

產量日本第一

## 蘋果

→P.34

▶這裡"滿足味蕾!"

風味及大小、色澤、形狀上有多種選擇，蘋果類甜點必吃。

←以青森縣產蘋果製作的蘋果派必吃

# 青森旅遊法

↑龐大的人形燈籠沿街緩緩前行的夏季風情畫

三內丸山遺跡
←日本規模最大的繩文聚落遺跡

### 藝術與遺址、睡魔祭和青森的中心都市

## 青森市區 ★あおもりたうん P.50

市區一帶就是青森的入口，有日本最大規模的繩文遺址、展出與青森有關的作家作品的美術館，並以夏季舉辦的青森睡魔祭為最大看點。

看點照過來！
★青森睡魔祭…P.52、附錄①正
★三內丸山遺址…P.54
★青森縣立美術館…P.55

美食有這些！
★鄉土料理…P.56
★自助海鮮丼…P.58
★津輕拉麵…P.59

自助海鮮丼
↑自選喜歡的配料盛滿碗的蓋飯

津輕拉麵
↗吃得到小魚乾、烤魚乾的風味

↑純白的建築物是特色
青森縣立美術館

稍微走遠一些…
### 淺蟲溫泉 P.66
位於距青森市內車程約30分鐘可到的古老溫泉地，還有能眺望陸奧灣的水族館。
↑以陸奧灣盡收眼底而著名的溫泉地

# "看點·美食一網打盡！" 青森熱門區域一目瞭然

青森縣位於本州的最北端，先來認識各區域的位置與特色吧！

佛浦
←斷崖絕壁與奇岩綿延不絕

### 神祕的本州最北端之地

## 下北半島 ★しもきたはんとう P.115

形似斧頭狀的本州最北邊的半島，不但有靈場恐山和佛浦等景點，還能一嘗大間鮪魚等極品美食。

➔將珍貴的鮪魚豪邁做成蓋飯
大間鮪魚

靈場恐山
↑東北數一數二的能量景點

看點照過來！
★佛浦…P.116
★靈場恐山…P.118

美食有這些！
★大間鮪魚…P.120

十和田湖
↑享受四季不同風貌的景色

奧入瀨溪流
➔瀑布與流水交織出變幻多端的美景

### 樂享新鮮海產及沿海絕景

## 八戶 ★はちのへ P.83

由於這裡面朝太平洋，是可以捕獲到豐富新鮮魚貨的區域，務必去朝氣蓬勃的早市逛逛。此外，這裡還有遺留橫丁文化的區域，可以盡情玩到深夜。

種差海岸
↑美麗的草原一望無際

橫丁美食
↑可以在八條橫丁續酒攤
↓除了購物以外還能品嘗七厘燒等

看點照過來！
★八食中心…P.84
★早市…P.86
★種差海岸…P.91

美食有這些！
★橫丁美食…P.88

↑可以隨興體驗美國風味的美式酒吧

稍微走遠一些…
### 三澤 P.96
設有美軍基地，洋溢著美式風情，享受一下國際化的氛圍吧。

八食中心

### 讓雄偉大自然治癒身心

## 奧入瀨溪流 十和田・八甲田 ★おいらせけいりゅう・とわだ・はっこうだ P.67

奧入瀨溪流以及其泉源十和田湖、日本百大名山八甲田山等，被豐饒大自然所環抱的區域。八田山腳下還散布著充滿韻味的溫泉旅館。

看點照過來！
★奧入瀨溪流…P.68、附錄①正
★十和田湖…P.72
★十和田市現代美術館…P.76

美食有這些！
★十和田牛五花燒…P.78

➔十和田地區長久以來深受歡迎的名菜
十和田牛五花燒

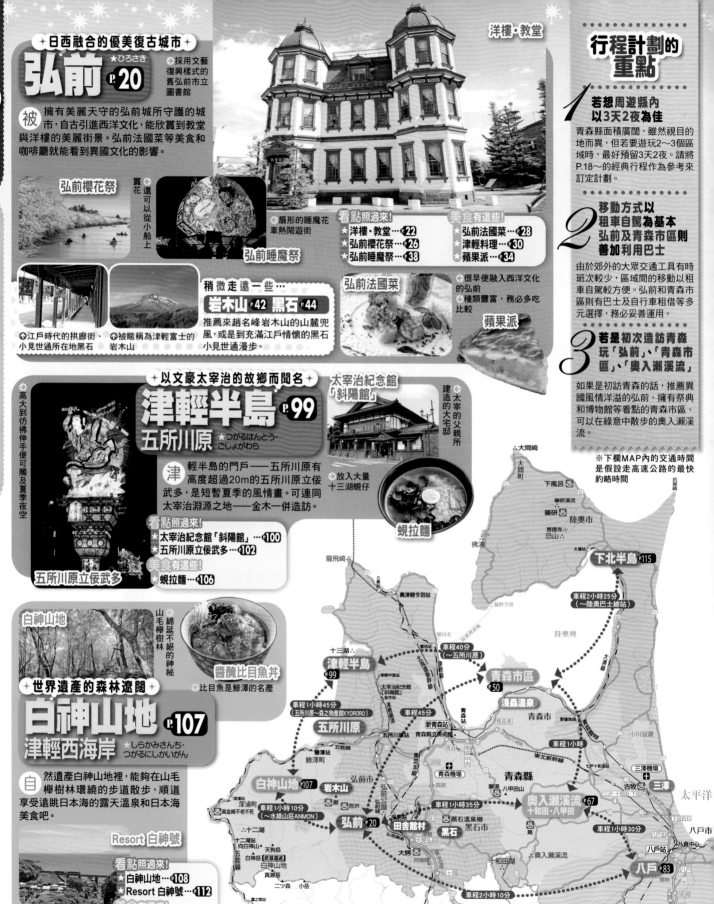

青森旅遊法

青森熱門區域一目瞭然

+日西融合的優美復古城市+

# 弘前 ★ひろさき P.20

洋樓・教堂

➲採用文藝復興樣式的舊弘前市立圖書館

被擁有美麗天守的弘前城所守護的城市，自古引進西洋文化，能欣賞到教堂與洋樓的美麗街景。弘前法國菜等美食和咖啡廳就能看到異國文化的影響。

弘前櫻花祭

➲還可以從小船上賞花

弘前睡魔祭

➲扇形的睡魔花車熱鬧遊街

看點照過來!
★洋樓・教堂…P.22
★弘前櫻花祭…P.26
★弘前睡魔祭…P.38

美食有這些!
★弘前法國菜…P.28
★津輕料理…P.30
★蘋果派…P.34

↑江戶時代的拱廊街，小見世通所在地黑石

↑被暱稱為津輕富士的岩木山

稍微走遠一些…

岩木山 P.42 黑石 P.44

推薦來趟名峰岩木山的山麓兜風，或是到充滿江戶情懷的黑石小見世通漫步。

弘前法國菜

➲很早便融入西洋文化的弘前

➲種類豐富，務必多吃比較

蘋果派

## 行程計劃的重點

**1 若想周遊縣內以3天2夜為佳**

青森縣面積廣闊，雖然視目的地而異，但若要遊玩2～3個區域時，最好預留3天2夜。請將P.18～的經典行程作為參考來訂定計劃。

**2 移動方式以租車自駕為基本 弘前及青森市區則善加利用巴士**

由於郊外的大眾交通工具有時班次較少，區域間的移動以租車自駕較方便。弘前和青森市區則有巴士及自行車租借等多元選擇，務必妥善運用。

**3 若是初次造訪青森 玩「弘前」、「青森市區」、「奧入瀨溪流」**

如果是初訪青森的話，推薦異國風情洋溢的弘前、擁有祭典和博物館等看點的青森市區、可以在綠意中散步的奧入瀨溪流。

+以文豪太宰治的故鄉而聞名+

# 津輕半島 P.99
## 五所川原 ★つがるはんとう・ごしょがわら

➲高大到彷彿伸手便可觸及夏季夜空

太宰治紀念館「斜陽館」

➲太宰的父親所建造的大宅邸

津輕半島的門戶——五所川原有高度超過20m的五所川原立佞武多，是短暫夏季的風情畫。可連同太宰治淵源之地——金木一併造訪。

➲放入大量十三湖蜆仔

蜆拉麵

看點照過來!
★太宰治紀念館「斜陽館」…P.100
★五所川原立佞武多…P.102

美食有這些!
★蜆拉麵…P.106

五所川原立佞武多

白神山地

➲綿延不絕的神祕山毛櫸樹林

醬醃比目魚丼

↑比目魚是鰺澤的名產

+世界遺產的森林遼闊+

# 白神山地 P.107
## 津輕西海岸 ★しらかみさんち・つがるにしかいがん

自然遺產白神山地裡，能夠在山毛櫸樹林環繞的步道散步，順道享受遠眺日本海的露天溫泉和日本海美食吧。

Resort 白神號

看點照過來!
★白神山地…P.108
★Resort 白神號…P.112

美食有這些!
★醬醃比目魚丼…P.114

↑五能線Resort白神號行駛於青森與秋田之間

※下欄MAP內的交通時間是假設走高速公路的最快約略時間

# 青森旅遊法

## 春

儘管氣溫逐漸回暖，日夜仍然溫差大，建議搭配外套等可調整的衣物。

弘前 舉辦 4月21日～5月6日

### 弘前櫻花祭 P.26

ひろさきさくらまつり

利用殘雪的岩木山作為借景，盛開的櫻花氣勢非凡。西城濠沿岸的櫻花隧道及夜間點燈的夜櫻也很浪漫。

↓落櫻於護城河水面形成一片花海，相當美麗。

↑宛如籠罩整座公園般的櫻花被譽為日本第一

## 夏

涼爽宜人的時期，白天穿短袖即可。不過有時早晚氣溫較低，帶件薄外套較安心。

青森市區 舉辦 8月2～7日

### 青森睡魔祭 P.52、附錄①正

あおもりねぶたまつり

以傳說或歷史性人物等為題材的人形燈籠浩蕩遊街，配合鼓聲的舞者在一旁熱舞，是青森一大夏日祭典。

田舍館村 期間 6月上旬～10月上旬

### 田舍館村藝術田園展 P.49

いなかだてむらたんぼあーと

藉由數種稻苗繪出巨大的圖案及文字。

八戶 舉辦 7月31日～8月4日

### 八戶三社大祭 P.90

はちのへさんしゃたいさい

以神話及歌舞伎等為主題的花車沿街慢行。

# 行事曆

下定決心前往青森！行前可從這確認氣候，四季特有活動、五花八門的當令食材也一同列入參考吧。

## 當令美味

| 9月 | 8月 | 7月 | 6月 | 5月 | 4月 |
|---|---|---|---|---|---|

- 北魷 八戶等地 7～11月
- 蜆仔 十三湖 6～7月
- 嶽玉米 嶽地區 8～9月
- 弘前等地 9～11月
- 扇貝 平內町等地 6～8月
- 短角牛 青森市等地 全年
- 蘆花門雞 六戶町等地 全年

### ✦令人好奇的品牌肉✦ 青森蘆花門雞、青森短角牛是什麼？

青森蘆花門雞是青森縣獨自研發出的特產當地雞，肉質細嫩、風味濃醇。青森短角牛則是自古以來飼養於日本東北北部，健康而肉質鮮甜。

## 氣溫及降雨量

平均氣溫（℃）

| 月 | 9月 | | | 8月 | | | 7月 | | | 6月 | | | 5月 | | | 4月 | | |
|---|---|---|---|---|---|---|---|---|---|---|---|---|---|---|---|---|---|---|
| 平均氣溫（℃） | 22.8 | 19.3 | 18.9 | 26.4 | 23.3 | 22.5 | 25.0 | 21.1 | 20.1 | 21.4 | 17.2 | 16.2 | 18.2 | 13.3 | 13.1 | 13.9 | 8.3 | 8.5 |
| 降雨量 | 209.9 | 122.7 | 167.6 | 168.2 | 122.7 | 128.8 | 153.5 | 117.0 | 136.1 | 167.7 | 75.6 | 105.8 | 137.8 | 80.6 | 89.3 | 124.5 | 63.4 | 64.3 |

## 冬

必穿羽絨外套或大衣，某些地方更需先備好圍巾、手套、腳底止滑措施。

八戶 舉辦 2月17~20日
### 八戶沿步利
はちのへえんぶり
P.90
舞者與鼓手組成的「沿步利小組」會在八戶內各地獻舞，祈求該年豐收並宣告春天來臨。

十和田 時期 2月上旬~下旬
### 十和田湖冬物語
とわだこふゆものがたり
P.74
白雪與燈火為十和田湖畔帶來夢幻氣息。

津輕半島 時期 12~3月
### 津輕鐵道暖爐列車
つがるてつどうすとーぶれっしゃ
P.103 津輕鐵道
設有不倒翁暖爐的舊型客車會在限定期間內行駛。

## 秋

每年約從10月中開始逐步宣告紅葉的到來，這個時期必須穿外套或大衣等。

奧入瀨溪流 時期 10~11月
### 奧入瀨溪流的紅葉
おいらせけいりゅうのこうよう
P.68、附錄①正
源自十和田湖、流經原生林的奧入瀨溪流，可以沿著長約14km的水流散散步，秋天更有紅葉可供玩賞。

弘前 期間 10月下旬~11月上旬
### 弘前城菊花與紅葉節
ひろさきじょうきくともみじまつり
染上紅與黃色的楓葉及櫻花樹的紅葉、菊花點綴著弘前公園。
☎0172-37-5501（弘前市立觀光館）
所弘前城植物園（弘前公園內）

八甲田 時期 10月
### 八甲田的紅葉
はっこうだのこうよう
P.79 八甲田纜車
能欣賞到火紅的紅葉，搭纜車來趟空中漫步也不錯。

# "活動‧美味‧氣候一覽無遺！" 旅遊時節

| | 3月 | 2月 | 1月 | 12月 | 11月 | 10月 |
|---|---|---|---|---|---|---|

### 當令美味

- 長槍烏賊 八戶等地 12~2月
- 比目魚 鰺澤等地 12~1月 — 漁獲量日本第一
- 鮪魚 大間等地 11~12月
- 蘋果 — 生產量日本第一

✦令人好奇的品牌肉✦
**大間鮪魚是什麼？** P.120
用名為一支釣的釣法所釣上岸的頂級黑鮪魚。大間釣到的黑鮪魚平均有100kg左右，推測約7~8歲。

### 氣溫及降雨量

| | 3月 | 2月 | 1月 | 12月 | 11月 | 10月 |
|---|---|---|---|---|---|---|
| 東京的平均氣溫(℃) | 8.7 | 5.7 | 5.2 | 7.6 | 12.1 | 17.5 |
| 青森的平均氣溫(℃) | 2.4 | -0.7 | -1.2 | 1.5 | 6.8 | 13.1 |
| 八戶的平均氣溫(℃) | 2.7 | -0.5 | -0.9 | 1.8 | 6.9 | 13.0 |
| 東京的平均降雨量(mm) | 117.5 | 56.1 | 52.3 | 51.0 | 92.5 | 197.8 |
| 青森的平均降雨量(mm) | 69.9 | 111.0 | 144.9 | 150.8 | 137.7 | 103.9 |
| 八戶的平均降雨量(mm) | 52.0 | 40.1 | 42.8 | 49.1 | 62.0 | 87.2 |

※以上資料為日本氣象廳於1981年～2010年所觀測的數據。

# 經典行程

地大物博的青森有許多看點，建議初訪青森的遊客以弘前・青森市區住宿1晚的行程為據點，再追加「想看」、「想吃」的適當行程，打造專屬自己的旅行。

## 基本 青森2大區域 2天1夜行程

弘前～青森市區 靠巴士 及 電車 玩透透

### DAY1 in弘前

弘前站

**洋樓・教堂巡禮** P.22

營造出弘前的異國風情的洋樓、教堂，步行巡禮很吸引人。

**弘前法國菜**

午餐就吃弘前法國菜，甜點來份名產蘋果派。

蘋果派 P.34

弘前法國菜 P.28

**逛街購物** P.36

在加工傳統工藝的雜貨小舖血拚吧♪

**津輕鄉土料理** P.30

晚餐搭配當地酒品來享用鄉土料理。

### ★旅行的疑難雜症大解惑★

**Q 青森市區內的移動方式？**

A 如果在青森站周圍附近，步行或租借自行車即可。青森站前往2大博物館則有段距離，請搭乘巴士。

**Q 第2天前往青森市區的移動方式？**

A 一般都是搭乘JR。有時會因時段而減少班次，也可能沒有快速列車，事先查好時刻表較為安心。

**Q 住宿怎麼選？**

A 推薦弘前市內的飯店。飯店周圍全是能大啖津輕料理的餐飲店，可以盡情在弘前玩到深夜。

**Q 弘前市內的移動方式？**

A 從弘前站到弘前城一帶有100日圓的循環巴士，非常方便。由於弘前城周邊的景點頗為密集，步行或租借自行車即可。

### DAY2 in青森市區

青森站

**自助海鮮丼** P.58

早餐就來青森魚菜中心大啖自助海鮮丼！

**睡魔之家WA・RASSE** P.53

前往一整年都能體驗青森睡魔祭熱情的睡魔之家 WA・RASSE。

**逛街購物** P.60

在青森站前採買A-FACTORY獨創的蘋果氣泡酒。

**津輕拉麵** P.59

午餐就吃以小魚乾熬煮出濃醇高湯的津輕拉麵吧。

**2大博物館**

參觀青森市區引以為傲的2大博物館——三內丸山遺跡及青森縣立美術館。

青森縣立美術館 P.55

©Yoshitomo Nara 2005

三內丸山遺跡 P.54

新青森站

## 行程解說

**DAY1 弘前**

弘前站
…土手町循環100日圓巴士17分
洋樓・教堂巡禮
…步行
午餐享用弘前法國菜
…步行
逛街購物弘前雜貨
…步行
晚餐吃津輕鄉土料理
…步行
入住弘前市內的飯店

**DAY2 青森市區**

弘前站
…JR奧羽本線快速・普通45～50分
青森站
…步行
早餐吃自助海鮮丼
…步行
睡魔之家 WA・RASSE
…步行
逛街購物 A-FACTORY
…步行
午餐吃津輕拉麵
…青森站前搭觀光路線巴士睡魔號40分～1小時13分
2大博物館
…觀光路線巴士睡魔號10～15分
新青森站

# 想看 想吃 通通實現！青森多種玩法

應用 更加深入暢玩青森！依旅遊目的的追加方案

弘前or青森市區出發去

## 想要感受大自然！

### 奧入瀨溪流 P.68、附錄①正 追加行程！

青森市區出發建議開車

順道造訪近郊溫泉、充分感受大自然兜風遊＆將足跡拓展到八戶！

還能到這裡逛逛
- 酸湯溫泉…P.80
- 蔦溫泉旅館…P.80
- 八甲田葫蘆步道…P.79
- 八食中心…P.84

新青森站
↓車程1小時
奧入瀨溪流（燒山）
↓車程1小時30分
八戶站

### 白神山地 P.108 追加行程！

青森市區出發建議搭電車

Resort白神號能到達白神山地登山健行的起點——十二湖站及鰺澤站！

新青森站
↓Resort白神號 1小時40分～3小時10分
白神山地（十二湖站、鰺澤站）

還能到這裡逛逛
- 千疊敷海岸…P.113
- 黃金崎不老不死溫泉…P.113

## 想泡泡溫泉！

### 酸湯溫泉 P.80 追加行程！

青森市區出發建議開車

因為這裡有能盡享八甲田山麓自然美景的兜風路線＆可以將行程拉至八戶！

新青森站
↓車程1小時
酸湯溫泉
↓車程1小時30分
八戶站

還能到這裡逛逛
- 八甲田葫蘆步道…P.79
- 八食中心…P.84

### ランプの宿 青荷溫泉 P.48 追加行程！

弘前出發建議搭電車 巴士

因為有弘南鐵道行經最近的車站黑石站＆可以觀光黑石市區！

弘前站
↓弘南鐵道30分
黑石站
↓弘南巴士35分
巴士站 虹の湖公園
↓接駁巴士10分
ランプの宿 青荷溫泉

還能到這裡逛逛
- 中町小見世通…P.44
- 田舍館村田園藝術…P.49

## 想大吃活跳跳海產！

### 八戶的早市 P.86 追加行程！

青森市區出發建議搭電車

還能夠中途下車去八戶的海鮮景點或橫丁逛逛！

新青森站
↓東北新幹線30分
八戶站
↓JR八戶線20分
陸奧湊站
↓步行10分
館鼻岸壁早市

還能到這裡逛逛
- 八食中心…P.84
- 八戶的橫丁…P.88
- 陸奧湊站前早市…P.87

### 下北半島兜風遊 P.116 追加行程！

青森市區出發建議開車

搭乘連結蟹田港與脇野澤港的渡輪，還能節省時間兜風一下！

新青森站
↓車程35分
蟹田港
↓陸奧灣渡輪1小時（1天2～3班）
下北半島（脇野澤港）
↓車程3小時
八戶站

還能到這裡逛逛
- 靈場恐山…P.118
- 參觀大湊基地艦艇…P.122

# 弘前 ひろさき
## 復古洋樓與街景融為一體

有弘前城守護著的街道上盡是明治到大正時期所興建的洋樓與教堂，散發懷舊氣息。快造訪這座日式與西洋氛圍融合的街道吧。

↑以雙塔為明顯路標的舊弘前市立圖書館→P.22
→就算在法國菜一級戰區的弘前，也格外出名的Restaurant 山崎→P.29
↓在蘋果的故鄉弘前品嘗種類豐富的蘋果派→P.34

←留存日本傳統工藝金唐革紙的青森銀行紀念館→P.24
↓被粉紅色籠罩的弘前櫻花祭→P.26

## 弘前觀光的重點

**停留天數**
### 建議玩2天1夜
如果想好好觀光並享受美食及購物的話，建議停留2天1夜。若要鎖定景點的話，一天也OK。

**看點**
### 教堂、洋樓、季節性活動
充滿異國情懷的教堂、洋樓是必看景點。此外，還有春天的櫻花祭和夏天的睡魔祭等，季節性活動相當多。

**美食**
### 弘前法國菜&津輕料理
味覺與視覺兼具的弘前法國菜是早早就接受西洋文化洗禮的弘前特有文化，務必搭配在地酒來品嘗津輕鄉土料理。

**住宿地點**
### 市中心的飯店or郊區溫泉
若想玩到深夜的話，就在鬧區附近的飯店投宿。再多走點路便能到達的溫泉旅館也很推薦。

## 前往弘前的交通方式

**鐵路**
東京站 ← JR東北新幹線「はやぶさ」3小時～3小時25分 ← 新青森站 ← JR奧羽本線 40～45分 ← 弘前站

配合班機抵達時間提供接駁

**飛機**
羽田機場 ← 1天6班 1小時15分 ← 青森機場 ← 弘南巴士 55分 ← 弘前巴士總站

**開車**
新青森站 ← 國道7號、東北道等 45分 ← 弘前市區
東北道大鰐弘前IC ← 國道7號等 15分 ← 弘前市區

## 弘前市內的移動方式

由於主要景點多集中在市中心，比起開車移動，善用繞行市中心的循環巴士或租借自行車會更方便行動。

### サイクルネットHIROSAKI
●さいくるねっとひろさき

**手續簡單立刻租車**

可以在弘前站的觀光服務處、まちなか情報センター、弘前市立觀光館等地租借，借車與還車地點不同也沒問題。

☎0172-37-5501（弘前市立觀光館）

5月中旬～11月、9:00～17:00（租借～16:00）※開放租借時間視地點而異　休天候不佳時可能中止　¥一般自行車1次500日圓、電動自行車1次1000日圓（在觀光館及服務處租車、還車）

### 土手町循環100日圓巴士
●どてまちじゅんかんひゃくえんばす

**繞行中心區的巴士**

以弘前巴士總站為起訖站，行經弘前站前到土手町一帶。10～18時（冬季～17時）之間每10分鐘發車，1次100日圓，1日乘車券為500日圓。

☎0172-36-5061（弘前巴士總站）

### 步行
**公園周邊步行即可**

教堂、洋樓等景點多聚集在弘前公園的周邊，步行遊覽即可。

弘前出發車程45分

# 岩木山 ➔P.42
●いわきさん

堪稱青森縣第一高而獲稱為「津輕富士」的岩木山，山腳下有歷史悠久的溫泉和神社。

弘前出發車程15分

# 黑石 ➔P.44
●くろいし

將江戶時代的拱廊街「小見世」保存下來的中町小見世通就在這裡，還有黑石湯汁炒麵等在地美食。

弘前出發車程20分

# 田舍館村 ➔P.49
●いなかだてむら

組合不同品種的稻苗，描繪出田園藝術而知名的村落。也可以搭弘南鐵道前往。

弘前和周邊地區的位置關係

## 弘前市中心MAP

### 弘前城周邊
ひろさきじょうしゅうへん

天守默默看守整座城市

弘前的一大象徵，弘前城的史蹟。因綠意充沛亦成為當地民眾的休閒場所。

### 仲町周邊
なかまちしゅうへん

江戶時代的景觀留存

江戶時代曾經是武家住宅區的區域，可以參觀石場家住宅等。

### 弘前站周邊
ひろさきえきしゅうへん

弘前觀光的門戶

JR奧羽本線的弘前站內設有觀光服務處，方便採買伴手禮的車站大樓。

### 禪林街周邊
ぜんりんがいしゅうへん

寺院櫛次鱗比

做為弘前城西南城寨而興建了許多禪寺的地區。

### 土手町周邊
どてまちしゅうへん

商家雲集的鬧區

土手町通周遭有咖啡廳和商店等聚集，成為弘前的中心地帶。

## 手提行李寄送服務

### 空手輕鬆觀光
從車站送至飯店

19時以前可將手提行李從弘前站中央口的觀光服務處寄送至市內的住宿設施（部分地區除外）。

☎0172-26-3600
（弘前市觀光服務處）
🕒8:45～14:00
¥手提行李1件864日圓
MAP 附錄②P.12 H-4（弘前市觀光服務處）

## 遊街導覽團

### 弘前路地裏探偵団
●ひろさきろじうらたんていだん

提供深入的觀光方案

舉辦和調查弘前特有生活文化與根源的偵探（＝導覽員）一同遊街的企劃，或許能得知當地導覽才知道的冷知識!?

☎0172-35-3131
（弘前觀光會議協會）

## 情報蒐集景點

### 弘前市まちなか情報センター
●ひろさきしまちなかじょうほうせんたー

還有櫻花相關的禮品

位在土手町通上的情報中心。也有附設有餐飲區，除了來蒐集情報外，也可做為休憩的據點。

☎0172-31-5160
🕒9:00～21:00（餐飲、物產區為11:00～19:00，使用廁所為8:30～21:30）
休無休 P無 所弘前市土手町94-1 交JR弘前站搭弘南巴士土手町循環100日圓巴士8分，中土手町下車即到
MAP 附錄②P.12 E-4

### 弘前市立觀光館
●ひろさきしりつかんこうかん

選購伴手禮也很方便

位於弘前公園追手門前的追手門廣場上的觀光物產館。除了能索取觀光資訊，還有自行車租借處及餐廳。

☎0172-37-5501
🕒9:00～18:00（各祭典舉辦期間會延長營業） 休無休 P88輛
所弘前市下白銀町2-1 交JR弘前站搭弘南巴士土手町循環100日圓巴士17分，市役所前下車即到
MAP 附錄②P.13 D-3

# 弘前懷古散步

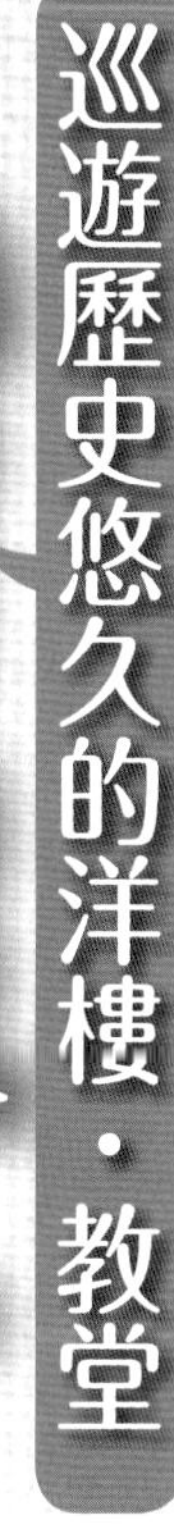

## 巡遊歷史悠久的洋樓・教堂

圓頂型的雙塔十分搶眼 既摩登又具象徵性的洋樓

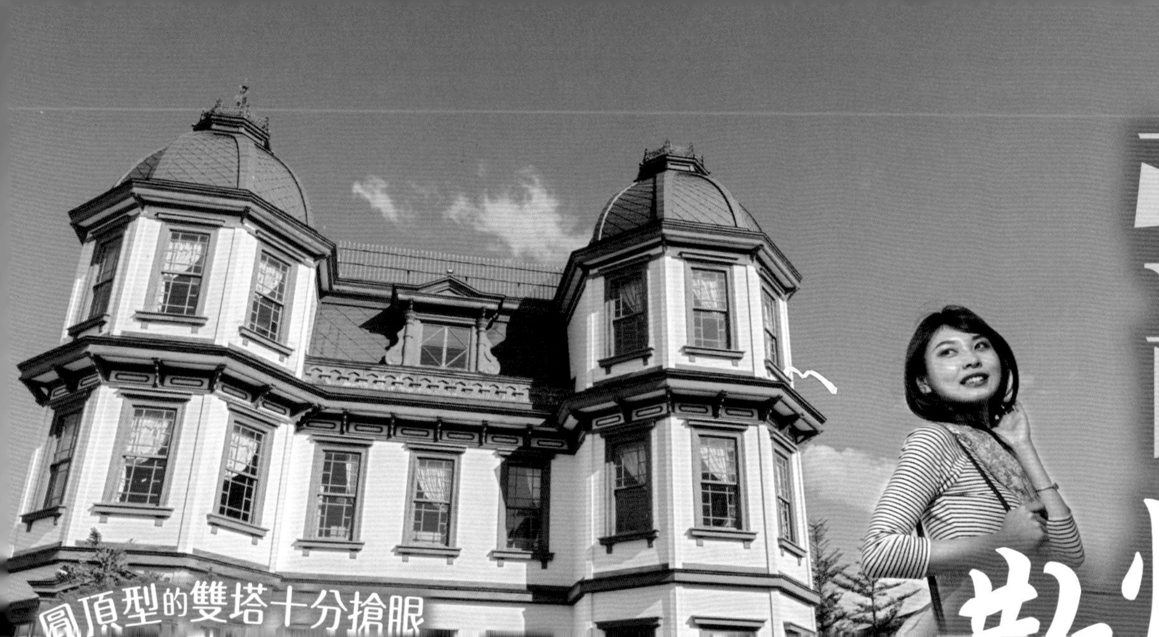

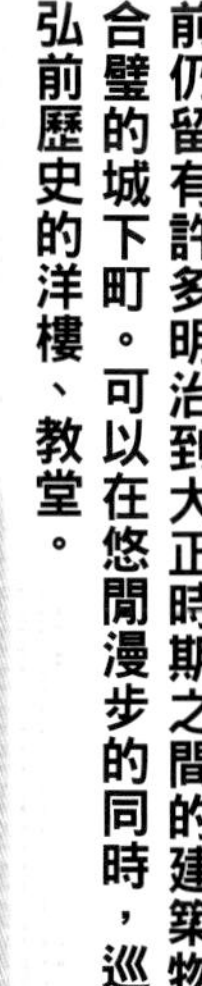

弘前仍留有許多明治到大正時期之間的建築物，是一座日西合璧的城下町。可以在悠閒漫步的同時，巡禮這些傳承了弘前歷史的洋樓、教堂。

弘前城周邊　內部參觀OK・攝影OK

## 1 舊弘前市立圖書館

●きゅうひろさきしりつとしょかん

曾經打造無數洋樓的大工匠堀江佐吉於明治39（1906）年所建造的建築遺產，是以文藝復興樣式為主調的3層樓建築，左右兩側的八角形圓頂型塔令人印象深刻。

☎0172-82-1642（弘前市教育委員會文化財課）
🕘9:00～17:00　休無休　¥免費　P88輛（使用弘前市立觀光館地下停車場）　所弘前市下白銀町2-1
🚌JR弘前站搭弘南巴士土手町循環100日圓巴士17分，市役所前下車即到　MAP附錄②P.13 D-3

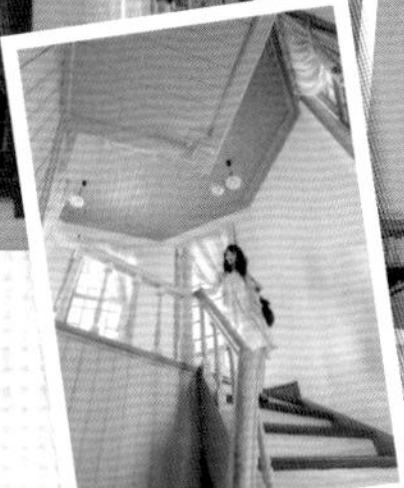

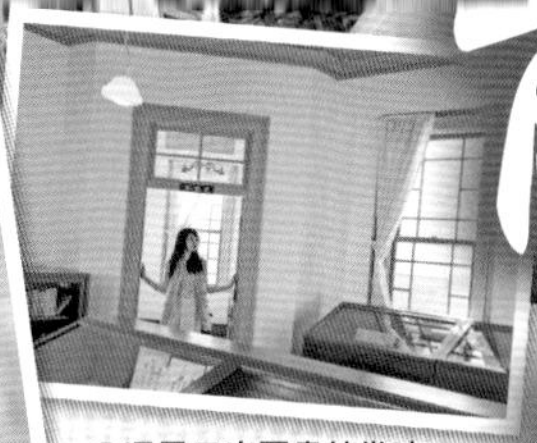

↑還展示出圖書館當時的相關文獻
←半螺旋形的樓梯也是帶有歷史風味的構造

### 重點看過來

**八角形的圓頂**

為了讓室內保持明亮而採用能設置多扇窗戶的八角形，同時也隨處可見和風樣式的融合。

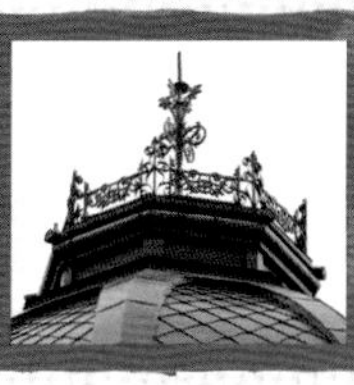

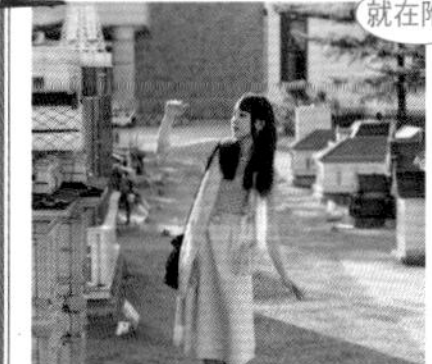

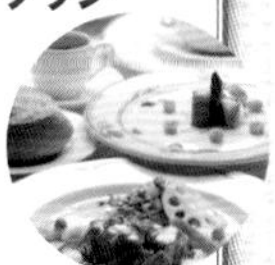

### 散步的訣竅

**分別活用巴士及步行、租借自行車來觀光**

由於從JR弘前站到弘前城一帶有段距離，搭巴士較方便。相反地，這裡所介紹的景點多集中在步行範圍內，以步行或者租借自行車來觀光較有效率。

**事先確認各個景點是否可拍照**

這裡所介紹的景點大多都能自由參觀，不過有些地方在拍照方面有所限制，入館時務必做好確認。

**享受順道逛的樂趣**

景點周圍有不少適合休憩的咖啡廳和時尚雜貨店，別忘了繞過去看看，享受散步的樂趣。

### 周邊的順道逛景點

就在附近 **迷你模型建造物群**

將建造於明治、大正時代的弘前市內公共建築物及商家等以實寸的十分之一加以重現。

🕘自由參觀（冬季為7:00～18:00）　所弘前市下白銀町2-1
MAP附錄②P.13 D-3

步行3分 **ポルトブラン**

赴法修業的主廚所推出的菜餚，在以白色為主調的時髦店內享用。

→P.28

### 遊歷復古洋樓MAP

### 行程時間表

所需5小時

- Start JR弘前站
- 土手町循環100日圓巴士17分，市役所前下車即到
- 1 舊弘前市立圖書館
- 步行即到
- 2 舊東奧義塾外國人教師館
- 步行7分
- 3 藤田紀念庭園
- 步行3分
- 4 弘前公園
- 步行11分
- 5 青森銀行紀念館
- 步行5分
- 6 日本基督教團弘前教會
- 步行5分
- 7 天主教弘前教會
- 文化センター前搭土手町循環100日圓巴士12分
- JR弘前站 Goal

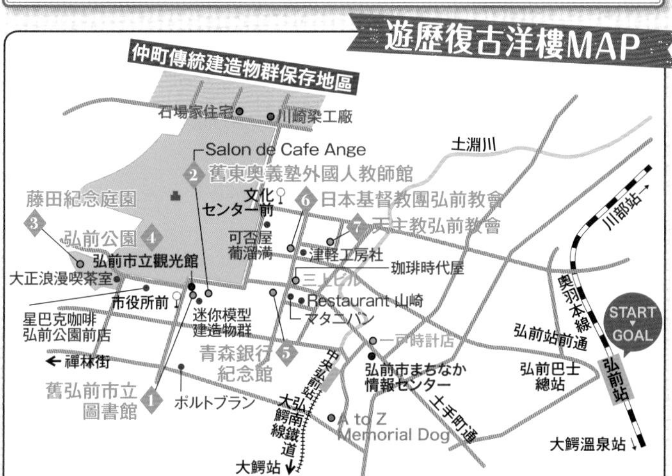

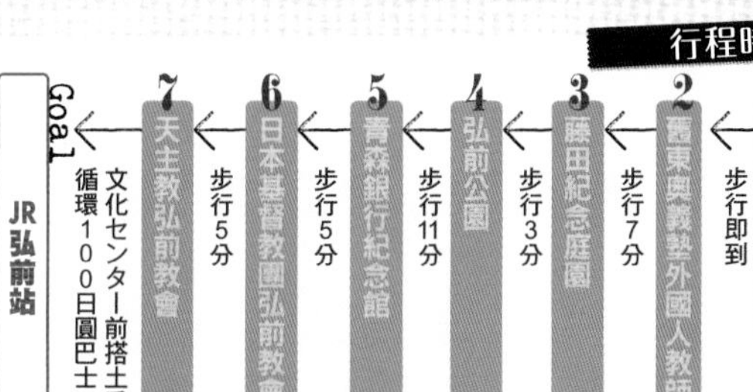

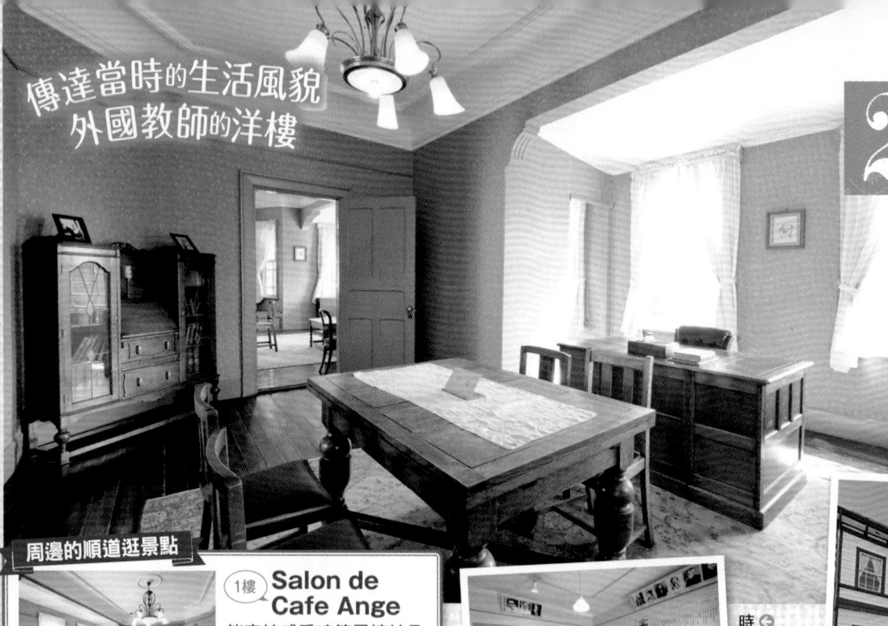

傳達當時的生活風貌 外國教師的洋樓

弘前城周邊　內部參觀OK・攝影OK

## 2 舊東奧義塾外國人教師館

きゅうとうおうぎじゅくがいじんきょうしかん

作為青森縣首間私塾「東奧義塾」所招聘的英語教師住所而興建的住宅，重現昔日生活的館內擺設有家具及床鋪等。1樓還附設了Salon de Cafe Ange（P.33）。

☎0172-37-5501（弘前市立觀光館）
9:00～18:00 休無休 ¥免費 P88輛(利用弘前市立觀光館地下停車場) 所弘前市下白銀町2-1 交JR弘前站搭弘南巴士土手町循環100日圓巴士17分，市役所前下車即到
MAP附錄②P.13 D-3

重點看過來
**重現當時的生活**
家具依照當時樣貌重現，也可看見遊樂器材的設置與日式拉門等和風設計。

周邊的順道逛景點

1樓 **Salon de Cafe Ange**
能直接感受建築風情並品嘗茶品和餐點的咖啡廳，供應獨創蛋糕、輕津藩曾喝過的咖啡等。
→P.33

還有展出傳達當時生活風貌的資料

樓地板面積達280㎡，非常寬敞

裡面的洋樓裡還有咖啡廳

弘前城周邊　內部參觀OK・攝影OK

## 3 藤田紀念庭園

ふじたきねんていえん

被蔥綠林木與寂靜所包圍的庭園是生於弘前的財界人士藤田謙一在大正8（1919）年從東京聘請庭藝師所建造。擁有6600坪的廣闊幅員，高地上有洋樓及和館佇立。

☎0172-37-5525 MAP附錄②P.13 C-3
4月中旬～11月23日的9:00～16:30 休開放期間不定休 ¥310日圓 P60輛 所弘前市上白銀町8-1 交JR弘前站搭弘南巴士土手町循環100日圓巴士17分，市役所前下車，步行3分

重點看過來
**風格多樣的庭園**
高處為可眺望岩木山的借景式庭園，低處則是池泉迴遊式庭園。

日本庭園加上和館、摩登風洋樓分佈其中

周邊的順道逛景點

園內洋樓 **大正浪漫喫茶室**
使用園內的洋樓1樓作為咖啡廳，裡面備有可品嘗比較的蘋果派等餐點。
→P.32

步行即到 **星巴克咖啡 弘前公園前店**

國家有形文化財化身為星巴克。在洋溢青森韻味的店內展現出與其他分店截然不同的印象。
→P.32

藩政時代的榮華流傳至今

重點看過來
**天守閣搬家中**
為了修繕天守正下方的部分石牆，2015年利用曳屋技術從原本位置移動了70m。預計2021年完成修建後再移回原來位置。

移動70m!

弘前城周邊　內部參觀OK・攝影OK

## 4 弘前公園

ひろさきこうえん

曾為弘前藩主居城的弘前城在進入明治時代後，以公園的形式對外開放。除了保存江戶時代建造的天守以外，也留下諸多從藩政時代相傳至今的珍貴文化財。
→P.26

濃厚且日西合璧的文藝復興風格

弘前城周邊　內部參觀OK・攝影OK

# 5 青森銀行紀念館

●あおもりぎんこうきねんかん

堀江佐吉設計施工，做為前第五十九銀行本店本館。採文藝復興風格的左右對稱設計，隨處可見日西合璧的建築樣式。針對銀行設計的防火窗也是亮點。

0172-33-3638

4～11月、2月上旬～中旬的雪燈籠祭期間，9:30～16:30（櫻花祭、睡魔祭、雪燈籠祭期間～18:00）　休開放期間週二休　¥200日圓　P無　所弘前市元長町26　JR弘前站搭弘南巴士土手町循環100日圓巴士10分，下土手町下車，步行5分

MAP附錄②P.13 D-3

重點看過來

**保存當時風貌的金唐革紙**

將天花板的「金唐革紙」維持原貌留存下來的只有小樽的日本郵船與這裡兩處。

周邊的順道逛景點

步行即到　珈琲時代屋 →P.40

步行3分　Restaurant 山崎 →P.29

步行即到　マタニパン →P.34

中央上層的裝飾塔也兼具瞭望台的功用

1樓還設有金融相關的展示

重點看過來

**彩繪玻璃**

禮拜堂內的彩繪玻璃上有岩木山的圖案。

以羅馬樣式為底 禮拜堂鋪榻榻米的教堂

佇立在住宅區裡頭的灰白色聖堂

弘前城周邊　內部參觀OK・攝影OK

# 6 日本基督教團弘前教會

●にほんきりすときょうだんひろさききょうかい

參考巴黎的聖母院大教堂的2層樓禮拜堂。奶油色外牆及雙塔的歌德式風外觀、禮拜堂加上鋪設榻榻米的觀覽室等，呈現日西合璧的風格。

0172-32-3971

9:00～16:00（職員不在時不可參觀）　休週日、三的上午、週一、職員不在時　¥免費　P15輛　所弘前市元寺町48　JR弘前站搭弘南巴士土手町循環100日圓巴士23分，ホテルニューキャッスル前下車，步行3

MAP附錄②P.12 E-3

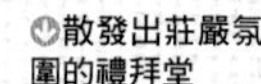

散發出莊嚴氛圍的禮拜堂

擁有雙塔的東北首間基督新教教會

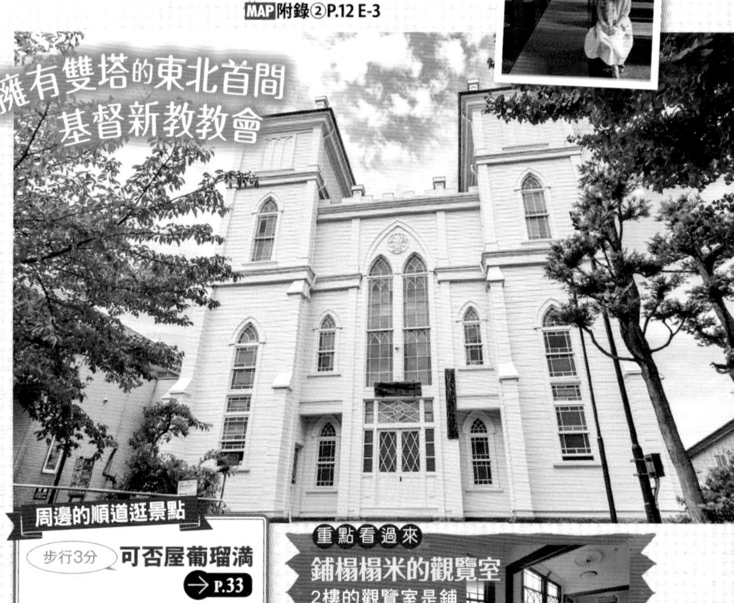

周邊的順道逛景點

步行3分　可否屋葡瑠満 →P.33

步行即到　津軽工房社 →P.37

重點看過來

**鋪榻榻米的觀覽室**

2樓的觀覽室是鋪有30塊榻榻米的和室，至今仍作為週日禮拜信徒祈禱的空間。

弘前城周邊　內部參觀OK・攝影OK

# 7 天主教弘前教會

●かとりっくひろさききょうかい

明治43（1910）年施工的羅馬式建築風教堂。荷蘭的聖湯瑪仕教堂所贈與的莊嚴祭壇、描繪弘前風景的彩繪玻璃皆令人印象深刻。禮拜堂則保留過去以跪坐方式作禮拜的形式而鋪設榻榻米。

0172-33-0175

7:00～18:00（週日上午不可參觀）　休無休　¥免費　P15輛　所弘前市百石町小路20　JR弘前站搭弘南巴士土手町循環100日圓巴士21分，文化センター前下車，步行7分

MAP附錄②P.12 E-2

# 想加進散步行程多玩一些
# 超好拍的熱門打卡景點

弘前擁有青森縣人才輩出的藝術家作品、和風摩登的建築物等等，到處都有許多令人忍不住想拍照留念的景點，不妨手持相機、稍微偏離散步行程去探險吧。

土手町周邊　限在外參觀・攝影OK

## A to Z Memorial Dog

●えーとぅぜっとめもりあるどっぐ

出生於弘前市的現代美術家奈良美智的展覽曾在此地舉辦，後來帶著感恩之意所製作的作品。雖然以前是展示於戶外，目前暫時展於紅磚造的倉庫內。

↑可以在吉野町綠地公園內的倉庫遇見狗狗

☎0172-40-7123（弘前市吉野町綠地整備推進室）　L自由參觀　P無　所弘前市吉野町2-1　交JR弘前站搭弘南巴士土手町循環100日圓巴士8分，中土手町下車即到

MAP附錄②P.12 E-5

藝術

青森自豪的藝術家的巨大立體作品

超好拍亮點：從裝設於倉庫的小窗悄悄窺看的模樣很可愛。

我在裡頭喔

©Yoshitomo Nara

※2018年後的展示狀況有可能變動

土手町周邊　內部參觀・拍照需確認

## 一戸時計店

●いちのへとけいてん

位於中央弘前站附近的鐘錶店，屋頂上的西式建築鐘塔令人印象深刻。據說是100年前製造，現在依舊刻畫著時光，與市民息息相關。

☎0172-32-1780　L自由參觀（僅限外觀）　休週四　P無　所弘前市土手町87　交JR弘前站搭弘南巴士土手町循環100日圓巴士8分，中土手町下車即到

MAP附錄②P.12 F-4

超好拍亮點：尖型屋頂很吸睛，紅線配色也帶點復古的活潑味。

復古

走過超過1世紀時光的鐘塔

土手町周邊　內部參觀・拍照需確認

## 三上大樓

在弘前以鋼筋水泥建造而成的建築物中，這是第2棟建造的大樓。前身是建來做為弘前無盡株式會社（後為弘前相互銀行）的公司。1樓有「珈琲時代屋」（P.40）

☎0172-82-1642（弘前市教育委員會文化財課）　L自由參觀（僅限外觀）　P無　所弘前市元寺町9　交JR弘前站搭弘南巴士土手町循環100日圓巴士10分，下土手町下車，步行3分

MAP附錄②P.12 E-3

超好拍亮點：將尖角削平的設計、3樓窗戶上層的鋸齒狀裝飾營造出威嚴的氣勢。

裝飾藝術風格的珍貴建築物

弘前城周邊　內部參觀OK・拍照OK

## 川崎染工廠

●かわさきそめこうじょう

創業於寬政時代，歷史淵遠，現存的建築物是屬於江戶時代後期。除了能參觀拱廊街和土間等，還可使用江戶時代的工具來體驗天然藍染（需預約）。

☎0172-35-6552　L9:00～17:00（視時期而異）　休週四（櫻花祭、睡魔祭期間無休）　¥工房內參觀費200日圓、天然藍染體驗（需預約）1100日圓～　P5輛　所弘前市亀甲町69　交JR弘前站搭弘南巴士往浜の町方向15分，亀甲町前下車步行3分

MAP附錄②P.13 D-1

江戶後期興建的天然藍染工房

和風

超好拍亮點：可窺見當年建造樣式的建築物十分符合對面弘前公園的氛圍。

弘前城周邊　內部參觀OK・拍照OK

## 石場家住宅

●いしばけじゅうたく

仍留存店門前的「小見世」，據信屋齡超過250年的富商之家。雖然現在以酒鋪的方式營業，也被用來作為住宅使用，但仍可以從土間參觀建築內部。

☎0172-32-1488　L9:00～17:00　休不定休　¥100日圓　P20輛　所弘前市亀甲町88　交JR弘前站搭弘南巴士土手町循環100日圓21分，文化センター前下車，步行15分

MAP附錄②P.13 D-1

超好拍亮點：可說是江戶時代拱廊街的小見世訴說著歷史情懷。

江戶後期歷史悠久的富商住居

更多亮點CHECK

### 沿街可見的蘋果造型

蘋果產量日本第一的弘前不虛此名，城市裡到處可見蘋果造型物。下圖是在土手町發現的蘋果裝置藝術。此外，還有嵌入蘋果圖案的人孔蓋等，一定要來找找看。

弘前 P.20
青森市區 P.50
奥入瀬溪流・十和田・八甲田 P.67
八戶 P.83
津輕半島・五所川原 P.99
白神山地・津輕西海岸 P.107
下北半島 P.115

現存的天守與枝垂櫻的美麗對比

盛開的櫻花將天守團團圍住

# 弘前櫻花祭

4月21日▼5月6日

2018年 慶100週年

弘前市的吉祥人物 鷹丸君

弘前公園 櫻 MAP

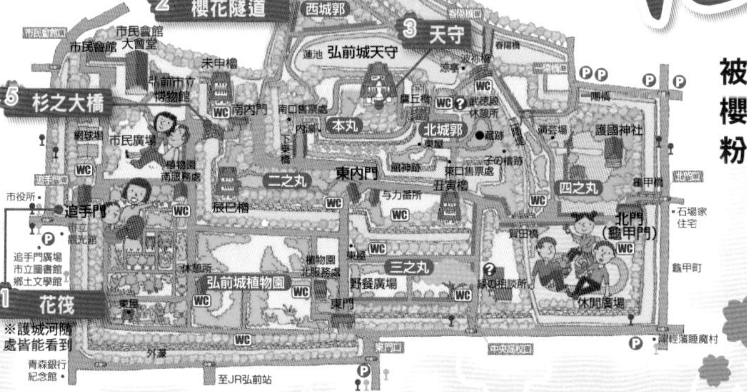


※護城河隨處皆能看到

被譽為日本第一，每年有超過200萬名遊客前來而人聲鼎沸的櫻花慶典，弘前櫻花祭在2018年邁入100週年。快來探訪染上淡粉紅色的華麗絢爛櫻花祭吧

## 祭典的遊賞方式

**人力車**

可以搭乘人力車享受在公園內優雅漫遊約15分的樂趣。

需洽詢
¥收費

**中濠觀光船**

搭乘船夫行駛的和船，緩緩漂過中濠的20分鐘船遊。

9:00～16:30
¥1000日圓

**觀光志工導覽**

欲報名導覽請至公園內的特設攤販。

受理9:00～16:00
¥免費

ひろさきさくらまつり MAP附錄②P.13 D-2

## 弘前櫻花祭

日本首屈一指的賞櫻名勝，4月21日～5月6日於弘前公園舉行，吸引眾多觀光客蜂擁而來，欣賞盛開的櫻花及老松樹的綠意等無數美景，公園一帶充滿華麗氛圍。

✆0172-37-5501(弘前市立觀光館) 4月21～5月6日(視櫻花開花狀況而異)、自由入園 ¥本丸、北城郭310日圓(4月23日～5月5日為7:00～21:00、4月21～22日、5月6日為9:00～17:00) 所弘前市下白銀町1 JR弘前站搭弘南巴士土手町循環100日圓巴士17分，市役所前下車即到

### 停車場資訊

富士見橋和岩木橋設有免費臨時停車場（兩者皆在MAP附錄②P.4 F-3，步行20分到弘前公園）。由於週六日假日公園周邊的道路會塞車，建議停在JR弘前站周遭的停車場（步行30分）。

重點看過來！ **約50種櫻花齊綻放**

公園內以染井吉野櫻為中心，還有枝垂櫻、八重櫻等52種、約2600株櫻花爭奇鬥豔，可以欣賞不同種櫻花的差異。

**弘前雪明櫻**

盛開時會成純白色，可以在三之丸看到

**八重紅枝垂櫻**

淡紅紫色，綻放於本丸、二之丸、北城郭

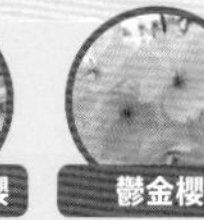

**鬱金櫻**

特色是黃色花瓣，可以在本丸、三之丸看到

優質賞花體驗

## 弘前櫻棧敷席

坐在設置於公園內，蓋有屋頂的日式特等座，便能不受天候影響愜意賞花。可以聆聽津輕三味線的現場演奏，一面品嘗特製的賞花便當和在地酒，度過奢侈時光。便當方案5000日圓，完全預約制。

HP http://machi-aruki.sakura.ne.jp/

## 賞櫻亮點 1 はないかだ 花筏

飄散在護城河上的花瓣聚集成堆，將水面渲染成粉紅色，每當風吹拂而過便會改變風貌的櫻花色花海浪漫又百看不厭，在護城河各處皆可欣賞到。

花瓣填滿了整條護城河

➲飄落水上的花瓣形成一大片「木筏」般的景致

## 賞櫻亮點 3 てんしゅ 天守

為修繕石牆而完成遷移的天守，可以欣賞山頂仍有殘雪的岩木山與盛開櫻花共同入鏡的美景。天守前還設有瞭望區，可在絕佳角度欣賞。

遷移中的天守與櫻花、岩木山一覽無遺

➲有岩木山作為背景的弘前城是僅限幾年間才有緣看到的景色

## 賞櫻亮點 2 さくらのとんねる 櫻花隧道

西濠沿岸的步道左右兩側皆種植櫻花樹，盛開時化身為一繽紛花隧道。在幾乎要將四周染上淡粉色般恣意綻放的櫻花樹下悠閒漫步，徹底沉浸於優雅氛氛中。

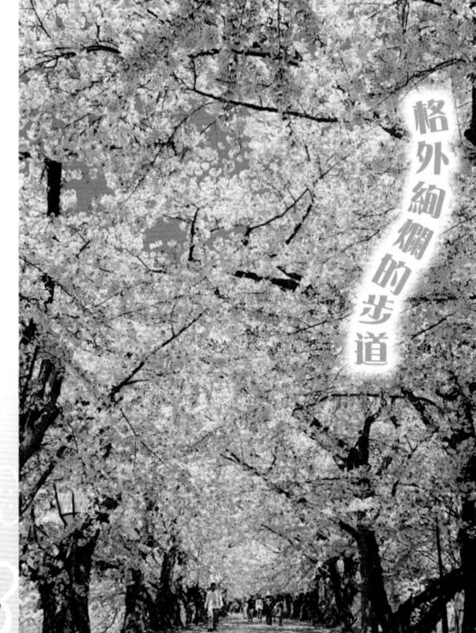

格外絢爛的步道

➲綿延近360m的成排櫻花，櫻花籠罩的景觀氣勢驚人

## 賞櫻亮點 4 にしぼり 西濠

兩岸的櫻花倒影微微映於水面、鴨子在水上休息的模樣讓人心平氣和，從小船上望出去的景致分外迷人。也有人說這風景形似美國的賞櫻名勝波多馬克河畔。

➲小船在櫻花祭期間的9～17時開放，1小時1000日圓

搭乘小船從水上欣賞櫻花

## 網路熱門話題

mapple
弘前公園

#夜櫻

櫻花祭期間的日落～22時之間，園內會進行夜間點燈，與白天截然不同的豔麗櫻花美景絕對會打動您的心！

mapple
弘前公園

#拼出心型的櫻花

園內有一個地方能看見由多棵櫻花樹交疊出的愛心！沿路上有貼上愛心的樹樁做為指標，不妨來找找看。

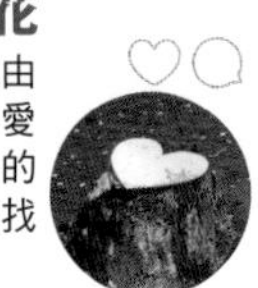

## 賞櫻亮點 5 すぎのおおはし 杉之大橋

朱紅色欄杆是優美的拍照景點

由於築城當時是以杉木建造而取名為杉之大橋。朱紅色的欄杆與黑色橋樑形成美麗對比，有櫻花環繞四周時更是絕景。當櫻花開始凋落，便能順道欣賞護城河花海。

➲穿過追手門前往本丸路上會經過的橋

# フランス食堂CHEZ-MOI

●ふらんすしょくどうしぇもあ

剛從青森近海捕撈上岸的新鮮海產，加上青森土地所孕育的牛肉，素材上大量選用在地食材。每道菜餚皆為清爽又精緻的風味，華麗的擺盤也令人大飽眼福。秋～春季還會推出用上蘋果的名產全餐。

☎0172-33-7990
🕒11:00～14:00、17:00～21:00
休週一　P10輛　所弘前市代官町53-2
🚃JR弘前站步行8分

MAP附錄②P.12 F-4

↑店名在法語中意指「我家」，名符其實展現出居家氛圍

**私房推薦MENU**
- ◆午間全餐 1782日圓～
- ◆晚間全餐 2376日圓～
- ◆蘋果晚餐（9月下旬～6月下旬，需確認）5940日圓（2人起餐）

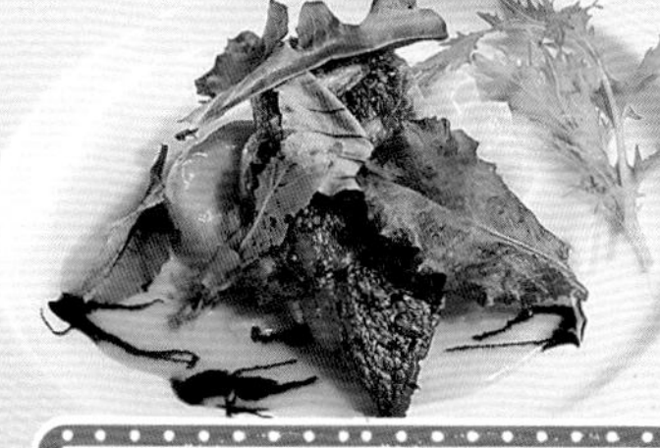

**堅持使用在地食材 提供充滿當季感的料理**

**午餐時間限定 蘋果小全餐 3564日圓**
從湯品到甜點都用蘋果製作　主菜的亮點在於蘋果的使用方式

# 法國菜的奢華午餐

*Hirosaki French*

弘前身為法國菜的一級戰區，有許多令饕客讚不絕口的餐廳。就讓我們來去品嘗充滿自信的主廚以陸奧灣的新鮮魚類、大地孕育出的蔬菜所烹製的華麗美饌吧！

**盡享源自法國的醬汁風味**

# ポルトブラン

爬上幾階樓梯後拉開小小的門扉，店內比想像中還寬敞，以白色為底的裝潢顯得雅致。曾赴法修習多年的主廚所端出的菜餚不僅醬汁是費心製作，與食材的搭配也是一流，宛如藝術品般的擺盤也很精美。

↑地點位在弘前大學附屬醫院的對面，認明紅色遮雨棚

☎0172-33-5087
🕒11:30～14:30、17:00～21:00　休週日
P5輛　所弘前市本町44-1　🚃JR弘前站搭弘南巴士土手町循環100日圓巴士15分，大學病院前下車即到

MAP附錄②P.13 D-4

↑能突顯料理風味的葡萄酒也多來自法國

**私房推薦MENU**
- ◆A午餐 1600日圓
- ◆C午餐 3250日圓
- ◆晚間全餐 2600日圓～

**優惠B全餐 2000日圓**
將全餐的菜餚以一半的份量供餐，鮮魚料理和肉類料理盛在同一盤。

↑店內隨處可見石頭裝飾，優雅又具有品味

## Restaurant 山崎

●れすとらんやまざき

注重慢食的山崎主廚為客人嚴選安全、安心食材，烹製出道地的法國菜。其中使用當地蘋果農家木村秋則以無農藥、無肥料栽種出的「奇蹟蘋果」所製作的冷湯是一口氣打開餐廳知名度的珍美菜餚。

↑吸引各地饕客來訪

☎0172-38-5515
營11:30～14:00、17:30～20:30 休週一
P4輛 所弘前市親方町41 交JR弘前站搭弘南巴士土手町循環100日圓巴士10分，下土手町下車，步行5分

MAP附錄②P.12 E-3

私房推薦MENU
◆商業午餐 2160日圓
◆弘前法國菜自選全餐 3780日圓
◆奇蹟蘋果午間全餐 5400日圓
◆晚間全餐 5400～12960日圓

透過豪華料理展現出安心食材的魅力

弘前法國菜
自選全餐 3780日圓
可從嚴選食材烹製出的菜單挑選湯品及主菜的優惠全餐形式

# 在洋樓之城細細品嘗每一口 弘前

氣氛也是美味關鍵的獨棟餐廳

午間B全餐 2700日圓
附開胃菜、前菜、湯品、魚類料理或肉類料理、麵包、甜點、咖啡或紅茶

## chez Ange

南法風格的獨棟建築前有法國國旗飛舞，散發出時髦氣息，幾乎令人忘了置身日本。而菜餚是不負期待的正統滋味，能吃到當地鮮魚及蔬菜、日本和牛特有的食材美味。高雅的室內裝潢、餐具也在在營造出奢華氛圍。

←時尚氣息令人雀躍

↑統一採柔和色調的店內，桌椅的擺放讓空間顯得頗有餘裕

☎0172-28-1307 營11:30～14:00、17:00～21:00（晚餐最晚需於前日預約） 休週日 P15輛
所弘前市外崎2-7-1
交JR弘前站步行10分

MAP附錄②P.4 F-3

私房推薦MENU
◆午間全餐 2160日圓~
◆晚間全餐 4320日圓~

## SALLE À MANGER deux CHEZ-MOI

「フランス食堂 CHEZ-MOI」(P.28)的2號店，白天以午餐菜色為主，晚間則變身為酒吧風，希望藉此成為顧客隨時都可輕鬆造訪的法國餐廳。

☎0172-55-5345
營11:00～14:00、17:00～21:00 休週一（逢假日則營業） P13輛 所弘前市外崎1-3-12 交JR弘前站步行8分

MAP附錄②P.4 F-3

↑外觀沉穩，內部卻不失開闊感的氛圍

私房推薦MENU
◆單盤午餐附甜點 1404日圓
◆招牌午間全餐B 2700日圓

烤鯷魚醬風味新鮮扇貝
1836日圓
附湯品、麵包、甜點、咖啡

平時也能輕鬆品味的法國菜

# 搭配在地酒享用 津輕料理

津輕的山珍海味造就獨具特色的鄉土美食，能搭配這般樸實風味的在地酒也非常多元。推薦前往能聆聽津輕三味線現場演奏的三味線酒吧用餐，製造旅行回憶。

想搭配限定在地酒品嘗津輕風味
花枝丸(油炸) 一盤530日圓
將切成絲的花枝加上高麗菜及紅蘿蔔、洋蔥攪拌而成。
若生昆布的手卷飯糰 280日圓
用五所川原地區常能吃到的鮮嫩昆布把白飯包成飯糰，特色在於昆布的鹽味與咬勁。
味噌烤扇貝 680日圓
將陸奧灣產的新鮮扇貝切碎，裹上蛋和味噌、蔥烤製而成，加在飯上也很好吃。


⬆3層樓高的店鋪，也可供多人用餐

⬆能在寬敞的店內放鬆用餐

土手町周邊

## 菊富士
★きくふじ

從味噌烤扇貝等津輕的傳統料理，到享用火鍋和定食，別說是觀光客，也受到當地顧客歡迎。隨時備有約10種青森在地酒，其中還有特別的限定酒款。

📞0172-36-3300
🕒11:00～14:30、17:00～21:00 休週四不定休 P使用契約停車場 所弘前市坂本町1 🚌JR弘前站搭弘南巴士土手町循環100日圓巴士8分，中土手町下車即到
MAP附錄②P.12 E-4

佐餐在地酒喝這個！
**めっ**
山廢純米吟釀 1合620日圓
只有在供應「白神之魚」的餐廳才喝得到，帶酸味的干型酒。

當令食材配上自釀酒一同享用
蒜味酒蒸十三湖蜆貝 850日圓
大量使用因大和蜆產地而聞名的津輕半島十三湖所採撈的蜆仔。
蜂斗菜飯糰 350日圓
蜂斗菜的青森方言為「ばっけ」，裡頭包有將其拌入味噌的蜂斗菜味噌。
青森蘆花鬥雞烤肉串 2支660日圓
嚴格品管下養殖出來的青森品牌在地雞做成烤肉串，吃得到Q彈口感。

佐餐在地酒喝這個！
**彌三郎**
純米酒 720ml 2550日圓
黑石的中村龜吉酒造所釀造的獨創日本酒，也可以買來做伴手禮。

土手町周邊

## 津軽路 弥三郎
★つがるじやさぶろう

供應當季在地食材入菜的鄉土料理，尤其以青森品牌在地雞「青森蘆花鬥雞」做出的菜色最豐富，同時可嘗嘗配合本店菜色所釀造的日本酒。

📞0172-36-6196
🕒16:00～22:00 休不定休(櫻花祭、睡魔祭期間無休)
P無 所弘前市鍛冶町23-2
🚌JR弘前站搭弘南巴士土手町循環100日圓巴士10分，下土手町下車，步行5分
MAP附錄②P.12 E-4

⬆除了吧檯座以外，還有和室座位包廂

⬆爬上鍛冶町內的大樓2、3樓

⬆牆上繪有大型的睡魔圖案，青森味十足

無論津輕料理或在地酒菜色五花八門

雜燴湯 486日圓
放入大量切成絲的蔬菜和山菜燉煮成的味噌湯，配料的美味徹底融入湯中。

嶽玉米天麩羅 540日圓
將岩木山腳下採獲的「嶽玉米」炸成天麩羅，甘甜的嶽玉米和麵衣的鹹香美味十足。

津輕漬菜 410日圓
鯡魚卵、昆布、蘿蔔的醃菜，據說是常出現在青森餐桌上的日常配菜。

佐餐在地酒喝這個！
**田酒**
特別純米酒 1合756日圓
高人氣的西田酒造的田酒，別的地方很難喝到的口味也一應俱全。

土手町周邊

## 津軽居酒屋 けん太
★つがるいざかやけんた

這家居酒屋主要提供津輕鄉土料理和採用青森特產品製作的菜餚。在地酒的種類也十分豐富，店員更自誇只要來到這裡便幾乎能吃遍所有津輕美饌。

📞0172-37-2815
🕒17:00～22:00(週六、假日前日～23:30) 休週一不定休 P無 所弘前市鍛冶町11-2 🚌JR弘前站搭弘南巴士土手町循環100日圓巴士10分，下土手町下車，步行5分
MAP附錄②P.12 E-4

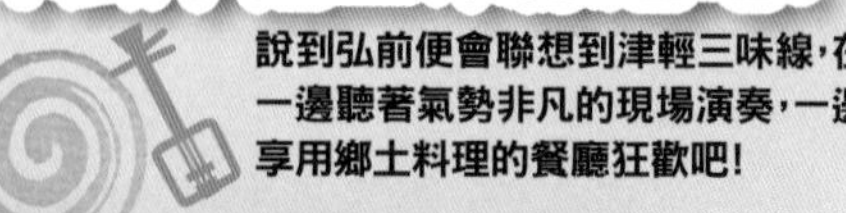

# 來去津輕三味線酒吧！

說到弘前便會聯想到津輕三味線，在一邊聽著氣勢非凡的現場演奏，一邊享用鄉土料理的餐廳狂歡吧！

表演 約19：00～

弘前站周邊

## 津輕三味線ライブ あいや

●つがるしゃみせんらいぶ あいや

### 現場聽津輕三味線與民謠

由眾多曾入選津輕三味線全國大會的演奏家所帶來的磅礴現場演奏就在眼前，感受十足的現場震撼。

上河原套餐 3780日圓、雜把湯 702日圓 等

☎0172-32-1529
17:00～22:30 休不定休 P5輛 所弘前市富田2-7-3
JR弘前站車程10分
MAP附錄②P.4 F-3

表演 19：30～ 21：30～

土手町周邊

## 津輕三味線と鄉土料理の店 杏

●つがるしゃみせんときょうどりょうりのみせあんず

### 近距離魄力十足的演奏

設有地爐的店內，樂手就在客人面前演奏。不使用麥克風，因此能直接感受到三味線的聲響。

生姜味噌關東煮 800日圓
金頭味噌煮 900日圓

☎0172-32-6684
17:00～23:00 休不定休 P無 所弘前市親方町44-1 二幸ビル1F JR弘前站搭弘南巴士土手町循環100日圓巴士，下土手町下車，步行3分
MAP付録②P.12 E-3

表演 19：00～

土手町周邊

## 津軽三味線ダイニング 響

●つがるしゃみせんだいにんぐひびき

### 年輕實力派大展身手

位在弘前公園飯店內的和風摩登餐廳，19時開始的現場表演能聽到年輕實力派帶來熱力四射的演奏。

鄉土料理籠膳 4158日圓

☎0172-31-0089（弘前公園飯店）
18:00～21:30 休週一 P145輛（使用弘前公園飯店的停車場） 所弘前市土手町126 弘前公園飯店3F JR弘前站步行10分
MAP附錄②P.12 F-4

走進弘前公園飯店的2樓

除了吧檯座以外，還備有一般桌椅座、和室座位

# 一整年都能品嚐雜把湯的店家

雜把湯定食 1200日圓

將真鱈的魚骨肉和魚肚等煮成味噌湯風味的雜把湯，再附上雜燴湯和小菜的定食。

土手町周邊

## 麺処 鄉土料理 わらび

★めんどころきょうどりょうりわらび

以冬季美味著稱的鱈魚雜把湯，在這家店整年都喝得到。標榜「希望客人隨時來都能一嘗美味」，即使是難以取得鱈魚的季節也會費盡心思進貨。

☎0172-36-3232
15:00～22:30 休週日（櫻花祭、睡魔祭期間無休） P145輛（使用弘前公園飯店的停車場） 所弘前市土手町126 弘前公園飯店2F JR弘前站步行10分
MAP附錄②P.12 F-4

佐餐在地酒喝這個！

豐盃

清酒 1合600日圓

弘前的三浦酒造推出的酒，開店後便可點酒。

# 江戶時代流傳至今 津輕百年食堂的蕎麥麵

津輕蕎麥麵 573日圓

吃得到綿密又軟嫩的麵條與淡淡魚乾香氣的溫和好滋味。

弘前站周邊

## 三忠食堂本店

★さんちゅうしょくどうほんてん

據傳在江戶時代誕生的津輕蕎麥麵為本店招牌。需要靜置3天才大功告成的蕎麥麵有著綿柔軟嫩的口感，還吃得到烤沙丁魚乾燉煮出的樸實風味。

☎0172-32-0831
11:00～19:30 休週二 P6輛
所弘前市和徳町164
JR弘前站車程5分
MAP附錄②P.12 G-2

佐餐在地酒喝這個！

じょっぱり

清酒 杯裝 378日圓

用印有弘前的吉祥物鷹丸君圖案的杯子供酒。

津輕百年食堂是指？

意指創業以來超過70年並傳承超過祖孫三代的食堂。津輕有許多這樣的店家，因森澤明夫的小說《津輕百年食堂》而一躍成名。

牆上的大型菜單散發出懷舊美好的韻味

門簾和外牆別具趣味的店面

# 知道賺到 位於弘前的酒廠

弘前有多款由名峰岩木山與白神山地的伏流水釀造而成的日本酒。先來了解知名品牌，點酒時便能派上用場。

## 白神酒造

▶白神等

以白神山地的清澈伏流水與青森縣稻米所釀出的日本酒。

☎0172-86-2106

## 六花酒造

▶じょっぱり等

注重「古早味的手工釀酒」並以「溫故知新」的風味為目標。

☎0172-35-4141

## 三浦酒造

▶豐盃等

由第五代的三浦兄弟擔任首席釀酒師，用心釀製好酒。

☎0172-32-1577

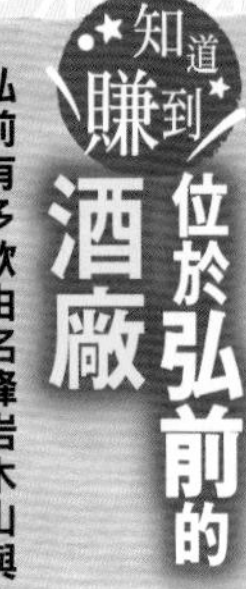

# 在講究細節的佳餚與空間放鬆身心
# 復古&摩登風咖啡廳

弘前有許多融入老街的咖啡廳，從歷史悠久的建築翻修而成的咖啡廳到弘前居民喜愛的咖啡廳，享受這些特色吧。

原封不動留下懷舊風情
洋溢大正浪漫的咖啡廳

弘前城周邊
## 大正浪漫喫茶室
たいしょうろまんきっさしつ

位於可以來趟庭園散步的藤田紀念庭園內（P.23）的洋樓咖啡廳，店內的牆壁和地板、燈光都沿用建造當時的物品。在充滿大正浪漫氛圍的店內品嘗蘋果派。

☎0172-37-5690
L9:00～16:30 休無休
P60輛 所弘前市上白銀町8-1 藤田記念庭園洋館1F
交JR弘前站搭弘南巴士土手町循環100日圓巴士17分，市役所前下車，步行4分
MAP附錄②P.13 C-3

講究細節CHECK!

咖啡廳所在的洋樓內的彩繪玻璃也來自建造當時。由於洋樓可自由參觀，想歇腳時不妨順道來這看看。

蘋果派套餐 720日圓
可以從共7種蘋果派中挑選一種搭配飲料成套餐，照片為暢銷的Tamura Farm口味。

↑想要看看讓人印象深刻的紅色屋頂洋樓

姐妹店於別館新開幕!!
同一腹地內的考古館內有「クラフト＆和カフェ 匠館」全新開幕，能品嘗和風聖代等等（800日圓）等。

散發濃濃青森氣息的星巴克咖啡

弘前城周邊
## 星巴克咖啡 弘前公園前店
すたーばっくすこーひーひろさきこうえんまえてん

將曾用來作為前第8師團長官舍的建築物翻修成星巴克咖啡，梁柱與窗框、當時使用的花台都維持原貌保存下來，還設有展示建築物沿革照片的房間。

☎0172-39-4051
L7:00～21:00 休不定休 P無
所弘前市上白銀町1-1 交JR弘前站搭弘南巴士土手町循環100日圓巴士17分，市役所前下車即到
MAP附錄②P.13 C-3

星巴克 那提 tall 399日圓
美式司康 巧克力碎塊 280日圓
除了經典菜單以外，9月還會推出使用青森縣產蘋果製作的蘋果派。

↑國家有形文化財化身為咖啡廳
←每間房間都有不同風格的設計

→販售弘前市內限定的津輕玻璃杯HIROSAKI（右）及津輕地區限定的TSUGARU（左）

講究細節CHECK! 
點餐櫃檯上的燈具是來自弘前的工藝品牌BUNACO（P.36）的燈飾，還有小巾刺繡的沙發等，店內隨處可見青森風格。

還有還有！

# 復古&摩登風咖啡廳

弘前城周邊

## 可否屋葡瑠満

こーひーやぶるまん

**用高檔杯盤品味咖啡**

在品味高尚的環境下，以大倉陶園的藝術杯盤組度過奢華的午茶時光。

↑各種咖啡750日圓～

☎0172-35-9928
🕒8:00～18:30 休週一、第2週二 P無
所弘前市下白銀町17-39 🚌JR弘前站搭弘南巴士土手町循環100日圓巴士21分，文化センター前下車，步行3分
MAP附錄②P.13 D-2

土手町周邊

## 万茶ン

まんちゃん

**歷史悠長東北最古老咖啡廳**

昭和4（1929）年創業。文豪太宰治也常光顧，將他愛喝的咖啡以太宰綜合咖啡之名推出。

↑以東北最古老的咖啡廳而名聞遐邇

☎0172-55-6888 🕒10:00～18:00 休週二（逢假日則翌日休） P無 所弘前市土手町36-6 🚌JR弘前站搭弘南巴士土手町循環100日圓巴士10分，下土手町下車即到
MAP附錄②P.12 E-4

土手町周邊

## 名曲珈琲ひまわり

めいきょくこーひーひまわり

**播放古典樂的老字號咖啡廳**

不光是咖啡，餐點菜色依舊美味，深受當地人愛戴。

↑重現幕末時代風味的藩士咖啡540日圓

☎0172-35-4051
🕒10:30～18:00 休週四（逢假日則營業） P無 所弘前市坂本町2
🚌JR弘前站搭弘南巴士土手町循環100日圓巴士8分，中土手町下車即到
MAP附錄②P.12 F-4

全新開幕

# 翻新咖啡廳

弘前大學內

## 弘大カフェ 成田専蔵珈琲店

ひろだいかふぇ なりたせんぞうこーひーてん

**弘前大學內的洋樓華麗重生**

大正晚期將外國教師居住的洋樓改建成咖啡廳。

↑位在弘前大學校園內
↓咖啡拿鐵464日圓及巧克力蛋糕432日圓

☎0172-55-5797
🕒10:00～19:00 休週一 P無 所弘前市文京町1 🚌弘南鐵道弘高下站步行8分
MAP附錄②P.4 F-3

弘前城周邊

## Salon de Cafe Ange

講究細節CHECK!
品嘗得到法國菜餐廳「chez Ange」（P.29）所設計的菜單。

進駐「舊東奧義塾外國人教師館」（P.23）1樓的咖啡餐廳，可以在古典氛圍下品味能用筷子享用的法國御膳及道地甜點。

明治時期的摩登住宅搖身變成咖啡廳

弘前半熟起司蛋糕 378日圓
備有chez Ange特製的蛋糕等約8～10種自製蛋糕。

☎0172-35-7430 MAP附錄②P.13 D-3
🕒9:30～17:30、午餐時間為11:00～15:00（視時期而異） 休無休 P88輛（使用弘前市立觀光館地下停車場） 所弘前市下白銀町2-1 舊東奧義塾外國人教師館1F 🚌JR弘前站搭弘南巴士土手町循環100日圓巴士17分，市役所前下車即到

在藝術空間內享用每日更換的菜餚

講究細節CHECK!
採用整片落地窗而明亮的店內，中央的開放式廚房也很有開闊感。

自製南瓜蛋糕 450日圓
咖啡歐蕾 480日圓
蛋糕也是每天更換口味。

弘前城周邊

## ki to ao

きとあお

日光宜人的藝術風咖啡廳，附設的藝廊展出老闆推薦的藝術作品。餐點菜色每天更換這點也極具玩心而有趣。

☎0172-38-7280
🕒11:00～17:30 休週三，第1、3週日 P無
所弘前市駅前町13-3 サンデュエル弘前駅前II 1F
🚌JR弘前站步行5分 MAP附錄②P.12 G-5

土手町周邊

## Cafe JEEBA

かふぇじーば

沉穩樂曲流淌的摩登空間，能品吟點餐後才磨豆的正統咖啡。甜點也深受好評，所有餐點皆提供外帶服務。

↑位在下土手通上，交通方便

☎0172-38-2118
🕒9:00～18:00 休第1、3、5週一（逢假日則翌日休）
P無 所弘前市土手町27 🚌JR弘前站搭弘南巴士土手町循環100日圓巴士10分，下土手町下車即到
MAP附錄②P.12 E-3

講究細節CHECK!
以白色&棕色為底的穩重店面，是讓人想在逛街途中歇腳的景點。

來點道地咖啡及自製甜點歇息一會

核桃與巧克力的鬆餅 470日圓
自製鬆餅外皮酥脆、內餡則是綿密的口感。

放眼望去盡是可愛小鳥商品的店家

馬芬 300日圓
薑汁汽水 470日圓
兩者都是自製餐點，配合季節選用食材製作的馬芬有著溫和風味。

講究細節CHECK!
店內隨處置有小鳥商品，來找找喜歡的小鳥也是樂趣之一。

土手町周邊

## コトリcafe

ことりかふぇ

以小鳥在草原休息的姿態為意象而生的悠閒咖啡廳。將當地食材加工成果醬和烘焙點心、飲品等的自製餐點很受歡迎。

☎0172-88-8504 🕒11:00～18:30 休第1、3週一（逢假日則翌日休） P無 所弘前市百石町3-2 百石町展示館內 🚌JR弘前站搭弘南巴士土手町循環100日圓巴士10分，下土手町下車即到
MAP附錄②P.12 E-3

# 在蘋果之城來場食評 蘋果派大精選

蘋果產量日本第一的弘前市以自豪的蘋果，製作各式各樣的甜點，尤其蘋果派是濃縮了各家店堅持的一道甜點，您喜歡哪一種呢？

## 土手町周邊 笹の舎 ささのや

內用空間 外帶服務 賞味期限:45天

蘋果派大評比 [甜度] [酸度] [肉桂]

推出多款季節性和菓子及蘋果點心的甜點店。這裡的蘋果派是將切成大塊的爽脆蘋果以海綿蛋糕包裹而成的條狀，便於食用。

☎0172-32-7256 9:00～19:00 休無休 P無 所弘前市百石町6-1 JR弘前站搭弘南巴士土手町循環100日圓巴士10分，下土手町下車，步行5分

MAP附錄②P.12 E-3

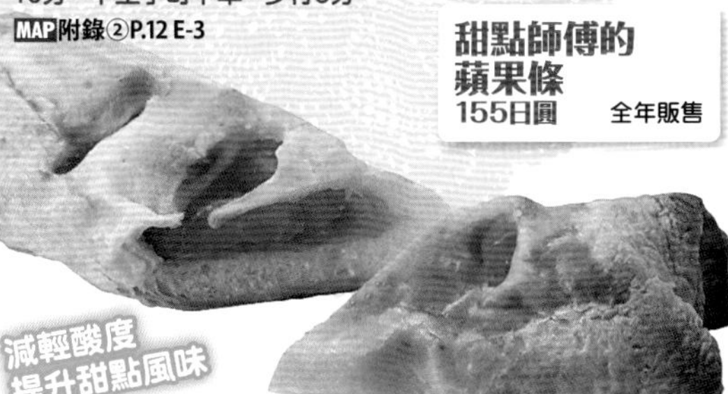

甜點師傅的蘋果條 155日圓 全年販售

減輕酸度 提升甜點風味

## 弘前城周邊 BOULANGERIE Four ぶーらんじぇりーふー

內用空間 外帶服務 賞味期限:1天

散發出咖啡廳般氣息的麵包店。將切對半的「紅玉」焦糖化燉煮至軟爛，再連同卡士達醬一起包進派皮中。

☎0172-33-2222 7:30～18:00 休週一(逢假日則翌日休) P5輛 所弘前市亀甲町65-1 JR弘前站搭弘南巴士土手町循環100日圓巴士21分，文化センター前下車，步行8分

MAP附錄②P.12 E-1

蘋果派大評比 [甜度] [酸度] [肉桂]

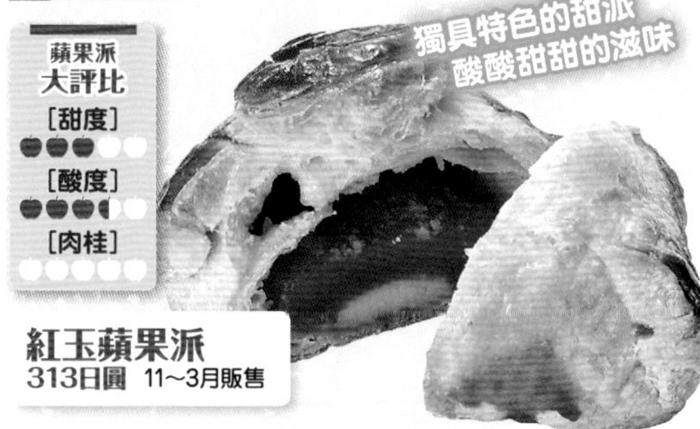

獨具特色的甜派 酸酸甜甜的滋味

紅玉蘋果派 313日圓 11～3月販售

## 弘前城周邊 パンロワール

內用空間 外帶服務 賞味期限:2天

蘋果派大評比 [甜度] [酸度] [肉桂]

這裡的蘋果派有著香脆口感，內餡是蘭姆酒風味的「富士」及海綿蛋糕&卡士達醬。百吃不膩的風味，無論當零食或是正餐都很適合。

☎0172-33-5680 7:30～19:00 休週三 P無 所弘前市新町149 JR弘前站車程10分

MAP附錄②P.13 B-2

蘋果派 173日圓 全年販售

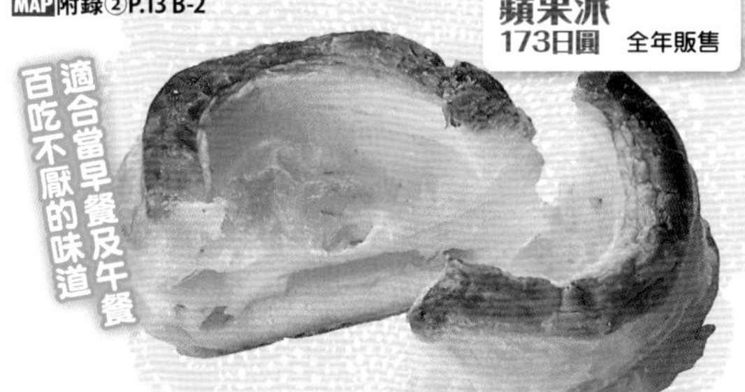

適合當早餐及午餐 百吃不厭的味道

特色在於滿滿的蘋果與焦糖

蘋果派 302日圓 全年販售

## 弘前站周邊 Angélique

內用空間 外帶服務 賞味期限:當天

蘋果派大評比 [甜度] [酸度] [肉桂]

成排的甜點令人彷彿置身於珠寶店般的西點店。在特製蘋果醬上頭擺上切片蘋果，焦糖化的派皮吃得到酥脆口感。

☎0172-35-9894 10:00～19:00(咖啡廳為11:00～18:00) 休週二，第2、4週三(逢假日則營業) P8輛 所弘前市野田1-3-16 JR弘前站車程5分

MAP附錄②P.12 G-2

法式蘋果派 300日圓 全年販售(建議最晚前日預約)

蘋果派大評比 [甜度] [酸度] [肉桂]

甜度適中的溫和滋味獲好評

## 弘前站周邊 THREE BRIDGE

內用空間 外帶服務 賞味期限:1天

烤窯上頭擺放了將法國麵包推廣至日本的雷蒙·卡維爾簽名，令人印象深刻的店家。不死甜的派皮散發出奶油的濃醇香氣，數量有限欲購從速。

☎0172-38-1551 8:00～17:00 休週日一、假日 P2輛 所弘前市駅前町16-7 JR弘前站步行3分

MAP附錄②P.12 G-4

老字號西點店的基本款甜派

蘋果派 320日圓 全年販售

蘋果派大評比 [甜度] [酸度] [肉桂]

## 土手町周邊 マタニパン

內用空間 外帶服務 賞味期限:2天

西點和現烤麵包琳琅滿目，創業於昭和初期的西點店。蘋果派融合了「紅玉」的酸甜、派皮的綿密濕潤及酥脆感，是西點店基本款甜派的一大代表。

☎0172-32-3704 7:30～18:30 休週日 P無 所弘前市親方町23 JR弘前站搭弘南巴士土手町循環100日圓巴士13分，本町下車，步行3分

MAP附錄②P.12 E-3

先來索取導覽地圖吧!

介紹弘前最具代表性的蘋果派供應店家，可以在主要觀光設施等地索取。

➲繼蘋果派導覽地圖，更有新推出的翻轉蘋果塔版本

內用空間 有 外帶服務 有 無

極具飽足感

蘋果派
259日圓　9月中旬～4月販售

弘前站周邊

## Pâtisserie Blanc

內用空間　外帶服務 賞味期限:5天

由女性甜點師傅製作的可愛原創蛋糕很受歡迎。酥脆的自製派皮、不死甜的蘋果加起來極具分量而有飽足感，肉桂香氣也是賣點。

蘋果派大評比
[甜度] ●●●○○
[酸度] ●●●○○
[肉桂] ●●○○○

0172-26-0020　9:00～19:00
休無休　P4輛　所弘前市城東北1-9-7
JR弘前站步行17分
MAP附錄②P.4 F-3

弘前城周邊

## 茶房CoCo さぼうここ

內用空間　外帶服務 賞味期限:當天

鄰近弘前站、宛如私房景點般的咖啡廳，推出減低甜度，充分發揮肉桂香氣，有著濃醇風味的大分量蘋果派。因為是以冷派狀態供應，亦可外帶。

蘋果派大評比
[甜度] ●●●○○
[酸度] ●●●◐○
[肉桂] ●●●●○

0172-26-8011　約9:30～約19:00
休週二(逢假日則營業)　P無
所弘前市駅前町6-1 謙ビル1F
JR弘前站即到
MAP附錄②P.12 G-5

蘋果派
350日圓
11月中旬～約5月不定期販售

肉桂香氣濃厚
成熟風味受好評

香醇奶油的香氣與
酥脆的口感




蘋果派
302日圓　全年販售

弘前城周邊

## Le Castle Factory

內用空間　外帶服務 賞味期限:冷藏3天

豪邁使用青森縣產的「富士」與自製的酥脆派皮交織出絕妙平衡的逸品，是弘前老字號飯店製作的美味，在飯店內的餐廳也吃得到。

蘋果派大評比
[甜度] ●●●◐○
[酸度] ●○○○○
[肉桂] ●○○○○

0172-36-1211(HOTEL NEW CASTLE)　9:00～21:30　休無休
P80輛　所弘前市上鞘師町24-1　JR弘前站搭弘南巴士土手町循環100日圓巴士23分，ホテルニューキャッスル前下車即到
MAP附錄②P.12 E-3

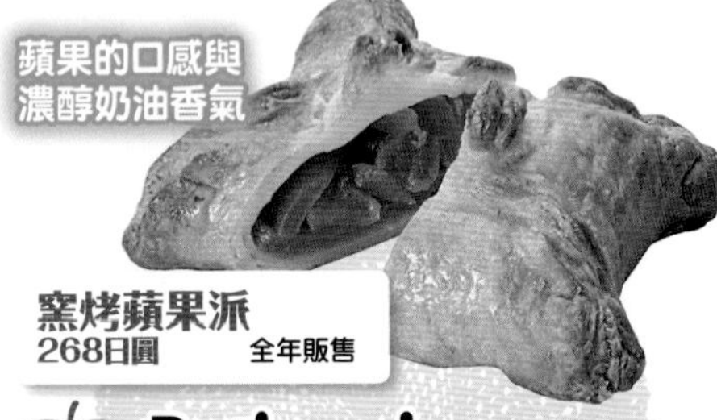


濃醇奶油香氣

窯烤蘋果派
268日圓　全年販售

土手町周邊

## Pâtisserie verger

內用空間　外帶服務 賞味期限:3天

宛如工作室般的時尚蛋糕店。外皮香酥，裡頭是烤得多汁的派皮、大量的青森縣「富士」蘋果的口感及奶油香氣繚繞的派令人難忘。

蘋果派大評比
[甜度] ●●●◐○
[酸度] ●●●○○
[肉桂] ●●●○○

0172-32-1949　10:00～19:30
休週一(逢假日則翌日休)　P7輛
所弘前市百石町18　JR弘前站搭弘南巴士土手町循環100日圓巴士23分，ホテルニューキャッスル前下車即到
MAP附錄②P.12 E-3

土手町周邊

## しかないせんべい

內用空間　外帶服務 賞味期限:7天

店內是以青森縣產羅漢柏打造成和風摩登風的甜點店，特色在於每天在自家工廠將青森縣蘋果燉煮出的自然甘甜。保存期限長，是絕佳的伴手禮。

蘋果派大評比
[甜度] ●●◐○○
[酸度] ●●●◐○
[肉桂] ●○○○○

0172-32-6876　9:00～19:00
休無休　P2輛　所弘前市新寺町32
JR弘前站車程10分
MAP附錄②P.13 D-5

溫馨蘋果派
約580日圓
不定期販售
※需洽詢

受到廣大年齡層喜愛
令人懷念的溫和滋味


蘋果派
250日圓　全年販售

致力於保留
蘋果的原始風味

弘前城周邊

## 珈琲はなまる

こーひーはなまる

內用空間　外帶服務 賞味期限:3天

洋溢居家氛圍的咖啡廳。以「紅玉」為主體並注重蘋果原始風味的溫和滋味是最大特色，外觀也呈現出可愛的櫻花色。

蘋果派大評比
[甜度] ●●●○○
[酸度] ●●●○○
[肉桂] ○○○○○

0172-37-8701　10:00～18:30
休週四　P5輛　所弘前市若党町61-4
JR弘前站搭弘南巴士土手町循環100日圓巴士21分，文化センター前下車，步行10分
MAP附錄②P.13 D-1

---

想帶回家細細品嘗

## 蘋果甜點伴手禮

除了蘋果派以外，弘前還有多款好吃的蘋果點心，務必買來當伴手禮。

### 推薦伴手禮

**らぷる** 1個97日圓
用軟綿餅皮裹住燉煮蘋果的烘焙點心
這裡買得到！
しかないせんべい P.35

**芳華**
12片裝1404日圓
兩片仙貝包夾住蘋果泥
這裡買得到！
菓子処寿々炉 P.40

**奇蹟蘋果花林糖**
540日圓
以整顆含籽的奇蹟蘋果製作的花林糖
這裡買得到！
パティスリー山崎 P.40

### 蘋果酒在這裡買得到

將成熟果實製成蘋果酒

**Tamura Farm**

只使用自家農園的成熟蘋果釀製蘋果氣泡酒，高雅的酸度與多層次的甜度、綿密的氣泡非常適合亞洲人細膩的口味。

0172-88-3836　8:30～17:00
休週日、假日　P20輛(冬季為5輛)
所弘前市青樹町18-28
JR弘前站車程20分
MAP附錄②P.4 F-4

從甜型到干型，葡萄酒和蘋果酒選擇豐富

弘前市蘋果公園內的工房

**弘前シードル工房 kimori**

ひろさきしーどるこうぼうきもり

蘋果農家用自己種的蘋果來釀造蘋果氣泡酒的工房。不使用人工碳酸，發酵時產生天然氣泡的柔滑碳酸感為其特色。

0172-88-8936　9:00～17:00
休無休　P90輛　所弘前市清水富田寺沢52-3 弘前蘋果公園內
JR弘前站車程20分
MAP附錄②P.4 E-3

DRY、SWEET 750ml各1566日圓、375ml各896日圓

青森蘋果釀造

## 來喝喝看蘋果酒！

弘前市獲得自釀蘋果氣泡酒特區的認證後，蘋果生產者便開始釀造蘋果酒。快來喝喝看口味多變的蘋果酒吧！

先查詢蘋果酒地圖確認喝得到的店！

整理出弘前市超過60間喝得到蘋果氣泡酒的店家，可以在主要觀光設施等地索取。

HIROSAKI CIDRE MAP

# 雜貨

## 將弘前風格濃縮在裡面

將傳統工藝加以改造成的雜貨以及蘋果商品等，快來把多種弘前的可愛設計帶回家。

### BUNACO Show Room「BLESS」

土手町周邊

★ぶなこしょーるーむぶれす

受到全世界矚目的弘前本土工藝品牌BUNACO的直營店，網羅許多只有這裡才買得到的限定色和商品，熱銷的餐具及音響、燈飾也很充實。

☎0172-39-2040
L10:30～19:00 休不定休
P2輛 所弘前市土手町100-1 もりやビル2F
JR弘前站搭弘南巴士土手町循環100日圓巴士8分，中土手町下車，步行3分

MAP附錄②P.12 F-4

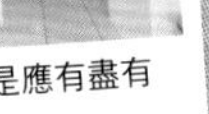

燈具款式也是應有盡有

※眼鏡和筆非販售商品

## 青森山毛櫸製成的時尚工藝品

**Pen Stand (caramel brown)** 5400日圓
上下扭轉而產生的獨特外形，除此之外還有三角形及橢圓形

**SWING (natural)** 9720日圓
使用柔軟山毛櫸做成的BUNACO才有這般優美曲線的面紙盒

**Table Lamp** 16200日圓
將2片薄削下來的山毛櫸樹皮重疊，營造出獨特風味

**Paume (caramel brown)** 4860日圓
在法語中有著手掌的含義，是本店的限定商品

**BUNACO是指**
將山毛櫸做成薄薄的膠帶狀，再以層層卷起的方式製成餐具和燈飾等。木頭的溫潤質感、層層卷成的圖案非常迷人

**書籤** 486日圓～
收到會很開心的書籤，有多種顏色、圖案可選

**印章袋** 2160日圓～
銀鼠色加上粉紅色的配色是green限定商品，以櫻花之城弘前為意象

**小巾刺繡是指**
江戶時代僅能穿著麻服的津輕地方農民為了補強麻布、加強保溫效果而添加上去的刺繡

**小巾票卡夾** 2376日圓～
優雅圖案的搶眼票卡夾是熱銷商品

**書衣** 5400日圓～
整片刺繡的書衣需花上3天製作

## 傳統的小巾刺繡晉升為流行雜貨

**面紙套** 2052日圓～
能隨興使用於日常生活中的物品與傳統工藝的結合

**津輕木偶是指**
木偶據傳是發源自青森縣黑石市，由一根木頭刻出頭到身體，大多會畫上阿伊努圖樣或睡魔的圖案

**季節性木偶** 各1780日圓
一年每個月分會推出各別的圖案，上圖為7月的「夏場所」（左）及6月的「晴天娃娃穿雨衣」（右）

### green

土手町周邊

★ぐりーん

秉持「善待人類與地球」的理念來提供服飾和日常生活雜貨，其中與講究傳統圖騰的「弘前こぎん研究所」（P.41）合作推出的雜貨應有盡有。

☎0172-32-8199
L10:30～19:00 休週三（逢假日則營業） P3輛
所弘前市代官町22 JR弘前站步行8分

MAP附錄②P.12 F-4

亞麻製品和廚房用品也很多樣

※小巾刺繡商品的價格會視刺繡手法而調整

### 想い出ショップさくらはうす

弘前公園周邊

★おもいでしょっぷさくらはうす

位於弘前公園對面的觀光服務處．弘前市立觀光館，很適合於在觀光中途順道逛逛，有販售蘋果、櫻花等弘前形象十足的雜貨及津輕塗等傳統工藝品。

☎0172-33-6963
（弘前市物產協會）
L9:00～18:00 休無休
P88輛 所弘前市下白銀町2-1 弘前市立觀光館1F
JR弘前站搭弘南巴士土手町循環100日圓巴士17分，市役所前下車即到

MAP附錄②P.13 D-3

除了雜貨，也有販售零食

**發現弘前蘋果** 700日圓
將捲成圓滾滾形狀的毛巾攤開便會出現一整片蘋果圖案

## 津輕塗和蘋果商品雲集

**津輕塗止滑筷** 3456日圓

**津輕塗筷（紅）** 2808日圓
顏色、圖案的搭配每一雙都有些微不同，讓挑選變得更有趣

**津輕塗是指**
津輕傳統漆器的總稱，將塗上數層的漆彩打磨出複雜又雅致的圖案

**絲綢面紙套** 1296日圓
以蘋果草木染製的面紙套，即使是同種蘋果也會染出不同的色彩

**弘前櫻花物語**
護唇膏 540日圓
香水 2160日圓
護手霜 800日圓
以甜蜜清爽的櫻花為形象的香氣與色調而深受女性歡迎的美妝系列

# MADE★IN 弘前

## 可用上一輩子的皮革店名品

土手町周邊

### 亀屋革具店
★かめやかわぐてん

大正4（1915年）創業，從製造馬具起家，現在則發揮其技術，主要製作、販售幾乎全程以手工打造的包包等，也有推出票卡夾等可做為伴手禮的平價小物，品質有店家拍胸脯掛保證。

☎0172-32-2077
營9:00～17:30 休週日、例假日的週一 P無 所弘前市一番町24 交JR弘前站搭弘南巴士土手町循環100日圓巴士10分，下土手町下車即到
MAP附錄②P.12 E-3

整齊陳列出包包及皮革小物的店內

※包包、小物只要有喜歡的形狀、顏色都可當場買回家，若店面沒有想要的款式則需訂做

**筆盒 7200日圓**
以堅固工法製造，不會變形

**名牌 500日圓～**
只要5分鐘左右就能當場刻上喜歡的文字

**印章袋 1900日圓**
適合手拿大小，很常被當作伴手禮

**票卡夾 5100日圓**
鮮豔色彩的正面與自然色調的背面一次擁有

皮包、小物的色系可從8色中做選擇！

## 改編成現代風味的小巾刺繡商品

弘前公園周邊

### 津軽工房社
★つがるこうぼうしゃ

主要販售活躍於日本各地的小巾刺繡行家的商品，有許多獨創圖案等其他地方找不到的設計，還會舉辦小巾藝術家親自指導的工作坊（需事先洽詢）。

☎080-1675-3753
營10:00～17:00 休不定休
P2輛 所弘前市元寺町52
交JR弘前站搭弘南巴士土手町循環100日圓巴士23分，ホテルニューキャッスル前下車，步行3分
MAP附錄②P.12 E-3

由30～60歲的小巾藝術家製作的商品櫛次鱗比

**托特包 各12960日圓～**
內裏使用和服腰帶布料，做工牢固

**耳環 各1944日圓～**
有會擺盪的耳環等五花八門款式，也有夾式耳環

**泰迪熊(小)、大象 各7560日圓**
由藝術家親自染絲、染布製作出世界上獨一無二的玩偶

**小巾熊吉祥吊飾 3240日圓**
做成可愛的鑰匙圈形式

**髮圈 756日圓～**
也有上頭以小小的珍珠或刺繡做為亮點的髮圈

**小巾刺繡組 小圓框 1080日圓**
將繡線、布料、圖案做成套組，可以開心嘗試小巾刺繡

## 用獨創的櫻花香氛系列呵護身體

弘前站周邊

### ハーブ&アロマサロン Hirata
★はーぶあんどあろまさろんひらた

附設於美體沙龍，販賣精油和護膚油、香草茶、化妝品等，其中本店自創的櫻花香氛系列不但不傷肌膚、有著以櫻花為概念的香氣，又能保養肌膚，因而相當受到好評。

☎0172-36-6560
營10:30～19:00 休週三
P6輛 所弘前市大町3-2-5
交JR弘前站步行7分
MAP附錄②P.12 G-5

一走進店內便被精油等柔和香氣環繞

**櫻花香氛化妝水 120ml 4320日圓**
不黏膩且能迅速滲透肌膚的臉用化妝水

**櫻花浴鹽 50g 378日圓**
喜馬拉雅山岩鹽混合櫻花香氣，讓身體泡得暖烘烘

**櫻花香氛身體乳液 35g 1728日圓**
方便攜帶的掌心大小

**櫻花香氛乳霜 50g 5400日圓**
舒緩肌膚壓力、讓肌膚重拾光澤的臉用乳霜

**櫻花香氛皂 80g 1620日圓**
使肌膚揮別暗沈、轉為晶瑩透明感的臉用香皂

盛夏之夜，強而有力的樂聲響徹整座弘前市。
在樂聲中緩緩前行的是
以武者畫為題材的巨大睡魔。
一同加入這展現出武者
慷慨赴戰的威武祭典，
盡情感受津輕的夏天。

太鼓與笛子的樂聲炒熱祭典氣氛

# 弘前睡魔祭

## 扇形的睡魔花車威勇成列

每年8月1~7日

### 弘前睡魔祭 是怎麼樣的祭典？

與「青森睡魔祭」、「五所川原立佞武多」、「黑石YOSARE」並列為津輕四大夏日祭典之一，為國家重要無形民俗文化財。雖然其起源有諸多說法，但據信是源於名為「放流睡意」的農民例行公事，為了驅除在農忙的夏季襲來的睡魔等各式各樣災厄而產生。跟著「呀～呀斗～」的吆喝聲，會有約80台以《三國志》和《水滸傳》為主題的睡魔花車浩蕩遊街，比起熱鬧的「青森睡魔祭」，這裡的特色在於既雄壯又典雅的氣氛。

☎0172-37-5501（弘前市立觀光館）
所弘前市中心
MAP附錄②P.12 F-4

睡魔背後有美豔女性的身影！

### 活動行事曆

| | | |
|---|---|---|
| 8月1・2日 | 19:00～ | 〈夜間評審共同遊行〉土手町路線<br>參加團體會分成2天遊行土手町，並有評審評比。 |
| 8月3・4日 | 19:00～ | 〈夜間共同遊行〉土手町路線 |
| 8月5・6日 | 19:00～ | 〈夜間共同遊行〉站前路線 |
| 8月7日 | 10:00～ | 〈上午共同遊行〉第七日路線<br>最後一天又稱為「第七日」，會在白天遊行。 |

### 也來去這裡看看！

一整年都能體驗弘前睡魔祭！

#### 津輕藩睡魔村 つがるはんねぷたむら

↑隨時都能展現出睡魔祭的熱情

這裡有高達10m的大型睡魔、還有能參觀內部骨架的睡魔會來迎接，再加上祭典音樂的表演，能近距離感受祭典。還有津輕三味線的現場演奏，還能體驗製作各種民藝品。

☎0172-39-1511 L9:00～17:00（12～3月為～16:00） 休無休 ¥550日圓、國高中生350日圓、小學生200日圓、幼兒100日圓（若僅至購物、用餐區則免費） P200輛 所弘前市亀甲町61 交JR弘前站搭弘南巴士土手町循環100日圓巴士21分，文化センター前下車，步行8分
MAP 附錄②P.12 E-1

### 遊行＆觀賞方式

遊行路線會依日期變動，想體驗睡魔逼近眼前的臨場感的人，建議土手町路線，若想在寬闊空間好好欣賞的話，則建議走站前路線。土手町路線、站前路線都有分別設置收費觀賞席，能夠悠閒地享受祭典。

## 復古摩登的洋樓與城下町的面孔交融

# 弘前

●ひろさき

區域導覽

自古以來被暱稱為津輕小京都的城市，不但有號稱東北第一美的賞櫻名勝弘前公園，有許多明治～大正時期興建的復古建築物留存也是魅力之一。

MAP 附錄②P.4～5、12～13

洽詢處 ✆0172-35-3131（弘前觀光協會）

鄉土料理 MAP附錄②P.12 E-4

### すずめのお宿

●すずめのおやど ✆0172-35-8584 美食

**品嘗宴席料理飽享津輕四季風味**

選用弘前周遭野山採集的山菜、津輕西海岸和陸奧灣的海產等，以能體感津輕四季的全餐料理而受歡迎的宴席料理店。午餐為1944～3240日圓，晚間全餐為3240～7560日圓。

🅛12:00～14:00、17:00～21:00 休週日、每月1次不定休 🅟8輛 所弘前市桶屋町55-4 交JR弘前站搭弘南巴士土手町循環100日圓巴士8分，中土手町下車，步行10分

視當天進貨的食材來決定菜色內容

資料館 MAP附錄②P.13 D-3

### 山車展示館

●だしてんじかん ✆0172-37-5501（弘前市立觀光館） 景點

**可以參觀藩政時代的花車**

展出曾在藩政時代的弘前八幡宮祭禮中作為神轎前導的花車等，也可看出人偶對京都及江戶帶來的影響。還展示了實際在弘前睡魔祭上場的津輕情張大太鼓。

🅛9:00～18:00 休無休 ¥免費 🅟88輛（使用弘前市立觀光館地下停車場） 所弘前市下白銀町2-1 交JR弘前站搭弘南巴士土手町循環100日圓巴士17分，市役所前下車即到

展示出現存的7座珍貴花車

鄉土料理 MAP附錄②P.13 D-4

### 鄉土料理 しまや

●きょうどりょうりしまや ✆0172-33-5066 美食

**以家庭式的貼心服務和料理為賣點**

提供津輕家庭料理來款待客人的居酒屋，吧檯上擺滿了以當令鮮魚和蔬菜、山菜烹製的小菜，以及日本叉牙魚等魚類的爐端燒、視季節更換魚肉的雜把湯864日圓。

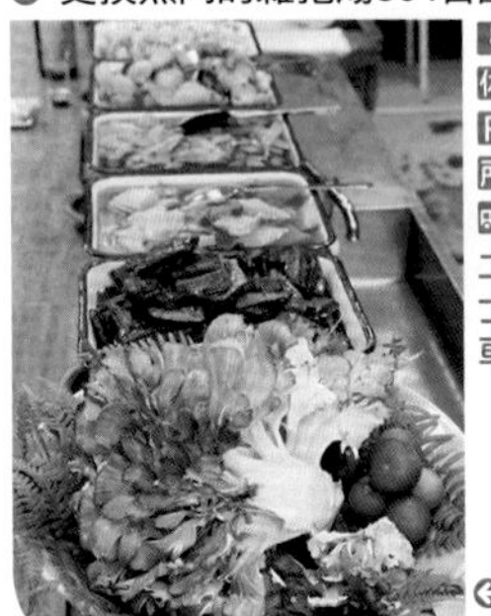

🅛15:00～22:30 休週日 🅟1輛 所弘前市元大工町31-1 交JR弘前站搭弘南巴士土手町循環100日圓巴士15分，大学病院前下車即到

吃得到活用津輕食材的家庭風味

博物館 MAP附錄②P.13 C-3

### 弘前市立博物館

●ひろさきしりつはくぶつかん ✆0172-35-0700 景點

**淺顯易懂介紹弘前市的歷史**

從弘前市的原始到近代。依據各時代的特徵列出12個主題，除了透過看板及資料這些淺顯易懂的介紹，還會舉辦各式各樣的企劃展。

🅛9:30～16:30 休第3週一（逢假日則翌日休） ¥280日圓，特展另收費用 🅟無 所弘前市下白銀町1-6 交JR弘前站搭弘南巴士土手町循環100日圓巴士17分，市役所前下車，步行5分

曾師從世界級建築師柯比意的前川國男所操刀的建築

寺院 MAP附錄②P.13 D-5

### 最勝院五重塔

●さいしょういんごじゅうのとう ✆0172-34-1123 景點

**獲稱為東北第一美的高塔**

本州最北端且列入國家指定重要文化財的五重塔，為了不分敵我地供養津輕藩建立以來的戰歿者，而在寬文6（1666）年設立。有東北地區第一美塔的美稱。

🅛9:00～16:30 休無休 ¥免費 🅟7輛 所弘前市銅屋町63 交JR弘前站車程8分

從新仁王門走進來的左手邊便可看見五重塔

居酒屋 MAP附錄②P.12 G-3

### 居酒屋 土紋

●いさかやどもん ✆0172-36-3059 美食

**能吃到古早味的家庭料理**

用花枝的身體與腳加上洋蔥、太白粉做成的人氣菜色炸花枝排，是老闆從小時吃到大的老味道。由於1天只會做10人份，建議儘早前來。

🅛17:30～22:30 休週日、假日 🅟3輛 所弘前市代官町99 交JR弘前站步行15分

將剩餘的花枝切碎與蔬菜一起調理成的炸花枝排540日圓

懷石料理 MAP附錄②P.12 E-2

### 翠明荘

●すいめいそう ✆0172-32-8281 美食

**如藝術品般精緻的懷石料理**

明治28（1895）年興建的建築內有整片屋久杉木製作的天花板等氣派裝潢，可以邊眺望庭園，品嘗將當令食材以細膩手法料理出來的奧膳懷石料理。午餐懷石4320日圓～、晚餐8640日圓～。

🅛11:00～13:30、17:00～20:30 休週一（逢假日則翌日休，櫻花祭和睡魔祭期間無休） 🅟40輛 所弘前市元寺町69 交JR弘前站搭弘南巴士土手町循環100日圓巴士21分，文化センター前下車即到

全檜木的歇山式屋頂建築與枯山水庭園氣勢非凡

寺院 MAP附錄②P.13 B-4

### 禪林街

●ぜんりんがい ✆0172-37-5501（弘前市立觀光館） 景點

**多達33座寺院林立的佛寺區**

慶長15（1610）年，二代藩主津輕信枚為了建造弘前城西南方的堡壘，而將津輕一帶主要的曹洞宗寺院聚集於此區域，後因禪寺櫛次鱗比而得此名，整區列為國家指定史蹟。

🅛自由參觀（限外觀） 🅟使用鄰近停車場 所弘前市西茂森 交JR弘前站車程15分

沿著林蔭道有許多寺院林立，飄散出莊嚴氣息

西點　MAP附錄②P.12 E-3

## パティスリー山崎
●ぱてぃすりーやまざき
☎0172-34-7469　購物

### 由人氣餐廳操刀的西點店
「Restaurant 山崎」（P.29）直營的伴手禮店。除了販售以全球首度成功自然栽培出的蘋果製成的各式各樣甜點等，也可以購買餐廳主廚推出的菜色所做成的冷凍食品。

營10:00～20:30　休週一　P無　所弘前市親方町36　交JR弘前站搭弘南巴士土手町循環100日圓巴士10分，下土手町下車即到

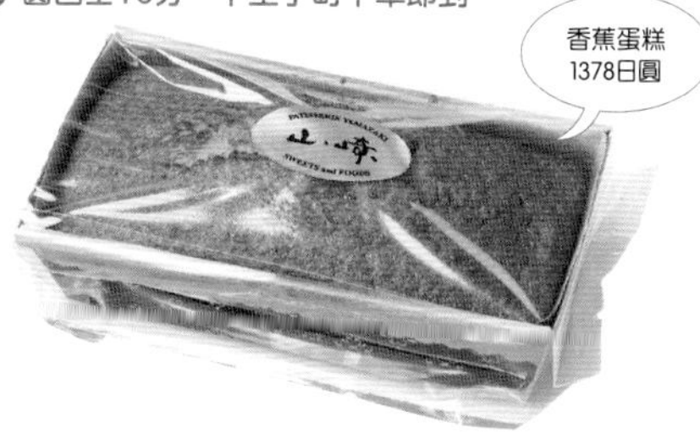
香蕉蛋糕 1378日圓

酒吧　MAP附錄②P.12 E-4

## BAR BLOCK HOUSE
●ばーぶろっくはうす
☎0172-34-7917　美食

### 喝調酒品味弘前的四季
可以配合用餐情境選擇1樓的吧檯座、微暗而舒適的2樓桌椅座、隱密的3樓閣樓座。以當地蘋果酒調配的自創調酒1000日圓～很受歡迎。

營20:00～翌日2:30
休無休
P無
所弘前市新鍛冶町74-2
交JR弘前站車程10分

↩也有提供鹹食餐點，可以稍微果腹

洋食　MAP附錄②P.13 D-4

## OSTERIA ENOTECA DA SASINO
☎0172-33-8299　美食

### 從食材開始費盡心思的義大利餐廳
從農園種菜開始備料，蔬菜及生火腿、起司、葡萄酒都是從食材開始操刀，實踐地產地銷的理念，能品嘗到曾赴義大利修業的主廚所烹煮的季節風味菜餚。

營18:00～21:00　休週日一、12月　P無
所弘前市本町56-8 グレイス本町2F
交JR弘前站車程10分

↩主廚特配全餐（10004日圓）吃得到七戸產的健育牛

和菓子　MAP附錄②P.13 D-4

## 旭松堂
●きょくしょうどう
☎0172-32-4023　購物

### 人氣商品是出名的香蕉形最中餅
創業於大正5（1916）年。昭和初期研發出至今依舊是店裡最高人氣的「香蕉最中」120日圓，夾滿了香蕉風味內餡。蘋果和櫻花風味的點心也不容錯過。

營8:00～19:30　休每月10、25日　P5輛　所弘前市本町102　交JR弘前站搭弘南巴士土手町循環100日圓巴士13分，本町下車即到

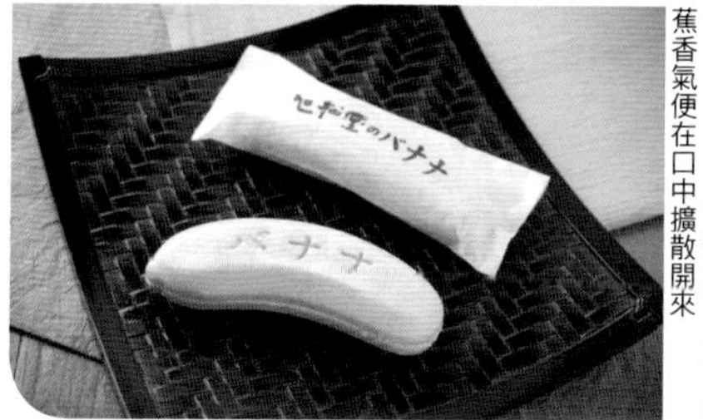
↩一咬下香蕉形狀的最中餅，香蕉香氣便在口中擴散開來

咖啡廳　MAP附錄②P.12 E-3

## 珈琲時代屋
●こーひーじだいや
☎0172-35-9447　咖啡廳

### 位處復古建築內的老牌咖啡廳
木頭吧檯令人難忘的店內飄散咖啡香氣，有著老咖啡廳特有的風情。除了有點餐後由老闆娘一杯杯煮出的咖啡400日圓，手工輕食餐點也深受歡迎。

營8:00～19:00　休週日　P無　所弘前市元寺町9 三上ビル1F　交JR弘前站搭弘南巴士土手町循環100日圓巴士10分，下土手町下車，步行5分

↩位於弘前最古老的鋼筋混凝土建築「三上大樓」內

洋食　MAP附錄②P.12 E-4

## Point Rouge
●ぽわんるーじゅ
☎0172-35-3564　美食

### 能輕鬆品嘗葡萄酒及菜餚
彷彿置身於巴黎巷弄內的咖啡廳，洋溢時尚氣息。供應前菜、比薩、義大利麵等菜色，佐餐的葡萄酒也很豐富。無論約會或獨自造訪都能開心用餐。

營18:00～22:30　休週日　P無　所弘前市新鍛冶町23 福島ビル1F　交JR弘前站搭弘南巴士土手町循環100日圓巴士10分，下土手町下車，步行5分

↩推薦菜色是主廚掛保證的油封春雞1080日圓

和菓子　MAP附錄②P.12 E-3

## 菓子処寿々炉
●かしどころすずろ
☎0172-36-2926　購物

### 採用青森特有食材的和菓子
使用青森縣蘋果和日本紅豆、和三盆糖等，講究食材的和菓子深受喜愛。代表名點寿々炉是以煮至飽滿的大納言紅豆所製成的金鍔燒風味烘焙點心。店內還能品嘗抹茶與生菓子的套餐。

營9:30～18:00　休不定休　P3輛　所弘前市田代町14-2　交JR弘前站搭弘南巴士土手町循環100日圓巴士10分，下土手町下車，步行5分

寿々炉（12片裝）1004日圓

咖啡廳　MAP附錄②P.12 E-3

## 珈琲専科 壹番館
●こーひーせんか いちばんかん
☎0172-36-2098　咖啡廳

### 磚造拱門令人難忘的咖啡廳
以古董調性家具統一的店內空間十分舒適。若想直接感受咖啡的味道與香氣，建議來杯特調，若想品嘗點甜的，則推薦加入鮮奶油調味的栗子咖啡450日圓。

營8:00～14:00　休週日　P無　所弘前市一番町24　交JR弘前站搭弘南巴士土手町循環100日圓巴士10分，下土手町下車，步行2分

↩能在此度過寧靜咖啡時光而獲好評

酒吧　MAP附錄②P.12 E-4

## BAR侍庵
●ばーたいあん
☎0172-33-5139　美食

### 獻上美好旅行之夜的優質酒吧
悄悄隱身於「かくみ小路」的酒吧，店內設有厚實的吧檯以及沙發、桌椅的閒適空間。不妨來點杯獨創調酒，推薦Bloody Tamenobu 1000日圓。

營19:00～翌日1:30　休第1、3週日　P無　所弘前市新鍛冶町9-3 2F　交JR弘前站搭弘南巴士土手町循環100日圓巴士10分，下土手町下車，步行3分

↩說出自己的喜好便能請調酒師調配這一點也很棒

愜意享受溫泉樂

# 溫泉錢湯 非泡不可！

青森有許多利用溫泉的錢湯，且多分布於弘前四周，可以在晚上或清晨稍微走遠一些，享受舒服的溫泉。

## 境關溫泉
●さかいせきおんせん

樂享泉量豐沛的天然溫泉

氯化鈉泉的源泉放流天然溫泉。不但有寬敞的大浴場，還有露天浴池、三溫暖、可以包租的家庭浴池等充實的溫泉設施，再加上餐廳及休息室，可以好好放鬆休息。

對手腳冰冷、肌肉痠痛、神經痛等有療效的天然溫泉

☎0172-27-6106 營5:00～22:00 休無休 ¥380日圓、小學生100日圓、幼兒50日圓、家庭浴池1小時1300日圓 P100輛 所弘前市境関亥ノ宮15-2 交JR弘前站車程20分

MAP附錄②P.4 F-3

## せせらぎ溫泉
●せせらぎおんせん

泡完湯身體徹底暖和起來

室內及露天浴池所流出的溫泉為硫酸鈉、氯化鈉泉，是帶有鹹味的棕色溫泉。大廳及淋浴區十分寬敞，空間寬闊而舒適，還有按摩浴池與步行浴等。

☎0172-55-0777 營5:00～23:00 休無休 ¥380日圓、小學生150日圓、幼兒60日圓（晨湯280日圓、小學生100日圓、幼兒50日圓） P160輛 所弘前市原ヶ平奥野5-5 交JR弘前站車程20分

有三溫暖和水池、水柱池等多種浴池

MAP附錄②P.4 F-4

## 新屋溫泉
●あらやおんせん

神祕的祖母綠溫泉

放滿整個浴槽的是鹼性單純溫泉的綠色泉水，觸感滑溜的湧泉很受需要美肌療效的女性歡迎，也吸引許多神經痛或皮膚病等症狀的客人前來。

☎0172-44-8767 營7:30～21:30（晨湯為4～11月、5:30～7:30） 休無休 ¥350日圓、小學生150日圓、幼兒60日圓（晨湯200日圓、小學生100日圓、幼兒免費） P24輛 所平川市新屋平野84-14 交弘南鐵道平賀站車程10分

看來具有十足療效的綠色溫泉滿溢

MAP附錄②P.4 G-3

## 白馬龍神溫泉
●はくばりゅうじんおんせん

來泡泡以泉質自豪的溫泉

以泉質深感自豪的紅褐色熱泉源源不絕，不含住宿純泡湯包廂或大浴場泡湯也深受好評。附房間的家庭浴池有6間，能夠悠閒享受。

☎0172-88-1250 營6:00～21:00 休無休 ¥350日圓（8:00前有早鳥優惠）、家庭浴池1小時1間1500日圓 P45輛 所弘前市小栗山芹沢2-1 交弘南鐵道松木平站步行10分

奇特外形宛如梯田的浴槽能帶來溫泉療效

MAP附錄②P.4 F-4

工藝品　MAP附錄②P.13 C-4

## 弘前こぎん研究所
●ひろさきこぎんけんきゅうじょ

☎0172-32-0595 購物

### 把江戶時代的傳統技藝傳承後世

致力於普及以刺繡為根源的津輕傳統工藝──津輕小巾刺繡以外，也製作、販售手提包及錢包等，其中手鏡1944日圓非常暢銷。還能參觀製作過程。

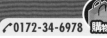

營9:00～16:30 休週六日、假日 P4輛 所弘前市在府町61 交JR弘前站車程12分

透過形形色色的刺繡方式所勾勒出的小巾圖樣

工藝品　MAP附錄②P.13 C-3

## みかみ工芸
●みかみこうげい

☎0172-34-6978 購物

### 兼具實用性與美感的民藝品

製作並販賣農民過去在農閒期餘興製作的五葉木編織、日本箭竹編製品。以津輕的天然素材編造出的作品充滿了手工的溫度，手提包8640日圓～。

營9:30～17:00 休不定休（需洽詢） P1輛 所弘前市茂森町19-1 交JR弘前站搭弘南巴士土手町循環100日圓巴士17分，市役所前下車，步行3分

五葉木編製品越是使用越有光澤

# 從弘前稍微走遠一些 來去西目屋村！

距離弘前車程約30分鐘的西目屋村是白神山地山腳下的蔥綠村莊，近年來有BUNACO（P.30）在此設廠、以及能享受大自然的戶外遊樂設施進駐，快來這掀起話題的區域逛逛！

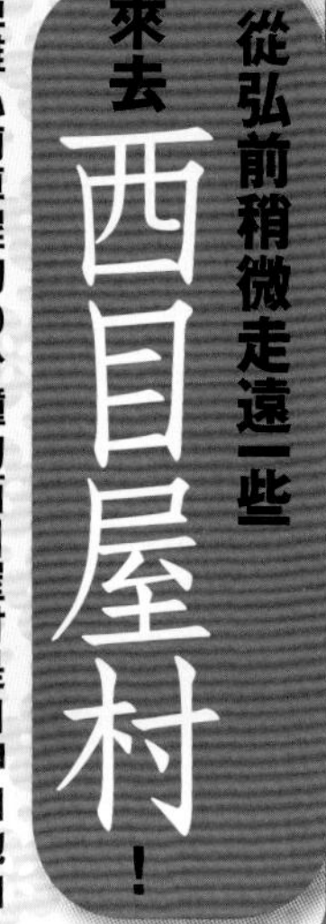

## DAM LAKE TOUR
●だむれいくつあー

搭乘水陸兩棲巴士前進湖中！

舉辦旅遊團，搭乘水陸兩棲巴士駛入白神山地山麓的津輕白神湖來趟水上漫遊。春天有新綠、秋天則能欣賞紅葉。若有空位的話，當天也能立刻搭乘，但還是建議事先預約。

☎0172-85-3315（津軽白神ツアー） 營4月下旬～10月下旬 休需洽詢 ¥2500日圓 P有 所西目屋村田代神田219-1 交JR弘前站車程35分 HP http://suirikubus.jp/

MAP附錄②P.5 D-4

營運時間等資訊請見官網

## BUNACO 西目屋工廠
●ぶなこにしめやこうじょう

能夠體驗製作BUNACO

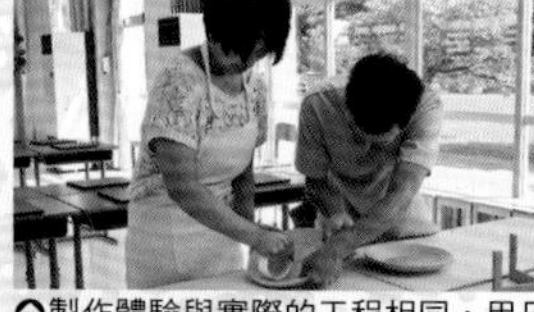

製作體驗與實際的工程相同，用日式茶杯來製作碗公

以「可以吃的BUNACO」蔚為話題的青森蘋果泥年輪蛋糕700日圓

參觀完BUNACO的製作過程，就來實際做做看BUNACO吧。製作體驗是在工匠的指導下製作24cm的碗公，體驗費用為8640日圓，成品的運費另計，需事先預約。

製造弘前的本土工藝品牌BUNACO製品的工廠，除了可以在廢棄學校改建成的工廠參觀製作過程外，還會舉辦製作體驗，也推薦到以BUNACO產品佈置的咖啡廳歇腳。

☎0172-88-6730 營參觀工廠為9:00～16:00、咖啡廳為10:00～17:00 休不定休 ¥參觀工廠免費、BUNACO製作體驗8640日圓＋運費 P有 所西目屋村田代稲元196 交JR弘前站車程30分

MAP附錄②P.5 D-4

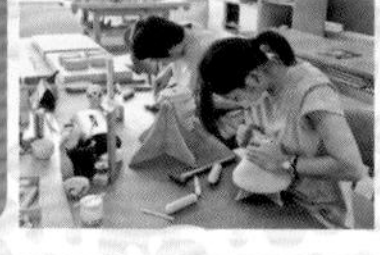

將山毛櫸加工成厚約1mm的膠帶狀後重複纏繞，形塑出日式茶杯

P.20 青森市區 P.50 奧入瀨溪流・十和田・八甲田 P.67 八戶 P.83 津輕半島・五所川原 P.99 白神山地・津輕西海岸 P.107 下北半島 P.115

## 奔馳於遊歷能量景點&溫泉的絕景路線

# 岩木山麓兜風趣

弘前出發車程45分

いわきさん
# 岩木山
又暱稱為津輕富士的靈山

岩木山不但被規劃為完善的觀光勝地，同時也以信仰重鎮而備受矚目。可以在飽覽絕景之餘，四處遊歷能量景點與療癒溫泉，來趟養精蓄銳之旅。

岩木山美景圍繞的暢快兜風路線

1km 車程3分

### 岩木山是指？

海拔1625m而有「津輕富士」之稱的獨峰，是青森縣第一高山。優美的圓錐形山峰，無論從津輕平原的任何方位都能望見。自古以來備受民眾敬仰，過去在弘前藩被視為藩的鎮守神。

☎0172-83-3000(岩木山觀光協會) 交JR弘前站搭弘南巴士往枯木平方向50分，嶽溫泉前轉乘接駁巴士30分，岩木山8合目(登山吊椅搭乘處)下車

MAP附錄②P.5 D-3

↑以山岳信仰之山而著稱

**ACCESS**

弘前站 → 開車 縣道③號等 49分 → 嶽溫泉

弘前巴士總站 → 巴士 弘南巴士 54分 → 嶽溫泉前

#### 也以求姻緣的能量景點而聞名

いわきやまじんじゃ
### 2 岩木山神社

➡以直線參道連起拜殿與鳥居的神社十分罕見

起源於寶龜11（780）年將神社建造於岩木山山頂，不但能求姻緣，也具有財運、好運等各式各樣的加持功效而吸引眾多參拜人潮。四季各有不同風貌的境內景致也是看點。

☎0172-83-2135
境內自由參觀 P70輛
所弘前市百沢 交JR弘前站搭弘南巴士往枯木平方向40分，岩木山神社前下車即到

MAP附錄②P.4 E-3

↑從鳥居筆直延伸的參道深處，便是背對岩木山而立的神社

2.5km 車程5分

#### 參拜結束以後

1還設有可以免費泡腳的足湯，是參拜或散步後可以來歇歇腳的貼心綠洲
2走過第一座鳥居便有一間餐廳，遊逛途中若是肚子餓了，可以來坐坐

#### 獨特的神社構造為全日本唯一

たかてるじんじゃ
### 1 高照神社

供奉弘前的藩祖津輕為信以及被譽為名君的第四代津輕信政的神社。以吉川神道為基礎的獨特神社構造屬全日本獨一無二（重要文化財）。2018年4月，展出神社收藏之津輕藩相關物品的新設施「高岡之森 弘前藩歷史館」於鄰近設館。

☎0172-83-2465
境內自由參觀(寶物殿為6～9月，10:00～16:00)
休寶物殿週二休 ¥寶物殿300日圓 P30輛 所弘前市高岡神馬野87 交JR弘前站搭弘南巴士往枯木平方向35分，高照神社南口下車即到

MAP附錄②P.4 E-3

↑色彩豔麗的丹紅色神社（拜殿）

## 岩木山麓MAP

5 津輕岩木SKYLINE
食事処 マタギ亭 4
嶽溫泉
嶽溫泉前巴士站
SKYLINE入口
巴士站
水芭蕉沼
世界第一的櫻花街道
岩木觀光物產服務處
3 百澤溫泉
2 岩木山神社
1 高照神社
岩木山神社前巴士站
高照神社南口巴士站
弘前站→

## 世界第一的櫻花街道令人心動!

4月下旬▼5月上旬

在岩木山南麓橫跨20km，約6500株大山櫻花恣意綻放。開花時期視海拔與地點而異，不過大約在4月下旬到5月上旬為最佳賞花期。

MAP附錄②P.5 D-3

⬅鮮豔的粉紅色與四周綠意對映，美不勝收

➡⬇「アソベの森いわき荘」（P.128）以擁有大片山毛櫸原生林的露天浴池深受歡迎

## 與岩木山10大溫泉齊名的名湯

### 3 百澤溫泉

ひゃくざわおんせん

距離岩木山神社不遠的溫泉勝地，全年都有岩木山一帶的觀光客與滑雪族等造訪，熱鬧非凡。紅褐色的泉質被稱為「熱之湯」，泡完後的高保溫效果廣受好評。

☎0172-83-3000(岩木山觀光協會)　所弘前市百沢　交JR弘前站搭弘南巴士往いわき荘方向40分，終點站下車即到

MAP附錄②P.4 E-3

7km 車程12分

## 駛過69彎道的絕景兜風路線

### 5 津輕岩木SKYLINE

つがるいわきすかいらいん

連結岩木山山腳與8合目，全長9.8km的收費道路。奔馳於四周盡是山毛櫸原生林的蜿蜒道路，美景逐漸在眼前擴展開來。天氣晴朗時不但能飽覽日本海，更能遠眺北海道的松前。

☎0172-83-2314
L4月下旬～11月上旬8:00～16:00（登山吊椅搭乘時間為上山～16:00、下山～16:20）　休開放期間無休(天候不佳時登山吊椅停駛)
¥一般車輛1800日圓，登山吊椅往返900日圓　P150輛(8合目停車場)　所弘前市岩木山麓(收費站)

MAP附錄②P.5 D-3

夕陽也很美!

⬅沉入日本海的美麗夕陽令人感動

➡彎道綿延的絕景兜風路線　⬅8合目到9合目之間有登山吊椅可搭，能輕鬆上山

1.2km 車程3分

## 名菜是盛滿山珍的獵人飯

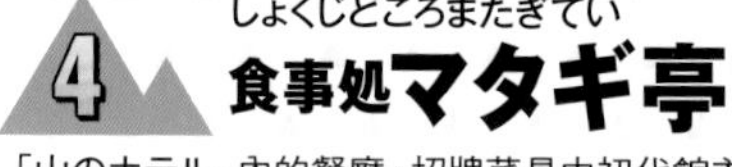

### 4 食事処マタギ亭

しょくじどころまたぎてい

「山のホテル」內的餐廳，招牌菜是由初代館主研發出的獵人飯（マタギ飯），放入雞肉與舞茸菇等7種配料的釜飯會在客人面前烹製上菜，也備有少見的野味料理。

⬆能在溫馨沉穩的店內盡情品嘗在地特有的風味

☎0172-83-2329 (山のホテル)
L11:00～15:00
休需洽詢　P50輛
所弘前市常盤野湯の沢19
交JR弘前站搭弘南巴士往枯木平方向50分，嶽溫泉前下車即到

MAP附錄②P.5 D-3

### 嶽溫泉

だけおんせん

餐後再來泡一下湯

據說是由追逐狐狸的村民所發現的溫泉地。由於是屬於會腐蝕金屬的泉質，浴室幾乎全以羅漢柏建造。

MAP附錄②P.5 D-3

⬆由以前獵人愛吃的菜拌飯衍生來的獵人飯

## 岩木山麓周邊的玩樂景點

### 融入大自然的家族同樂設施

やよいいこいのひろば

**弥生いこいの広場**

設有動物廣場和汽車露營區等設施，可以來此欣賞津輕平原盡收眼底的迷人風景，或是來看看夜景。

⬆可以和高人氣的小馬一起玩耍

☎0172-96-2117
L4月下旬～11月上旬，9:00～16:30
休開放期間無休　¥免費入場／動物廣場430日圓、國高中生270日圓、4歲～小學生210日圓　P250輛　所弘前市百沢東岩木山2480-1　交東北自動車道大鰐弘前IC車程60分

MAP附錄②P.4 E-3

### 蘋果之鄉才有的公園

ひろさきしりんごこうえん

**弘前市蘋果公園**

園內的「蘋果生產園」種植了80品種、約1500株蘋果樹，能透過採蘋果、摘花等來體驗蘋果的生產過程。瞭望台也很受歡迎。

⬆能眺望岩木山的壯麗美景

☎0172-36-7439
L9:00～17:00(蘋果之家)
休無休　¥免費入場　P95輛
所弘前市清水富田寺沢125　交JR弘前站搭弘南巴士往居森平・相馬方向20分，常磐坂入口下車，步行7分

MAP附錄②P.4 E-3

## Check!

### 驚人的甜度！岩木山名產嶽玉米

因嶽高原日夜溫差大的氣候而生，鮮甜又彈牙的玉米。從8月下旬到9月下旬，岩木山一帶可見整排的攤販。

現採玉米甜到可以直接生吃!

➡百澤～嶽地區的沿路都有販售

弘前出發車程15分

# くろいし 黒石

感受歷史悠久的小路與湯汁炒麵

## 漫步在江戶時代的拱廊街 中町小見世通

### 中町小見世通是指？

黑石市鬧區，沿著中町通一路綿延的木造拱廊街，是藩政時代為了免於民眾夏日曝曬及冬日風雪所構思而成，獲選為「日本之道100選」。

☎0172-52-3488（黑石觀光協會）
所黑石市中町
交弘南鐵道黑石站步行8分

MAP P.44

從弘前搭乘弘南鐵道弘南線30分，還保留江戶時代風貌的黑石，可以漫步於洋溢歷史情懷的拱廊街「小見世」或是品嘗著名美食，感受彷彿時光倒轉的氣氛。

### ACCESS

弘前站

開車：縣道109號、國道102號等15分
鐵路：弘南鐵道弘南線30分

黑石站

重點在名酒風味和獨具風采的建築

## 1 きくのいなるみじょうぞうてん 菊乃井 鳴海釀造店

文化3（1806）年創業的老牌酒廠，名酒「菊乃井」的釀造處。從腹地內汲取的南八甲田伏流水、以及周遭田園用心耕種出的稻米所釀造的酒因口味溫和而大獲好評。

☎0172-52-3321 L8:30～16:30 休不定休 P無
所黑石市中町1-1

MAP P.44

⬇列入本市有形文化財的家屋是藩政時代的建築

庭園是採津輕地區獨自發展出的「大石武學流」，特色為以大石佈置出生氣蓬勃的氣勢

⬇隨時備有超過6種的日本酒都可以試喝

1 菊乃井 鳴海釀造店
2 黒石やきそば専門店 すずのや
3 高橋家住宅
4 津軽黒石こみせ駅

參觀完富商宅邸後吃點甜品

## 3 たかはしけじゅうたく 高橋家住宅

曾擔任黑石藩御用商家的富商，這棟屋頂較低的建築是在江戶時代中期興建，烏黑發亮的厚實樑柱、精巧的構造都令人歎為觀止。屋內還有附設能品嘗到抹茶及紅豆湯的甜品店。

☎0172-52-5374 L10:00～16:00 休不定休(12月～4月中旬限參觀住宅，需預約)
P無 所黑石市中町38-1

MAP P.44

➡在土間的角落和中庭設有咖啡空間，能供遊客歇息
⬇列為國家的重要文化財

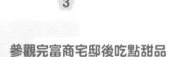

能隨興品嘗的炒麵專賣店

## 2 くろいしやきそばせんもんてんすずのや 黒石やきそば専門店 すずのや

老闆回想過去常光顧的元祖「美滿壽」並重現湯汁炒麵，有著清爽風味，讓人幾乎能把湯喝光，有客人也會加上一味辣椒粉或醬汁來增加口感。

☎0172-53-6784
L11:00～15:00
休週二（逢假日則翌日休）
P3輛 所黑石市前町1-3

MAP P.44

⬇店內還有擺設黑石的觀光手冊

⬇黑石湯汁炒麵550日圓

黑石 1:15,000 周邊圖 附錄② P.4 G-3

中町こみせ通り P.44
高橋家住宅 P.44
菊乃井 鳴海醸造店 P.44
レストラン御幸 P.45
松之湯交流館 P.45
津軽黒石こみせ駅 P.45
黒石やきそば専門店 すずのや P.44
蔵よし P.45
黒石YOSARE（流舞）P.45

## 更多看點 Check!

成為了宮崎駿動畫參考的名勝

### 盛美園（せいびえん）

配置假山與池塘的庭園、佇立在一角的日西融合樓房的風景，如詩如畫，也成為動畫電影《借物少女艾莉緹》的參考。

0172-57-2020　9:00～17:00（11月中旬～4月中旬為10:00～15:00）　休無休　¥430日圓、國高中生270日圓、小學生160日圓　P20輛　所平川市猿賀石林1　弘南鐵道津輕尾上站步行10分

MAP附錄②P.4 G-3

出自花上9年打造的庭園，還有用白砂造景、模擬池塘的枯池、2樓為和風的1樓採洋式的構造

能貼身感受傳統工藝的設施

### 津輕傳承工藝館（つがるでんしょうこうげいかん）

附設能體驗津輕塗等津輕傳統工藝的7個工作室及商店、餐廳、足湯（11:00～14:00），以及製作體驗專區。

0172-59-5300　9:00～17:00（12～3月為～16:00）　休無休　¥免費入館　P200輛　所黑石市袋富山65-1　弘南鐵道黑石站搭弘南巴士往溫川方向25分，津軽伝承工芸館前下車即到

MAP附錄②P.4 H-3

可體驗工匠感受的津輕塗打磨體驗

飽覽岩木山的綠意充沛公園

### 猿賀公園（さるかこうえん）

連結盛美園與猿賀神社的公園。每到春天便有約300株染井吉野櫻綻放，夏季則可欣賞將池塘染成一片淡粉色的蓮花。

0172-44-1111（平川市商工觀光課）　自由入園　P163輛　所平川市猿賀石林　弘南鐵道津輕尾上站步行15分

MAP附錄②P.4 G-3

環繞兩座池塘的櫻花格外優美

## 名產 黑石湯汁炒麵 大飽口福！

說到黑石的在地名產就想到「湯汁炒麵」，醬汁炒麵加上蕎麥麵沾醬或拉麵湯汁，分量超飽足！

這裡吃得到

### 蔵よし（くらよし）

日式料理餐廳所推出的湯汁炒麵，關鍵在於高湯味濃厚的湯汁，滋味香醇。

0172-53-2111　11:00～22:00　休週三　P22輛　所黑石市横町13　弘南鐵道黑石站步行10分

MAP P.44

湯汁炒麵864日圓，吃得到百變風味的獨門湯汁

### お食事処 妙光（おしょくじどころみょうこう）

號稱是湯汁炒麵始祖店的人氣店家，小魚乾風味的湯汁上擺滿蔬菜。

0172-53-2972　11:00～18:00　休不定休　P15輛　所黑石市元町66　弘南鐵道黑石站步行15分

MAP附錄②P.4 G-3

元祖湯汁炒麵700日圓，上頭還有大量的天麩羅花

欣賞津輕三味線的現場演奏

### 4 津輕黑石こみせ駅（つがるくろいしこみせえき）

不但有許多當地特產品的商店，每天（冬季為週六日、假日）還會在11時和14時舉辦2次津輕三味線的現場表演，更推出三味線體驗活動，務必來試試。

0172-52-7271
9:00～17:00　休無休　P20輛
所黑石市中町5

MAP附錄P.44

融入中町小見世通風情的復古外觀

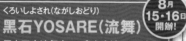

### 黑石YOSARE（流舞）（くろいしよされ（ながしおどり））

8月15・16日開辦！

日本三大流舞之一，會有多達3000人配合著「欸恰吼、欸恰吼」的吆喝聲一同大展舞技。

0172-52-4316（黑石YOSARE實行委員會事務局）　19:00～21:00（詳情需洽詢）　所黑石市役所周邊　弘南鐵道黑石站步行5分（主會場）

MAP P.44

建於錢湯舊址上的交流據點

### 6 松之湯交流館（まつのゆこうりゅうかん）

因錢湯重建而成的時尚觀光交流設施，除了有提供觀光資訊的服務處和免費休息室以外，還附設咖啡廳，很適合做為遊覽的起點或歇腳處。

0172-55-6782　9:30～18:00（咖啡廳為11:00～16:00）　休無休（12～3月為週一休）、咖啡廳為週一休　P有　所黑石市中町33

MAP P.44

從建築物中竄出頭來的松樹為本館象徵

曾是女湯的地方現做為搜尋資訊的空間

松之湯交流館 6
レストラン御幸 5

搭配小見世通美景享用和食

### 5 レストラン御幸（れすとらんみゆき）

從蕎麥麵、烏龍麵到正統宴席料理都吃得到的日式餐廳，在當地也富有名氣，其中以匯集了天麩羅、生魚片等多道繽紛菜餚的御膳餐點最受歡迎。

0172-52-2558
11:00～14:30、17:00～20:00（週五六、假日前日～20:30）　休不定休　P40輛　所黑石市中町36

MAP P.44

口福眼福雙享的花籠御膳1630日圓

能透過大面落地窗欣賞四季更迭美景的大浴場

度過優質時光的成人旅宿

# 星野度假村 界 津輕

古檜木的浴池和精緻菜餚、津輕三味線的現場演奏…，在沉澱氛圍中盡情享受只有青森才有的悠閒時光。

## 優質一 樹齡超過兩千年的古檜木浴場

正對著風雅庭園的大浴場。樹齡2000年的古檜木浴槽滿溢出來的溫泉帶著濃稠感，泡完湯後肌膚水潤保濕。來泡泡這自古以來便用於療養的溫泉，讓身體徹底暖和。

➲還會配合季節變化推出水果浴

## 界 津輕的在地樂趣 ～津輕三味線現場演奏

能感受各地傳統工藝與藝能等地域魅力的星野度假村 界的溫馨服務「在地樂趣」。界 津輕每晚在迎賓廳都會舉辦由津輕三味線全國冠軍澀谷幸平以及他指導的工作人員所帶來的津輕三味線現場表演，力道十足又華麗的音色會是難忘的回憶。

➲在裝飾於大廳的大型壁畫前的演奏讓觀眾震撼不已

### 星野度假村 界 津輕

ほしのりぞーとかいつがる

位於弘前的後花園──大鰐溫泉。大廳有加山又造描繪的津輕風景壁畫《春秋波濤》，微微照亮客房棟的津輕小巾刺繡花紋燈具等等，營造出雅致的住宿空間。

➲盡是沉靜空間的時髦成熟風旅宿

☎0570-073-011（界訂房中心） MAP附錄②P.4 G-4
IN15:00、OUT12:00 ¥1泊2食21000日圓～
P20輛 所大鰐町大鰐上牡丹森36-1 交JR大鰐溫泉站搭定時接送巴士5分（不需預約）

**界是指…** 以「和心地」為理念，在日本設立14處據點的日本首創溫泉旅館品牌。透過傳達當地魅力的「在地樂趣」貼心服務、接觸地區文化的「在地客房」等，得以感受這片土地特有的住宿風情。

## 住宿期間的樂趣～體驗小巾刺繡

↑可在飯店內體驗青森的傳統工藝小巾刺繡

以幾何圖案為特色的小巾刺繡。飯店也會在下榻期間推出簡單手做小物的活動。

←能製作杯墊或書籤等

←可以將成品帶回家

↑2017年4月洋室新登場

優質二　津輕傳統工藝完美出眾

# 在地客房「津輕小巾客房」

青森代表性傳統工藝之一「津輕小巾刺繡」，客房從紙門到掛軸、坐墊、桌巾等都利用了大量的小巾圖案魅力，讓人感受到高雅的青森情懷

→寬敞的和室附設小客廳共有26間

優質三　大快朵頤當令新鮮海產

# 宴席料理

三面環海又綠意盎然的青森可謂山珍海味的寶庫，透過宴席料理來細細品味隨季節變化的豐盛津輕好滋味。

↓可以在隱密感十足的餐廳品味當令食材

↑全年供應鮪魚之王大間鮪魚（內容視時節而異）

↑符合賞花時節的「花見蟹」，大啖「刺栗蟹」

↑正值夏令時節，鮑魚肉質緊致更增鮮甜度

## 季節的樂趣～四季活動

提供盡情感受青森的豐富美食與大自然的四季暖心服務。

### 紅葉客房夜間點燈

提供賞楓客房，夜間還會點燈裝飾(10月中旬～11月中旬)。

### 津輕小巾燈籠

參考小巾刺繡花樣的獨創「小巾燈籠」閃耀著溫暖光芒。

### 獨家夜櫻導覽

弘前城是日本首屈一指的賞櫻名勝，會舉辦與當地導覽員合作的夜櫻導覽。

### 雪屋BAR

入夜後，在點了燈的雪屋裡啜飲、比較青森引以為傲的在地酒。



 提供／星野リゾート　界 津軽

充滿野趣的名湯、秘湯到處皆是

黑石出發 車程30分

# 黑石溫泉鄉

くろいしおんせんきょう

沿著淺瀨石川不遠處的地方就是瀰漫著熱氣的黑石溫泉鄉。在遍佈媒燈的獨棟旅館或是純和風旅館等的溫泉鄉，享受悠閒時光。

這間旅宿也check! 花禅の庄 →P.127

燈光更添旅情，野趣十足的露天浴池

## 黑石溫泉鄉是這樣的地方

黑石溫泉鄉是由溫湯、落合、板留、青荷4大溫泉交匯而成，自古便以溫泉療養地而興盛。溫湯溫泉是擁有超過400年的溫泉地，從溫湯往東約1km左右處的落合溫泉，溫泉旅館林立於山腳下。隔著淺瀨石川，位在落合對面的板留溫泉因溫泉富含療效而聞名。青荷溫泉是獨棟旅館，吸引了來自全國的回籠客和長住旅客造訪。

流水旁有溫泉靜靜湧出的溫泉鄉

### 前往黑石溫泉鄉的交通方式 MAP附錄②P.4 H-3

| | 出發 | 路線 | 目的地 |
|---|---|---|---|
| 巴士 | 弘南鐵道弘南線黑石站 | 路線巴士 30分 620日圓 | 板留溫泉 |
| 開車 | 黑石IC | 國道102號等 10～40分 | 黑石溫泉鄉 |

純泡湯入浴情報
L10:00～15:00 (12～3月需預約)
休無休 ¥520日圓

微亮燈火以及樸實風情療癒人心

### 青荷溫泉 あおにおんせん　ランプの宿 青荷溫泉 らんぷのやどあおにおんせん

建於南八甲田深山的獨棟旅館。燈光使用油燈，微光照明的黑夜別具風情。浴池有全用羅漢柏打造的室內浴池「健六之湯」和設於溪流沿岸的露天浴池等4座，可以盡享不同風情的泡湯樂。

地爐空間的天花板上垂吊了多盞燈火

☎0172-54-8588 LIN15:00、OUT10:00 ¥1泊2食9870～12030日圓 P50輛 所黑石市沖浦青荷沢滝ノ上1-7 交弘南鐵道黑石站搭弘南巴士往虹の湖公園方向35分，終點站下車，車程10分(巴士站提供接送，需預約) MAP附錄②P.4 H-4

晚餐是老闆娘用心烹製的多樣菜餚

四面落地窗的明亮浴場

品嘗老闆娘親手做的當令鄉土料理

### 板留溫泉 いたどめおんせん　旅の宿 斉川 たびのやどさいかわ

純泡湯入浴情報
L10:00～15:00
休無休
¥500日圓、小人250日圓

佇立於靜謐山林的小型溫泉旅館，館內裝飾著民藝品，充滿古早懷舊氣息。源泉放流的溫泉24小時皆可泡湯，可以免費包租露天浴池也令人滿意。

☎0172-54-8308 LIN14:00、OUT10:00 ¥1泊2食7710～10950日圓 P30輛 所黑石市板留宮下8 交弘南鐵道黑石站車程15分(16:00 前提供接送，需預約) MAP附錄②P.4 H-3

感受走過800年歷史的古湯

弘前出發 電車13分

# 大鰐溫泉

おおわにおんせん

這間旅宿也check! 星野度假村 界 津輕 →P.46

廣布於平川清流沿岸的大鰐溫泉擁有800年的歷史，自古以來便以津輕的後花園之名而深受歡迎。在萬種風情的寧靜溫泉勝地，愜意度過療癒時光。

## 大鰐溫泉是這樣的地方

距弘前市區東南方15km，還有慶安2（1649）年津輕第三代藩主曾來此泡湯，是有著歷史淵源的溫泉地。街上也有簡樸的共同浴場，與當地人互動也很有趣。

大燈籠是溫泉街的象徵。

### 前往大鰐溫泉的交通方式 MAP附錄②P.4 G-4

| | 出發 | 路線 | 目的地 |
|---|---|---|---|
| 鐵路 | 弘前站 | JR奧羽本線 13分 240日圓 | 大鰐溫泉站 |
| 鐵路 | 中央弘前站 | 弘南鐵道大鰐線 30分 430日圓 | 大鰐站 |
| 開車 | 大鰐弘前IC | 國道7號等 10分 | 大鰐溫泉 |

巨石堆砌出的露天浴池有和風庭園圍繞

能在寬闊的大浴場放鬆泡湯

雅致氛圍廣獲喜愛的旅館

隨季節變幻風采的日本庭園好吸睛

### 不二やホテル ふじやほてる

主打露天溫泉能切身感受四季變化的旅館，洋溢木質溫潤感的客房及滿滿鄉土色彩的晚餐也深受好評，還設有能欣賞十一面觀世音菩薩和古伊萬里等古美術的藝廊。

☎0172-48-3221 LIN15:00、OUT10:00 ¥1泊2食12030～16350日圓 P60輛 所大鰐町蔵館川原田63 交JR大鰐溫泉站步行15分(提供接送，需預約) MAP附錄②P.4 G-4

純泡湯入浴情報
L11:00～15:00(需預約)
休無休 ¥500日圓(附贈1罐蘋果汁)

酸甜香氣的蘋果浴始祖

### 観光ホテル寿実麗 かんこうほてるすみれ

蘋果形狀的浴池加上有新鮮蘋果漂浮的蘋果大浴場十分出名。在酸甜香氣的包圍下泡湯，加上溫泉相輔相成帶來的效果，幫助放鬆。採用在地食材的鄉土料理也頗受好評。

身心都被蘋果香氣療癒

☎0172-48-3141 LIN16:00、OUT10:00 ¥1泊2食9600～16950日圓 P30輛 所大鰐町湯野川原64-2 交JR大鰐溫泉站步行15分 MAP附錄②P.4 G-4

第2藝術田園展區
「桃太郎」

將一大片水田當作畫布

在2大會場舉行

# 藝術田園展

弘前出發車程20分

いなかだてむら

# 田舍館村

氣勢磅礡的田園藝術一望無際

ACCESS

弘前站
開車 國道102、縣道41等20分
開車 國道102 20分
鐵路 弘南鐵路20分
免費接駁小巴10分
第1田園藝術展區（田舍館村公所）
第2田園藝術展區（田舍館休息站）
藝術田園展區站

弘前● ★田舍館村

第1藝術田園展區
「八岐大蛇與須佐之男命」

使用數種不同稻苗插秧，拼湊出巨型圖畫及文字的田園藝術，每年會在2處會場舉辦，吸引大批觀光客而熱鬧非凡。可從田舍館村瞭望台和彌生之里瞭望台欣賞。

觀賞期 7月中旬～8月中旬

✆0172-58-2111（田舍館村企劃觀光課商工觀光係） 🕒6月上旬～10月上旬的9:00～17:00左右（視時期而異） 休10月1日僅田舍館村瞭望台休館 ¥瞭望台入場費300日圓 P使用村公所、田舍館休息站的停車場 所田舍館村田舍館中辻等地 🚃弘南鐵道田舍館站車程5分

## 連結2大會場的免費接駁小巴

↑約10分鐘來往於第1、第2藝術田園展區，可乘坐9人的免費接駁小巴。每30分鐘行駛於2個會場間。

約3km的距離

來這裡欣賞稻田吧

### 第1藝術田園展區 田舍館村展望台

設置於田舍館村公所4樓的瞭望平台。此外，村公所建築是因戰國時代曾有座田舍館城，而以城堡為意象所設計。

MAP附錄②P.4 G-3

### 第2藝術田園展區 彌生之里展望台

附設於公路休息站いなかだて的展望台。除了藝術田園展，還能看見鋪滿碎石描繪出的「石頭藝術」。

MAP附錄②P.4 G-3

## 田園藝術製作過程！

首先…畫出設計圖

為了確立插秧的記號位置，必須仔細的測量。

接著…做記號

依照種植稻米的品種來設置不同記號。

最後…插秧！

村民同心協力一起來插秧！

## 冬季的藝術田園展

2月中左右，第2藝術田園展區會搖身一變成雪地藝術會場，雪地因腳印及燈光而顯得多彩多姿。

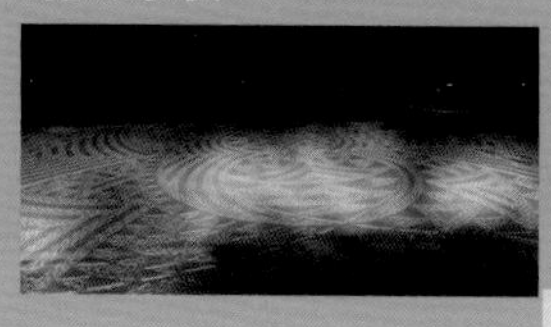

## 過去的作品回顧

為了受到各年齡層歡迎而以日本知名卡通為題材。

©長谷川町子美術館

第22屆 2014年度
《海螺小姐》

第11屆 2003年度
《蒙娜麗莎》

這年尚未採用透視法，使得蒙娜麗莎有點顯胖。

↓多達300萬名觀光客造訪的青森睡魔祭 →P.52、附錄①正

# 青森市區

あおもりたうん

## 2大博物館加上豐富的美食

以青森睡魔祭著稱的青森市區有著繩文遺跡等五花八門的看點，同時擁有豐饒的食材，從傳統美食到獨創料理，美食應有盡有。

充滿古代情懷的三內丸山遺跡 →P.54

能飽享山珍海味的青森市區美食 →P.56

展示與青森相關的藝術家之作 青森縣立美術館 →P.55

## 青森市區觀光的重點

### 停留天數

**建議玩2天1夜**

若只是青森站周邊的景點，半天～1天即可，若想參觀新青森站附近的三內丸山遺跡等地，那就徹底玩個2天1夜。

### 看點

**2大博物館&青森睡魔祭**

三內丸山遺跡與青森縣立美術館是本縣最具代表性的美術館。若時間上剛好，也務必來體驗青森睡魔祭的熱鬧氛圍。

### 美食

**津輕拉麵&自助海鮮丼**

以小魚乾熬煮高湯的津輕拉麵，以及在青森魚菜中心自選配料的自助海鮮丼是一早就能品嘗到的美食。

### 住宿地點

**市中心的飯店or淺蟲溫泉**

注重交通方便的話就住市中心的飯店，另外也推薦到多走幾步路便能眺望陸奧灣的淺蟲溫泉放鬆一下。

## 前往青森市區的交通方式

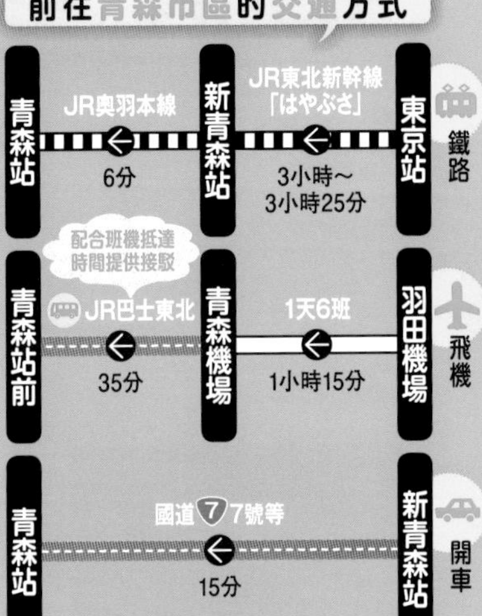


## 青森市區的移動方式

觀光和美食景點多集中於青森站周遭的步行範圍內，但由於2大博物館稍微有段距離，建議搭配巴士來移動。

### まちなかレンタサイクル

●まちなかれんたさいくる

**便於青森站周邊的觀光**

可以在青森站旁的市營自行車等停車場等市內多處租借，需回原地還車。

☎017-721-2111（(有)P･M･O Passage廣場）
4月下旬～10月31日、10:00～17:00（最終受理16:00）※市營自行車等停車場為9:00～受理 休實施期間無休 ¥1次300日圓

### 睡魔號

●ねぶたんごう

**遊覽主要景點**

連結青森站、新青森站及2大博物館、棟方志功紀念館等地的路線巴士，行駛於9～18時，1日乘車券為500日圓。

☎017-739-9384（青森觀光巴士）

### 步行

**車站周邊步行即可**

觀光和美食景點聚集於青森站周邊，步行即可。此外，新青森站方向的三內丸山遺跡及青森縣立美術館也在步行範圍內。青森站、新青森站之間有些許距離，可搭乘巴士、JR。

青森市區出發車程30分

## 淺蟲溫泉 ➔P.66

●あさむしおんせん

在淺蟲溫泉一邊眺望一望無際的陸奧灣一邊泡湯。來水族館及海水浴遊玩的遊客也很多。

青森市區出發車程1小時

## 酸湯溫泉 ➔P.80

●すかゆおんせん

位於八甲田山麓的溫泉旅館。在全羅漢柏製造的千人浴池名勝裡，沉浸於溫泉療養地的情趣。用歷史悠久的秘湯來消除疲勞也很不錯。

青森市區和周邊地區的位置關係

## 青森市區中心部MAP

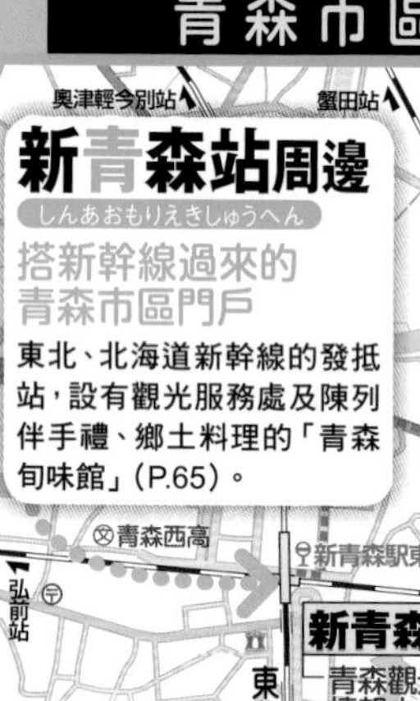

### 新青森站周邊

しんあおもりえきしゅうへん

搭新幹線過來的青森市區門戶

東北、北海道新幹線的發抵站，設有觀光服務處及陳列伴手禮、鄉土料理的「青森旬味館」(P.65)。

### 青森站周邊

あおもりえきしゅうへん

從居酒屋到時尚購物中心林立

JR奧羽本線的青森站周遭有供應鄉土料理的居酒屋、時尚的購物商場等櫛次鱗比。

©Yoshitomo Nara 2005

### 2大博物館周邊

にだいみゅーじあむしゅうへん

繩文時代與現代藝術的博物館

繩文遺跡群——三內丸山遺跡、能一睹青森相關藝術家之作的青森縣立美術館都位在步行範圍內。

## 手提行李寄送服務

### ホテル手荷物直行便

●ほてるてにもつちょっこうびん

**從車站寄送至飯店**

20時前會將隨身行李從青森站前的青森市觀光交流情報中心送達市內的住宿地點（部分地區除外）。

✆017-723-4670
（青森市觀光交流情報中心）
L 8:45～15:00
¥ 手提行李1件400日圓～

## 遊街導覽團

### あおもり街てく

●あおもりまちてく

**免費為您導覽**

有導覽志工帶路，向遊客介紹青森市區的歷史與生活樣貌。

✆017-723-4670
（青森市觀光交流情報中心內あおもり街てく）

## 情報蒐集景點

新青森站2樓

### 青森觀光情報中心

●あおもりかんこうじょうほうせんたー

**新幹線站內的服務處在這裡**

設於新青森站內的觀光服務處。不但有工作人員協助觀光的疑難雜症，也能幫忙協調當天在青森市區的住宿問題（睡魔祭時期除外）。

✆017-752-6311 MAP附錄②P.15 A-1
L 8:30～19:00 休無休 P無
所青森市石江高間140-2 JR新青森2F 交JR新青森站內

青森站前

### 青森市觀光交流情報中心

●あおもりしかんこうこうりゅうじょうほうせんたー

**還有方便的手提行李宅配**

位在青森站前的觀光服務處，同時提供散步導覽及手提行李的寄送服務，還附設了巴士的服務窗口。

MAP附錄②P.14 F-3

✆017-723-4670
L 8:30～19:00 休無休
P無 所青森市新町1丁目1-25
交JR青森站即到

看點

2017年度的睡魔大獎得主「賞紅葉」

由笛子、太鼓、鉦組成的樂隊

每年8月2~7日舉辦

# 青森睡魔祭

## 縣內規模最大的夏日祭典

附錄①正 青森睡魔祭導覽MAP也要搭配著看！

每年多達300萬名觀光客前來，是青森市民在一年當中最熱衷的青森最大夏日祭典。來感受巨型睡魔與舞者一同沸騰的感動夏夜吧！

**青森睡魔祭** ★あおもりねぶたまつり

017-723-7211（青森觀光協會）
¥收費觀賞席3000日圓
所青森市中心
JR青森站步行10分

MAP附錄②P.14 G-4

點亮青森短暫夏日的一大祭典

為睡魔遊行更添氣氛的跳人

### 欣賞方式1 認識睡魔

睡魔的由來有中國的七夕或自古以來的送走祖先儀式等諸多說法，但仍未有定論。以武者和歌舞伎、神話等題材，花上一年時間製作出重達4噸的人形燈籠上街遊行，並有跳人配合笛子及太鼓、鉦等樂器的聲響熱舞，是一場熱力十足的祭典。

### 欣賞方式2 觀賞睡魔

舉辦時間長達一星期的睡魔祭有超多看點。

**最後一天的海上遊行**

得獎的6輛睡魔會在煙火綻放下海上遊行。為浩大的祭典結尾增色不少。

**睡魔的大迴旋**

拉繩者在大馬路的十字路口上旋轉睡魔，展現活力十足的躍動感。

**各展個性的睡魔**

出動約20輛的大型睡魔，造型複雜生動又華麗，吸引力十足。

### 欣賞方式3 參加睡魔

只要穿上規定好的跳人服裝，不用事先登記或報名就能直接加入遊行！也有店家在提供服裝的租借、換裝服務。

【花笠】以粉紅或紅色等人造花裝飾得很美的笠帽

【浴衣】基本上需穿著白底浴衣並以綁帶纏起袖子

【鈴鐺】據說撿到跳人掉落路邊的鈴鐺會有好運降臨

【足套&草鞋】腳穿白色足套。防止草鞋脫落的訣竅在於須以手帕綁住

### 知道賺到！這裡也有！縣內的睡魔

**黑石** →扇形與人形睡魔共同出巡

**弘前** ←約7m高的扇形睡魔是遊行的中心

**五所川原** ↑高達23m的立佞武多浩蕩遊街

### 活動行事曆

**8月2~3日**
約15輛精巧可愛的小型睡魔與大型睡魔遊街。

**8月4~6日**
約20輛大型睡魔遊街。6日會由獲獎的睡魔花車出場遊街。

**8月7日**
白天舉辦睡魔遊行，夜間獲獎的睡魔則會在煙火陪襯下於海上遊行。

這裡一整年都充滿祭典氛圍

# 來去睡魔之家WA・RASSE！

WA・RASSE是整年都能體驗到青森睡魔祭熱力的設施，參觀實際登場過的睡魔花車和體驗祭典來炒熱遊興吧。

### 睡魔之家WA・RASSE

ねぶたのいえわらっせ　MAP附錄②P.14 F-3

☎017-752-1311 休8月9、10日 L9:00～18:00(5～8月為～19:00) ¥入場費600日圓 P100輛 所青森市安方1-1-1 交JR青森站即到

體驗活動不需預約即可自由參加

## 這點不簡單2 可以挑戰睡魔樂器＆舞者體驗！

聆聽睡魔樂器的實際演奏後過，可以嘗試太鼓及手搖鉦等樂器或學習舞步。

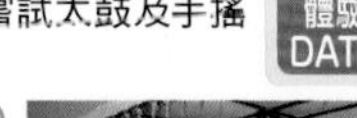

體驗DATA 時間 1天舉行3次 所需時間 30分

工作人員會細心指導節拍

眾人同時打擊太鼓，充滿節奏感

## 這點不簡單1 透過豐富的展品認識睡魔

感受鼻子等部位的複雜構造

### 可觸摸的觸摸睡魔

藉由實際觸摸睡魔來感受其龐大又複雜的骨架、和紙的堅固感等。

分成手、臉，可供民眾觸摸

### 認識睡魔歷史的青森睡魔塗鴉牆

透過照片及影像等，淺顯易懂地介紹睡魔的起源和歷史、製作過程。

還能了解伴隨睡魔發展的城市樣貌

## 伴手禮＆美食

### 伴手禮 青森ふるさとショップアイモリー

あおもりふるさとしょっぷあいもりー

有多款睡魔商品及青森地方土產等，應有盡有的商店。

☎017-752-6228

L9～4月為9:00～18:30、5～8月為9:00～19:30

**ねぶた面本格キット暫** 1080円

能製作睡魔面具的紙藝手作組，成品可以當成牆壁掛飾

**睡魔圖案煎餅** 5片360日圓

除了有印上睡魔圖案的南部煎餅以外，也有芝麻風味等

**睡魔臉用毛巾** 800日圓

印有上歷屆得獎的威風凜凜睡魔，挑選喜歡的圖案吧

### 美食 魚っ喰いの田 ワ・ラッセ店

さかなっくいのでんわらっせてん

午餐時段的吃到飽相當廣受好評。

☎017-721-4499 L午餐時間11:00～14:30、15:00～19:00(限飲品) ¥鮮魚吃到飽1480日圓

陳列超過20種菜餚的自助餐

飽嘗高人氣壽司

觀景台可以將整個大廳盡收眼底

## 這點不簡單3 全年展出會上街遊行的睡魔花車！

挑高至二樓的睡魔大廳展示著正式上場過祭典的4輛睡魔花車。此外，每個整點時刻都會放映真正的祭典影片，更加深刻感受到祭典的氛圍。

還可以戴著租借的花笠拍照留念

(圖片提供)青森縣教育廳文化財保護課

日本最大規模！
親身感受繩文遺址

時光倒回到繩文時代

# 特別史蹟 三內丸山遺跡

とくべつしせきさんないまるやまいせき

除了有日本規模最大的繩文遺跡群珍貴展覽，還有多種體驗，體會繩文人生活吧。

**大型掘立柱建築**
3層樓的掘立柱建築，使用透過挖掘而發現的直徑1m日本板栗樹木柱修復而成。

**北海道・北東北的繩文遺跡群已列入世界遺產暫定名單！**

含青森縣在內的北東北3縣與北海道一共17處遺跡群已列入世界遺產的暫定名單，三內丸山遺跡也是其中之一，被評價為具有極高的考古學價值。未來從北東北到北海道一帶，或許會掀起一股繩文旋風。

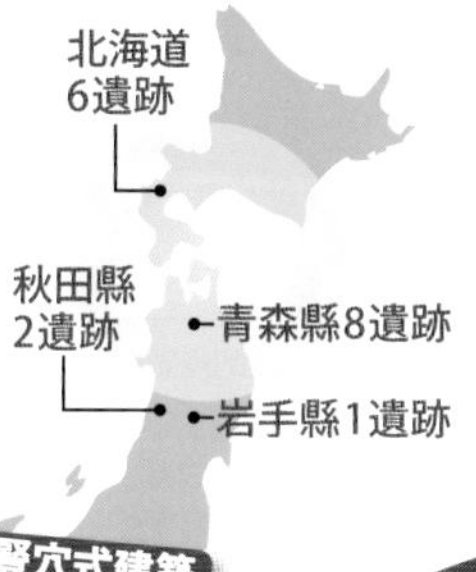

北海道 6遺跡
秋田縣 2遺跡
青森縣8遺跡
岩手縣1遺跡

**大型豎穴式建築**
修復長32m、寬9.8m的遺跡內最大的住宅遺址，判定過去應是用於集會或共同作業的場域。

**南盛土**
被認為是當時的垃圾場，經過1000年的使用而堆積成厚達2m的小丘。但也有一說認為這並非單純的垃圾場，而也曾作為祭典的空間。

**豎穴式建築**
挖深地面來鋪設地板、中央有火爐構造等，可發掘出繩文時代的居住構造。

從5500年前到4000年前的繩文聚落遺跡，約有9個東京巨蛋大，堪稱日本最大規模，西元2000年列入國家特別史跡。藉由挖掘探勘出土的除了豎穴式建築遺跡、大型豎穴式建築遺跡等，還有繩文土器、石器等諸多發現，以公園形式對外開放。目前修復完成大型掘立柱建築及豎穴式建築等等，讓人能夠接觸到昔日的生活風貌。

017-781-6078(繩文時遊館) 9:00～16:30(黃金週、6～9月為～17:30) 休無休 ¥免費 所青森市三內丸山305 交JR新青森站搭睡魔號巴士往三內丸山遺跡方向15分，三內丸山遺跡前下車即到 P510輛 MAP附錄②P.15 B-3

## 展示・體驗景點

## 「繩文時遊館」

位於三內丸山遺跡入口處的設施繩文時遊館內有瞭解繩文人文化、生活的展品及體驗活動、用餐空間。

**れすとらん五千年の星**

使用香菇和山菜等這些被推測為繩文人曾食用過的食材來製作的料理很受歡迎，以古代米和青森名菜味噌烤扇貝、栗子製成的霜淇淋也備受好評。

017-782-5001
10:30～16:30(用餐為5～10月為11:00～15:00、11～4月為11:00～14:00) 休無休

使用據說是繩文人愛吃的栗子「霜淇淋栗夢」320日圓

**繩文時尚體驗**
繩文時遊館櫃台和三丸博物館2處均置有繩文人風的古代貫頭衣，可以自由穿著。

**體驗工房**
繩文時代的土偶及裝飾品製作體驗工房也是高人氣區。每天都會舉辦活動，隨意參加吧。

以紙條編織製作的小提袋（所需2小時、330日圓）

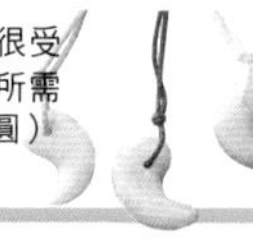

做成吊飾也很受歡迎的勾玉（所需1小時、330日圓）

**三丸博物館**
展示繩文時遊館內的出土物，運用人偶來清楚介紹繩文人當時的生活形態。

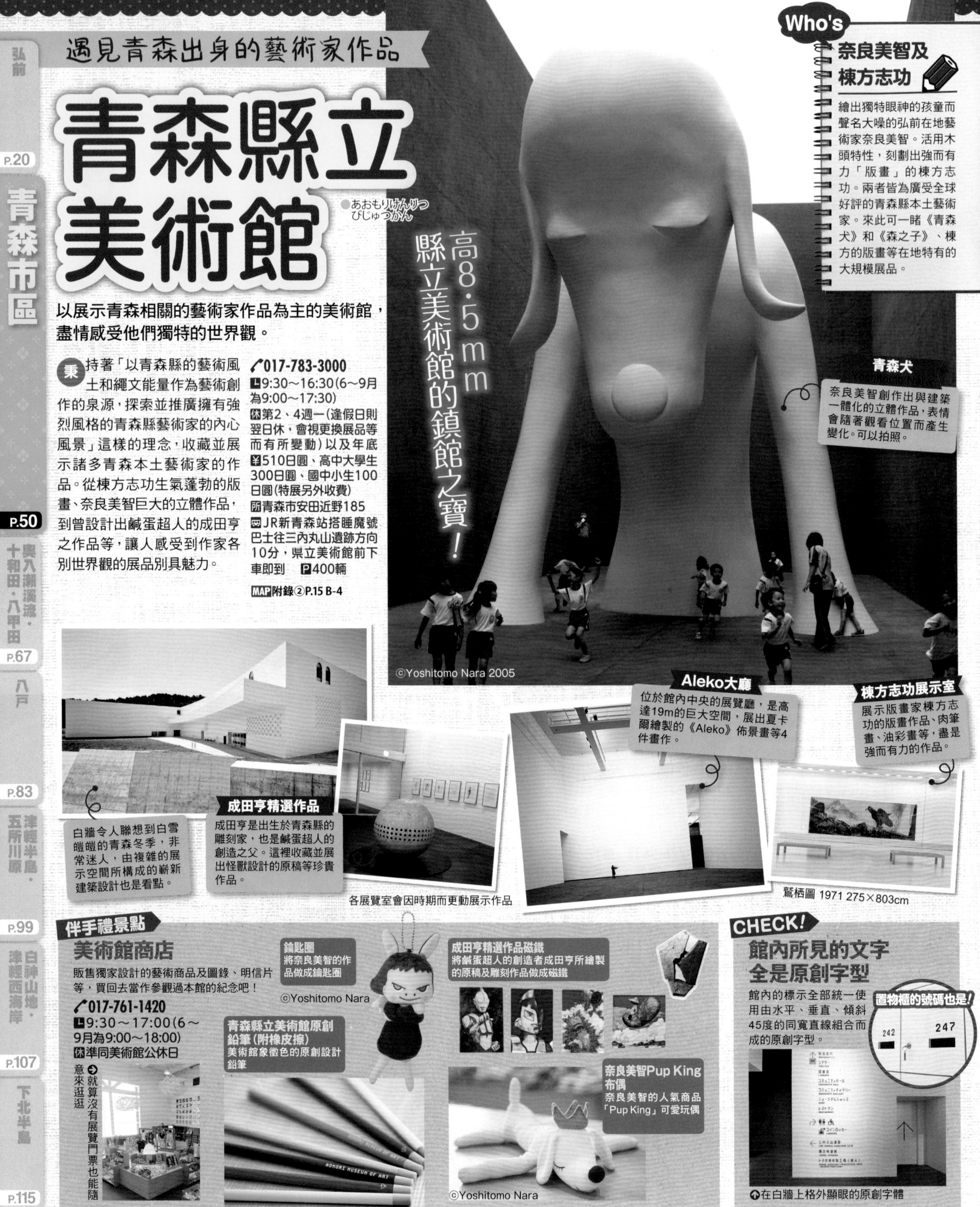

遇見青森出身的藝術家作品

# 青森縣立美術館

●あおもりけんりつびじゅつかん

以展示青森相關的藝術家作品為主的美術館，盡情感受他們獨特的世界觀。

秉持著「以青森縣的藝術風土和繩文能量作為藝術創作的泉源，探索並推廣擁有強烈風格的青森縣藝術家的內心風景」這樣的理念，收藏並展示諸多青森本土藝術家的作品。從棟方志功生氣蓬勃的版畫、奈良美智巨大的立體作品，到曾設計出鹹蛋超人的成田亨之作品等，讓人感受到作家各別世界觀的展品別具魅力。

☎017-783-3000
🅛9:30～16:30(6～9月為9:00～17:30)
休第2、4週一(逢假日則翌日休，會視更換展品等而有所變動)以及年底
¥510日圓、高中大學生300日圓、國中小生100日圓(特展另外收費)
所青森市安田近野185
交JR新青森站搭睡魔號巴士往三內丸山遺跡方向10分，縣立美術館前下車即到 P400輛
MAP附錄②P.15 B-4

高8・5m縣立美術館的鎮館之寶！

### Who's 奈良美智及棟方志功

繪出獨特眼神的孩童而聲名大噪的弘前在地藝術家奈良美智。活用木頭特性，刻劃出強而有力「版畫」的棟方志功。兩者皆為廣受全球好評的青森縣本土藝術家。來此可一睹《青森犬》和《森之子》、棟方的版畫等在地特有的大規模展品。

**青森犬**
奈良美智創作出與建築一體化的立體作品，表情會隨著觀看位置而產生變化。可以拍照。

©Yoshitomo Nara 2005

白牆令人聯想到白雪皚皚的青森冬季，非常迷人，由複雜的展示空間所構成的嶄新建築設計也是看點。

**成田亨精選作品**
成田亨是出生於青森縣的雕刻家，也是鹹蛋超人的創造之父。這裡收藏並展出怪獸設計的原稿等珍貴作品。

**Aleko大廳**
位於館內中央的展覽廳，是高達19m的巨大空間，展出夏卡爾繪製的《Aleko》佈景畫等4件畫作。

**棟方志功展示室**
展示版畫家棟方志功的版畫作品、肉筆畫、油彩畫等，盡是強而有力的作品。

各展覽室會因時期而更動展示作品

鷲栖圖 1971 275×803cm

### 伴手禮景點 美術館商店

販售獨家設計的藝術商品及圖錄、明信片等，買回去當作參觀過本館的紀念吧！

☎017-761-1420
🅛9:30～17:00(6～9月為9:00～18:00)
休準同美術館公休日

➲就算沒有展覽門票也能隨意來逛逛

**鑰匙圈**
將奈良美智的作品做成鑰匙圈

©Yoshitomo Nara

**成田亨精選作品磁鐵**
將鹹蛋超人的創造者成田亨所繪製的原稿及雕刻作品做成磁鐵

**青森縣立美術館原創鉛筆(附橡皮擦)**
美術館象徵色的原創設計鉛筆



**奈良美智Pup King布偶**
奈良美智的人氣商品「Pup King」可愛玩偶

©Yoshitomo Nara

### CHECK! 館內所見的文字全是原創字型

館內的標示全部統一使用由水平、垂直、傾斜45度的同寬直線組合而成的原創字型。

置物櫃的號碼也是！



⬆在白牆上格外顯眼的原創字體

# 大啖青森風味佳餚！青森市區的美酒・美食

青森孕育出的優質食材華麗變化身為和食與洋食！盡情享用越吃越下酒的菜餚吧。

**美食 大間產黑鮪魚拼盤** 2376日圓～
邊吃邊比較從同一條黑鮪魚所切下的頭頂、臉頰、腹肉等約8個部位。

**美酒 鮑魚酒** 1.3合 2160日圓
いなげ家自創酒品，浸泡了大間進貨的鮑魚乾的奢侈美酒。

享受大間鮪魚的稀有餐廳

## 居酒屋 いなげ家

●いざかやいなげや

這間居酒屋主打由在地大間人老闆所採買的鮪魚等海鮮料理，來此能吃到大多送往東京的大間鮪魚，因此也吸引許多當地老饕前來。

**美酒 おおまうみなり** 1合 648日圓
可以特別品吟到大間地區限定的日本酒。

**美食 大間產天然海藻** 648日圓
大間產生海膽・鹹海膽 各972日圓～
雖然提到大間就是鮪魚，但其實還有許多其他美味海鮮。

☎017-723-5708 L17:00～21:30
休週日、假日 P2輛 所青森市青柳2-3-9
JR青森站車程10分
MAP附錄②P.14 G-2

↑細長的吧檯盡頭設有和式座位

←雖位在住宅區內，客人仍絡繹不絕

**美酒 田酒** 1合 600日圓
隨時需避免高人氣的田酒售完而事先備貨。

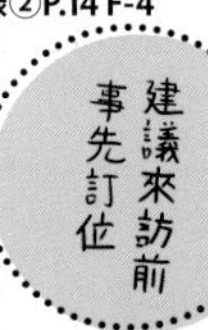



能享受到平價鄉土料理的人氣餐廳

## 六兵衛

●ろくべえ

位在鄰近青森站的商店街內，以實惠價格供應使用在地食材製作的鄉土料理。老闆隨性創造的特色料理，搭配在地酒一同細細品味。

☎017-776-5639 L17:00～23:00 休週日、假日 P無 所青森市古川1-17-2
JR青森站步行5分
MAP附錄②P.14 F-4

老闆 松森利光 先生

↓ニコニコ通一隅，位於地下室的店家

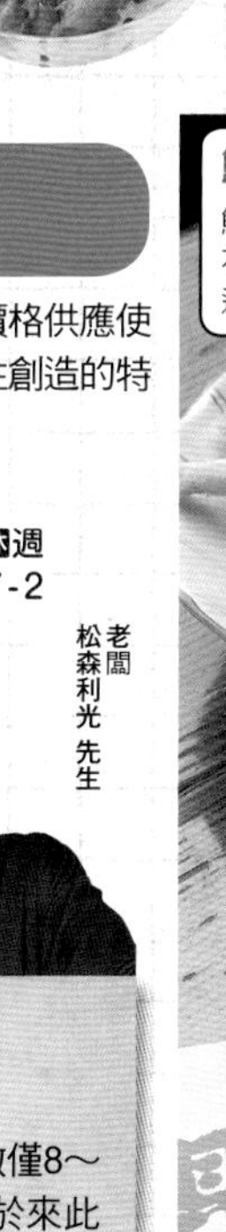

↑掛上睡魔金魚等裝飾而青森風味十足的店內

**鱈魚蛋** 450日圓
鱈魚乾拌上蛋液與蔥花後品嘗，是很受歡迎的下酒菜。

**炸花枝腳** 600日圓
炸花枝腳與滑菇浸泡在高湯風味濃厚的醬汁中，老闆的獨創菜色。

**美食 味噌烤扇貝** 450日圓
在陸奧灣產的生扇貝上淋入蛋汁，再擺上蘿蔔嬰而成的佳餚。

## 想續酒攤就來這裡！青森屋台村さんふり横丁

●あおもりやたいむらさんふりよこちょう

↑走進大門便能感受到懷舊風情

保有昭和30年代的氣氛，有15家座位數僅8～12人的小吃店櫛次鱗比的攤販村。由於來此能吃到青森的特色料理，並能和餐廳的人深入交談而深受觀光客捧場。

☎017-775-4242（木村住建工業） L休視店鋪而異 P無 所青森市本町3-8-3 JR青森站步行15分
MAP附錄②P.14 G-1

海膽奶油義大利麵
2200日圓
青森縣產或北海道產海膽的濃醇醬汁包覆住麵條，配上的海膽肉也很奢侈。

美食 義式薄切鮮魚
1600日圓
使用當天的時令海產搭配新鮮蔬菜與番茄風味的淋醬享用。

也可以事先討論指名菜色。

老闆 高杉圭之輔 先生

用義式料理來品嘗新鮮在地海產

## Italian dining & Bar Kei

●いたりあんだいにんぐあんどばーけい

曾經旅居義大利、也曾活躍於地方電視台的烹飪節目的老闆所經營，每天早上老闆會親赴市場採買新鮮海產，供應同時大飽眼福與口福的餐點。

➲牆上陳列出推薦的義大利葡萄酒

➲進駐大樓1樓的時尚店面

☎017-777-5767 🅛17:30～24:00 休日曜 P無 所青森市橋本1-5-16 コーポシモヤマ102 JR青森站步行15分 MAP附錄②P.14 G-2

美食 雜把湯
700日圓
燉煮新鮮的大頭鱈魚和根菜，以味噌調味，進而帶出深醇滋味。

全年都喝得到雜把湯的店家

## みちのく料理 西むら ASPAM店

●みちのくりょうりにしむらあすぱむてん

除了整年都能吃到冬季代表菜色雜把湯，還能樂享味噌烤扇貝、雜燴湯等各式各樣的津輕料理。同時一覽陸奧灣景致與享受新鮮海產，因而有許多常客。

☎017-734-5353 🅛11:00～19:30 休1月第4週一～三 P150輛 所青森市安方1-1-40 青森縣觀光物產館ASPAM 10F JR青森站步行8分 MAP附錄②P.14 G-3

⬆在陸奧灣美景前大啖鄉土風味吧

美食 扇貝組合定食
2470日圓
將特色為濃醇鮮甜青森扇貝以生魚片和奶油焗烤等方式食用。

以青森縣產活扇貝獲好評的人氣餐廳

## おさない

除了使用青森縣產新鮮活扇貝製作的扇貝料理外，還可盡情品嘗烤扇貝及雜把湯等五花八門的鄉土料理。居家愜意的氛圍也吸引眾多客人回流。

☎017-722-6834 🅛7:00～14:00、16:00～21:00（2F居酒屋～20:00） 休週一（逢假日則翌日休） P無 所青森市新町1-1-17 JR青森站步行3分 MAP附錄②P.14 F-3

➲創業60年，距離車站也相當近

青森生薑味噌關東煮始祖的居酒屋

## 居酒屋 篤

●いざかやとく

青森最早推出以青森生薑味噌關東煮做為菜色的居酒屋。將薩摩炸魚餅做成又薄又大片的大角天魚餅可說是青森市特色美食，味道獨特。

☎017-776-8191 🅛17:00～24:00 休週日、假日 P無 所青森市本町2-2-15 ナイトパレスビル1F JR青森站步行15分 MAP附錄②P.14 H-4

➲隔著吧檯交談也是樂趣之一

美食 生薑味噌關東煮串
（大角天2串、蒟蒻2串）300日圓
偏甜的味噌醬加上大量的生薑泥。

美食 烤和牛臀尖肉佐醃製蔬菜
單點150g4500日圓
結合時下的烹飪技巧與經典技法而生的美饌。

法式韻味下的青森當令風味

## evie

直接造訪牧場和漁業者並採購食材，加上以自家農園栽種的季節蔬菜製成法式餐點，能品嘗到主廚用心堅持味覺與視覺的菜色。

☎017-776-2207 🅛17:00～22:30 休週日、假日（逢假日前日則營業） P無 所青森市本町5-3-1 高光ビル1F JR青森站車程5分 MAP附錄②P.14 G-2

➲老闆兼主廚，能周到地服務客人的30席小餐廳

# 自助海鮮丼製作大挑戰

琳琅滿目任君挑選
喜歡的配料想吃多少自己挑

挑選自己喜歡的生魚片以及配菜舖在飯上的究極霸氣「自助海鮮丼」，拿著碗尋找愛吃的菜色吧。

## 點餐推薦 其1 青函跨海合作丼

餐券 共計12張
**1560日圓**

集合了北海道產與青森產海鮮而成的特製蓋飯，以這個價格便能吃到牡丹蝦及活鮑魚等配料，非常超值。

- 牡丹蝦 餐券2張 北海道噴火灣產，蝦肉特大且秋季還會帶卵！
- 活鮑魚 餐券2張 青森陸奧灣產，特色在於有彈勁的口感
- 毛蟹 餐券2張 北海道產，帶有蟹膏的奢侈享受
- 醋醃鯖魚 餐券1張 青森八戶產，油花恰到好處
- 黑鮪魚中腹肉 餐券2張 青森的鰺澤捕撈到的新鮮鮪魚
- 扇貝 餐券2張 青森陸奧灣產，除了干貝還有干貝唇

## 點餐推薦 其2 熟食MIX丼

餐券 7張
**910日圓**

集結用1張餐券就能買到的配料而成的實惠蓋飯，只要選對熟食，就能超有飽足感。

- 醃菜 餐券1張 醃白菜與醃茄子，推薦用來作為配菜
- 鮭魚 餐券1張 富含油脂，深受女性喜愛，會附上2片
- 牡丹蝦 餐券1張 雖然較小隻但會附上2隻蝦，十分優惠
- 鮪魚骨邊肉 餐券1枚 將中骨肉以湯匙刮下來的人氣部位
- 玉子燒 餐券1張 摻入蔥花、砂糖調味而成，口味偏甜
- 花枝 餐券1張 夏～秋為北魷，冬～春則以長槍烏賊供應

## 點餐推薦 其3 人氣配料集合丼

餐券 12張
**1560日圓**

超過2張餐券就能將熱門配料一網打盡的豪邁蓋飯…話雖如此，能以平價品嘗還是魅力所在。

- 黑鮪魚赤身 餐券2張 切成較大塊的赤身肉非常有咬勁
- 松葉蟹 餐券2張 能品嘗到肉質的細緻鮮甜，帶有蟹膏
- 生海膽 餐券3張 入口即化的甘甜與海潮風味堪稱絕妙滋味
- 醬油漬鮭魚卵 餐券2張 吃得到Q彈口感與鮮甜滋味
- 扇貝 餐券2張 彈牙的干貝以及嚼勁十足的干貝唇

※各式丼飯的一般飯量皆需用上1張餐券

### 在這裡製作！ 青森のっけ丼（魚菜中心內）

あおもりのっけどんあおもりぎょさいせんたーない

青森市民的廚房，從昭和40年起繁盛至今。攤販檯面上擺滿了當天早上現撈的海產以及令人想買來配飯的熟食等。

017-763-0085（海鮮丼服務處）
7:00～16:00 休週二 所青森市古川1-11-16 交JR青森站步行5分 P使用鄰近停車場
MAP附錄②P.14 F-4

↑巨大的紅色招牌很顯眼

## 是這樣製作的！自助海鮮丼做法教學

① 購買餐券：先購買能換取白飯與配菜的餐券，有1300日圓及650日圓2種。

5枚券　10枚券

② 購買白飯：在掛有橘色旗幟的店家購買。一般飯量是1張餐券，加大飯量是2張。

③ 購買配料：在掛著藍色旗幟的店家購買想吃的配菜並自選份量，跟店員的互動也是樂趣之一 配料會由他們幫忙盛上。

④ 大吃特吃！：市場內設有提供筷子和醬油等的專用休息區，可以在此大快朵頤！

⑤ 吃完以後…：餐券的票根還能參加抽鮮魚超值組合的抽獎！

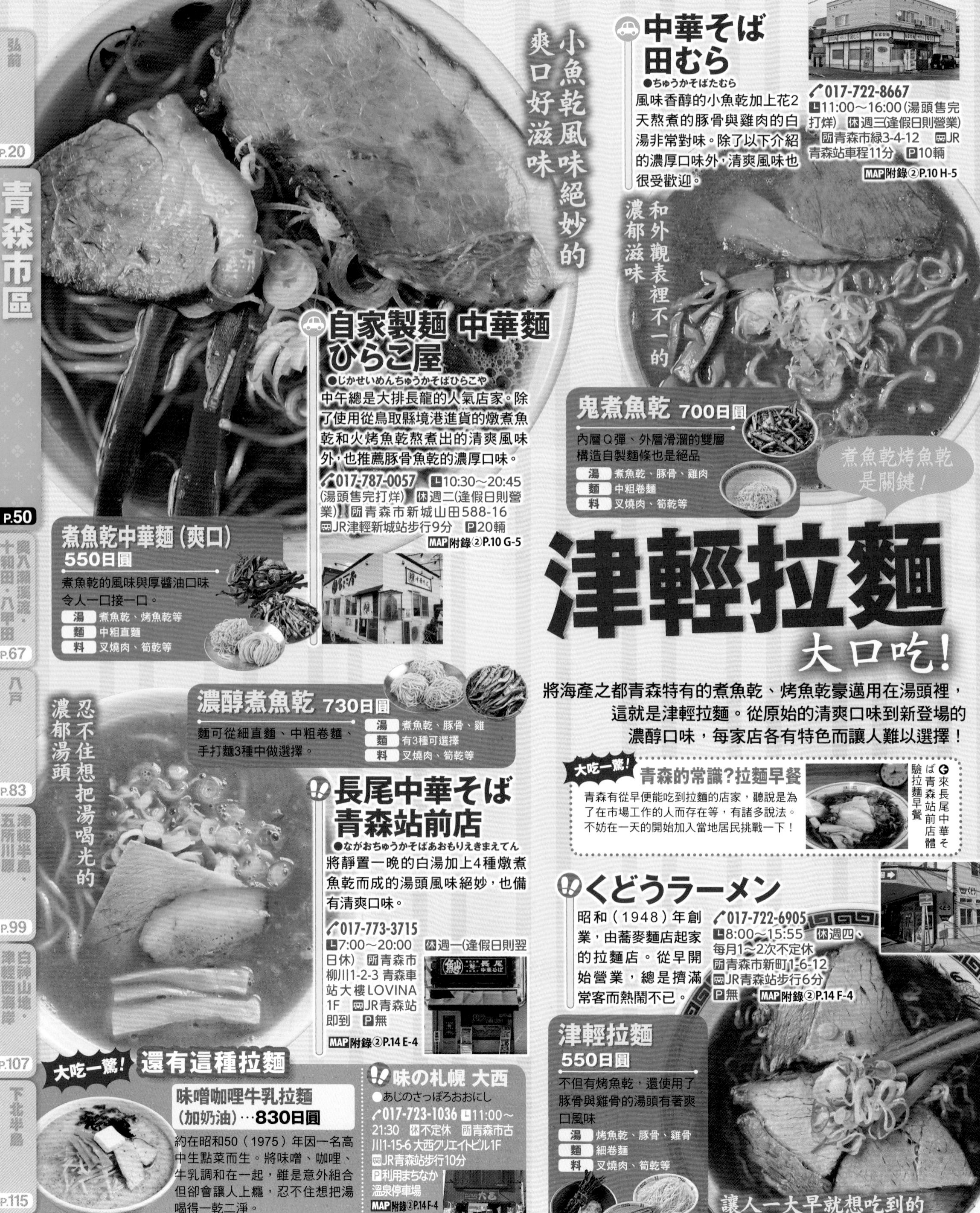


弘前 P.20
青森市區 P.50
奧入瀨溪流・十和田・八甲田 P.67
八戶 P.83
津輕半島・五所川原 P.99
白神山地・津輕西海岸 P.107
下北半島 P.115


# 津輕拉麵 大口吃!

將海產之都青森特有的煮魚乾、烤魚乾豪邁用在湯頭裡，這就是津輕拉麵。從原始的清爽口味到新登場的濃醇口味，每家店各有特色而讓人難以選擇！

煮魚乾烤魚乾是關鍵！

## 中華そば田むら

●ちゅうかそばたむら

風味香醇的小魚乾加上花2天熬煮的豚骨與雞肉的白湯非常對味。除了以下介紹的濃厚口味外，清爽風味也很受歡迎。

☎017-722-8667 🕒11:00～16:00(湯頭售完打烊) 休週三(逢假日則營業) 所青森市緑3-4-12 🚃JR青森站車程11分 P10輛

MAP附錄②P.10 H-5

和外觀表裡不一的濃郁滋味

### 鬼煮魚乾 700日圓

內層Q彈、外層滑溜的雙層構造自製麵條也是絕品

- 湯 煮魚乾、豚骨、雞肉
- 麵 中粗卷麵
- 料 叉燒肉、筍乾等

## 自家製麵 中華麵 ひらこ屋

●じかせいめんちゅうかそばひらこや

小魚乾風味絕妙的爽口好滋味

中午總是大排長龍的人氣店家。除了使用從鳥取縣境港進貨的燉煮魚乾和火烤魚乾熬煮出的清爽風味外，也推薦豚骨魚乾的濃厚口味。

☎017-787-0057 🕒10:30～20:45(湯頭售完打烊) 休週二(逢假日則營業) 所青森市新城山田588-16 🚃JR津輕新城站步行9分 P20輛

MAP附錄②P.10 G-5

### 煮魚乾中華麵（爽口） 550日圓

煮魚乾的風味與厚醬油口味令人一口接一口。

- 湯 煮魚乾、烤魚乾等
- 麵 中粗直麵
- 料 叉燒肉、筍乾等

## 長尾中華そば 青森站前店

●ながおちゅうかそばあおもりえきまえてん

忍不住想把湯喝光的濃郁湯頭

將靜置一晚的白湯加上4種燉煮魚乾而成的湯頭風味絕妙，也備有清爽口味。

☎017-773-3715 🕒7:00～20:00 休週一(逢假日則翌日休) 所青森市柳川1-2-3 青森車站大樓LOVINA 1F 🚃JR青森站即到 P無

MAP附錄②P.14 E-4

### 濃醇煮魚乾 730日圓

麵可從細直麵、中粗卷麵、手打麵3種中做選擇。

- 湯 煮魚乾、豚骨、雞
- 麵 有3種可選擇
- 料 叉燒肉、筍乾等

### 大吃一驚! 青森的常識?拉麵早餐

青森有從早便能吃到拉麵的店家，聽說是為了在市場工作的人而存在等，有諸多說法。不妨在一天的開始加入當地居民挑戰一下！

來長尾中華そば青森站前店體驗拉麵早餐

## くどうラーメン

昭和（1948）年創業，由蕎麥麵店起家的拉麵店。從早開始營業，總是擠滿常客而熱鬧不已。

☎017-722-6905 🕒8:00～15:55 休週四、每月1～2次不定休 所青森市新町1-6-12 🚃JR青森站步行6分 P無

MAP附錄②P.14 F-4

### 津輕拉麵 550日圓

不但有烤魚乾，還使用了豚骨與雞骨的湯頭有著爽口風味

- 湯 烤魚乾、豚骨、雞骨
- 麵 細卷麵
- 料 叉燒肉、筍乾等

讓人一大早就想吃到的古早好滋味

## 大吃一驚! 還有這種拉麵

### 味噌咖哩牛乳拉麵（加奶油）…830日圓

約在昭和50（1975）年因一名高中生點菜而生。將味噌、咖哩、牛乳調和在一起，雖是意外組合但卻會讓人上癮，忍不住想把湯喝得一乾二淨。

### 味の札幌 大西

●あじのさっぽろおおにし

☎017-723-1036 🕒11:00～21:30 休不定休 所青森市古川1-15-6 大西クリエイトビル1F 🚃JR青森站步行10分 P利用まちなか温泉停車場

MAP附錄②P.14 F-4

●えーふぁくとりー

## A-FACTORY

除了販售以青森縣產蘋果製成的蘋果氣泡酒，更一網打盡青森縣的優質食品與話題美食的市場。館內還有使用在地食材的餐廳和商店。

017-752-1890
9:00～20:00（1、2F餐廳11:00～19:30，有可能調整） 休不定休 P16輛 所青森市柳川1-4-2 JR青森站即到

MAP附錄②P.14 F-3 ※由於本書刊載內容是基於2017年8～10月的取材所構成，價格及商品包裝等有可能變動

# 挑選伴手禮

青森站旁的A-FACTORY集結了許多令人忍不住想買回家的迷人設計伴手禮，想尋找旅行伴手禮就來這裡！

### 自有品牌是必買保證！蘋果氣泡酒

**AOMORI CIDRE Dry(右)、Standard(中)、Sweet（左）**
750㎖ 各1338日圓
A-FACTORY最暢銷的商品，僅使用青森縣產蘋果釀造的細膩風味美酒，依據甜度推出系列商品

**AOMORI CIDRE 試喝套組**
1300日圓
350㎖的Dry、Standard、Sweet套組，推薦給想先試味道的人。

**AOMORI CIDRE 蘋果白蘭地**
200㎖(52度) 2880日圓
以法國當地製造的蒸餾裝置所釀造出的白蘭地，有著甘甜果香的滋味。

### 其實…是在店裡製作的！

**1F 蘋果酒工房**
僅採用青森縣產蘋果製造「AOMORI CIDRE」，可以在隔著一層玻璃的工房參觀蘋果氣泡酒的部分釀造過程。

工房的大型釀酒桶特別吸睛

**2F Third Place Lounge**
附設300日圓起便能試喝蘋果氣泡酒及蘋果酒的販賣機，可以在購買前找出喜歡的風味。

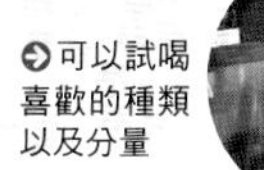

可以試喝喜歡的種類以及分量

除了AOMORI CIDRE更網羅了青森縣內的蘋果氣泡酒

### 不愧是蘋果之城 豐富的蘋果商品

**SKIP EGG的蘋果派**
280日圓
弘前蘋果派大選冠軍「ボンジュール」的蘋果派在姐妹店便能買到

**蘋果馬卡龍**
14顆裝 679日圓
將蘋果醬裹上杏仁餅皮，再烤成小顆蘋果外形的馬卡龍

**蘋果醬罐頭**
370g 669日圓
**切片蘋果醬**
150g 507日圓
溫和風味的蘋果泥醬與吃得到爽脆口感的切片蘋果醬

**WONDER APPLE**
180㎖ 270日圓
以無過濾製法製作出富含蘋果纖維，喝得到滿滿成熟蘋果的果汁

## 更多美食樂趣

### 1F gelato natura due
●じぇらーとなとぅーらどぅーえ

販售不添加香料與色素的天然食材義式冰淇淋的店家，能一嘗青森縣產的當令食材。

017-723-2003（本店）
9:00～20:00 休不定休

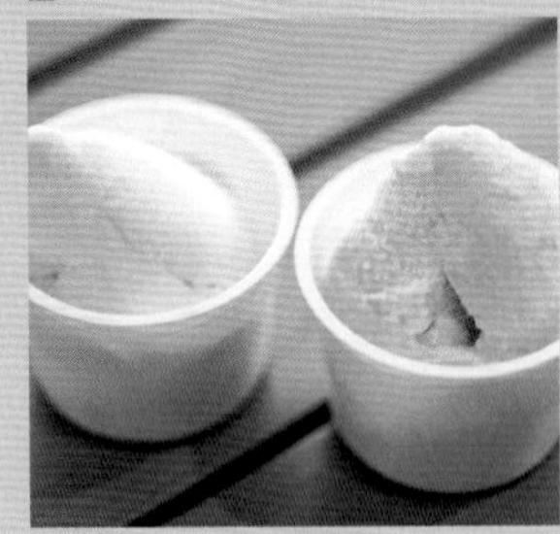

⬆在地酒（左）及嶽玉米（右）等多種在地食材（餐點視季節而異）

### 2F Galetteria Da Sasino
●がれってりあださすぃーの

供應法式薄餅的咖啡餐廳，能搭配蘋果氣泡酒一同品嘗。店內還喝得到限定的生蘋果酒。

017-735-1155
11:00～21:00 休不定休

⬆開闊舒暢的店內

➡鹽味奶油焦糖搭配蕎麥茶冰淇淋的法式薄餅650日圓，以及生蘋果酒600日圓

❶面朝青森灣的時尚建築　❷商品放置於木箱中展示　❸空間寬敞的店內　❹也有販售蘋果

# 青森站旁的時尚店家 A-FACTORY

## 青森風格獨創 雜貨

**午餐帆布包** 2000日圓
印有311大地震海嘯遺孤慈善活動tovo吉祥物的圖案

**蘋果開瓶器** 1350日圓
散發出木質溫和感的開瓶器讓人想連同蘋果酒一起買回家

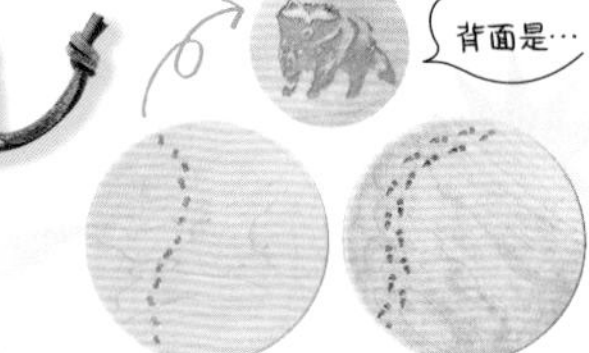

背面是…

**森林足跡** (小)1728日圓
木碟刻上貍或熊等動物的散落腳印，背面則是腳印的主人

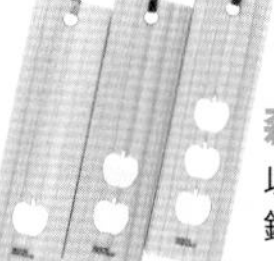

**森林書籤** 3片裝 756日圓
以質地柔軟的杉木製成的書籤，鏤空的蘋果圖案很可愛

## 活用當地食材的 加工食品

**天然色鹽** 60g 各308日圓
以無農藥、有機栽種的莓果與蔬菜做為食材，讓五顏六色的鹽為餐桌增添色彩

**嶽玉米淋醬** 200mℓ 540日圓
散發微微甜味與香氣的淋醬，適合用於義大利麵或溫沙拉！

**手工鯖魚抹醬** 3包裝 1080日圓
將八戶名產鯖魚做成抹醬，可抹在麵包上食用

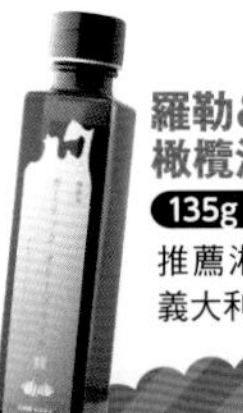

**羅勒&蒜味橄欖油** 135g 1728日圓
推薦淋在比薩或義大利麵上食用

**橄欖油漬扇貝柱** 1210日圓
直接品嘗便很好吃，也可以拌入香蒜菜色或義大利麵中

## 包裝也很迷人可愛 甜點

**核桃口味雪球餅乾** 670日圓
由當地的人氣西點店所製作的法國烘焙點心

**煙燻堅果&蘋果乾**
內有青森蘋果的水果乾與堅果，可搭配蘋果氣泡酒品嘗

**馬卡龍薄片** 216日圓
A-FACTORY內的咖啡＆甜點店推出的色彩繽紛馬卡龍

搭配甜點享用

**APPLE TEA** 270日圓
A-FACTORY內的SKIP EGG有提供幫客人加熱水的服務

**青森的南部煎餅巴黎薄片** 原味、肉桂 各162日圓
青森的地方土產南部煎餅化身為新潮的巴黎薄片

青森的美食與文化雲集
舒適宜人的灣區

# 青森市區

●あおもりたうん

留有繩文時代痕跡的三內丸山遺跡、代表日本的青森睡魔祭典等，歷史與文化薈萃的城市，有許多能品嘗到新鮮海產及在地酒的餐飲店，美食也是一大樂趣。

區域導覽

MAP
附錄②P.7、14～15

問い合わせ先
✆017-723-7211（青森觀光會議協會）

博物館　MAP附錄②P.14 G-1

## 青森縣立鄉土館

●あおもりけんりつきょうどかん
✆017-777-1585　景點

### 瞭解青森大小事的綜合博物館

展示了與青森縣的自然、歷史、文化相關的3700件資料，以及繩文時代的考古資料。摩登的建築物當初是建來作第五十九銀行青森分店，為國家登錄有形文化財。

L9:00～18:00（11～4月為～17:00）　休不定休　¥310日圓（特展另外收費）　P42輛　所青森市本町2-8-14　交JR青森站搭青森市民巴士青柳線往県立中央病院方向5分，本町5丁目下車即到

2018年4月1日經整修後重新開館

博物館　MAP附錄②P.15 D-1

## 青森市森林博物館

●あおもりししんりんはくぶつかん
✆017-766-7800　景點

### 日本首座正規的木頭博物館

將青森營林局的舊廳舍挪用過來的建築，主要使用青森縣產羅漢柏建造成文藝復興樣式。詳細介紹自然、森林與人類生活的關係，也展示出以前的生活用品。

L9:00～16:30　休週一（逢假日則翌日休）　¥240日圓，高中、大學生120日圓、國中小生及70歲以上免費　P30輛　所青森市柳川2-4-37　交JR青森站步行10分

明治41（1908）年所興建的建築採摩登風格

神社　MAP附錄②P.14 G-4

## 善知鳥神社

●うとうじんじゃ
✆017-722-4843　

### 來「青森市」的發祥地參拜

善知鳥是曾在此棲息的鳥的名字，青森市在過去被稱為善知鳥村。據傳是坂上田村麻呂在大同2（807）年重建，境內有奥州街道終點碑及能量景點龍神之水等史蹟。

L境內自由參觀（神籤等服務為8:30～17:30）　P100輛　所青森市安方2-7-18　交JR青森站步行10分

有許多保佑交通安全、航海平安的神明

藝術設施　MAP附錄②P.7 A-4

## 青森公立大學青森國際藝術中心

●あおもりこうりつだいがくこくさいげいじゅつせんたーあおもり
✆017-764-5200　景點

### 從青森開始推廣新生代藝術文化

以藝術家駐村為中心，舉辦展覽、工作坊、講座等活動，旨為打造青森市獨特藝術文化而興建的設施。參觀室外雕刻也別具樂趣。

L10:00～18:00　休無休　¥免費（工作坊另外收費）　P100輛　所青森市合子沢山崎152-6　交JR青森站搭青森市營巴士往モヤヒルズ・青森公立大学方向50分，青森公立大學下車，步行3分

安藤忠雄活用周遭的自然環境所設計

博物館　MAP附錄②P.14 E-1

## 青函渡輪紀念船八甲田丸

●せいかんれんらくせんめもりあるしっぷはっこうだまる
✆017-735-8150　景點

### 日本首座火車渡輪博物館

將直至昭和63（1988）年青函渡輪停駛前活躍一時的八甲田丸船隻改造成的博物館，設有能一目瞭然渡輪歷史的看板、相關物品等諸多看點。

L9:00～18:00（視時期而異）　休無休，3月為第2週一～五休、11月～翌3月為週一休、逢假日則翌日休　¥入場費500日圓　P20輛　所青森市柳川1-112-15　交JR青森站步行5分

將停泊於青森港的渡輪直接變成博物館

公園　MAP附錄②P.7 A-3

## 合浦公園

●がっぽこうえん
✆017-741-6634（合浦公園管理事務所）　

### 能闔家同樂的海濱公園

明治27（1894）年完工的歷史悠久公園，四周森林圍繞，春季櫻花、秋季紅葉展現出四季更迭的美麗。附設有海水浴場及棒球場、多功能廣場等，廣為市民利用。

L自由入園　P153輛　所青森市合浦2-17-50　交JR青森站搭青森市營巴士經青柳往東部營業所或者県立中央病院方向20分，合浦公園下車即到

獲選為「日本都市公園100選」之一

文學館　MAP附錄②P.14 F-5

## 青森縣近代文學館

●あおもりけんきんだいぶんがくかん
✆017-739-2575　景點

### 展示青森代表性作家的資料

網羅太宰治、寺山修司等青森縣最具代表性的13位作家，設置與青森相關的文學家常設展，以統整方式介紹青森縣與文學的關聯。位於縣立圖書館2樓。

L9:00～17:00　休第4週四　¥免費　P323輛　所森市荒川藤戸119-7 縣立圖書館2F　交JR青森站搭市營巴士往青森朝日放送方向等班次20分，社会教育センター前下車即到

透過原稿、書信等文獻來介紹作家的生平

美術館　MAP附錄②P.14 H-2

## 棟方志功紀念館

●むなかたしこうきねんかん
✆017-777-4567　

### 日本規模最大的棟方作品收藏

以生動畫風震懾觀者的版畫家棟方志功的紀念館，除了有代表作《釋迦十大弟子》等版畫，還有倭畫、油畫、書法等，每4年會更換展品依序對外展出。

L9:00～17:00（11～3月為9:30）　休週一（逢假日則開館，視時期而異）　¥500日圓、大學生300日圓、高中生200日圓、國中小生免費　P40輛　所青森市松原2-1-2　交JR青森站搭青森市營巴士往中筒井方向15分，棟方志功記念館通り下車，步行4分

仿造校倉構造的外觀與日本庭園增添雅趣

壽司 MAP附錄②P.14 G-2

## 鮨処すずめ

●すしどころすずめ ✆017-775-1131 美食

### 大快朵頤大間鮪魚

時尚裝潢加上爵士背景音樂，空間舒適的壽司店，能享用當地新鮮食材的握壽司，附有價位表可以安心點餐。務必嘗嘗老闆拍胸脯精選的大間鮪魚。

L11:30～14:00、17:00～23:00
休週日、逢假日前日則翌日休　P無
所青森市橋本1丁目2-11　JR青森站車程5分

⊙包含大間鮪魚中腹肉的師傅特配握壽司10貫3000日圓

割烹 MAP附錄②P.7 B-2

## 割烹さん平

●かっぽうさんぺい ✆017-755-3133 美食

### 在包廂品嘗絕品主廚特配菜餚

坐在能飽覽日本庭園的清靜包廂，盡情品味扇貝、海參等青森海鮮，平實價格更得人心。建議最晚在前一天訂位，告知預算以及想吃的菜色。

L11:00～22:00（需預約）
休無休
P6輛
所平內町小湊121
青森鐵道小湊站步行3分

⊙吃得到以多種烹調方式料理的新鮮海產，主廚特配全餐1080日圓～

鄉土料理 MAP附錄②P.14 H-4

## りんご茶屋

●りんごちゃや ✆017-776-7402 美食

### 享受鄉土料理和津輕民謠

可以聆聽老闆娘悠揚的津輕民謠以及搭配歌聲的伴奏及合奏。欣賞演奏的同時，能品嘗這塊土地特有的鄉土料理，在地酒也能以實惠價格品吟，還可以挑戰三味線。

L18:00～23:30　休週日（逢假日前日則需洽詢）　P無　所青森市本町2-4-2　JR青森站步行18分

用實惠價格就能飽享螃蟹和海膽等的味噌烤扇貝820日圓

餐飲店 MAP附錄②P.14 G-4

## お食事処 四季の千成

●おしょくじどころ しきのせんなり ✆017-722-4750 美食

### 備受小朋友歡迎的餐廳

懷舊氣息與古早風味，不分大人小孩廣受各年齡層喜愛。從拉麵、鍋燒等正餐到甜品，菜色多元，其中以豬肩里肌生薑燒850日圓人氣最高。

L11:30～19:30（週日、假日～17:30，週六～售完打烊）　休週六不定休　P1輛
所青森市新町2-5-3　JR青森站步行10分

拌上獨創醬汁的豬肉美味可口

鄉土料理 MAP附錄②P.14 G-1

## ねぶたの國たか久

●ねぶたのくにたかきゅう ✆017-723-4416 美食

### 感受美饌及津輕三味線現場表演

能欣賞到以激烈的演奏方式聞名的津輕三味線、睡魔樂隊的現場演奏，一邊品嘗整尾活花枝1620日圓～以及味噌烤扇貝648日圓等鄉土料理，度過歡樂時光。

L17:00～22:00　休週日不定休（逢假日則翌日休）　P無　所青森市本町5-6-11　JR青森站車程10分

⊙津輕三味線的表演還能接受客人點歌

和食 MAP附錄②P.14 H-4

## 肴処あおもり家別室

●さかなどころ あおもりやべっしつ ✆017-735-7035 美食

### 享受青森味覺的頂級空間

能在一片沉穩氛圍中盡享頂級日本產和牛「倉石牛」的瓦燒、金木產的生馬肉、蘆花鬥雞的雞肉串等食材講究的菜色，居酒屋風味的下酒菜也很豐富。

L17:00～24:00（週五、六、假日前日～翌日1:00）　休週日、假日（有預約則營業）　P無
所青森市本町2-1-14　JR青森站步行10分

⊙招牌菜為以瓦片烤食材的瓦燒美食，究極瓦燒倉石牛1280日圓

居酒屋 MAP附錄②P.14 G-2

## 小倉家 旬亭 浜まち

●おぐらやしゅんてい はままち ✆017-723-0480 美食

### 以生薑味噌為關鍵的青森傳統關東煮

曾於全日本B-1美食大獎出場，饕客必知的名店。徹底暖和身子的生薑味噌關東煮最受歡迎，也很推薦2人以上起餐的招牌全餐，共8道菜，分量飽足。

L17:00～23:00 ※不定休　P無　所青森市本町2-6-13　JR青森站步行10分

⊙青森生薑味噌關東煮拼盤540日圓，生薑味噌促進食慾

法國菜 MAP附錄②P.14 G-2

## フランス料理ポミエ

●ふらんすりょうりぽみえ ✆017-735-7057 美食

### 藉由法式風味品嘗青森食材

將海鮮和肉類、蔬菜等在地食材入菜的高人氣法國餐廳，從主菜吃到甜點，透過套餐大享美食。午間全餐為1890日圓～、晚間全餐為4320日圓～。

L1:30～13:30、17:30～20:30（週日～20:00）
休週一、第3週日　P5輛　所青森市堤町2-3-15
JR青森站搭青森市營巴士往東部營業所方向10分，文化会館前下車，步行3分

⊙網烤黑鮪魚臉頰肉烤得焦香

和食 MAP附錄②P.14 G-4

## 酒肴旬三ッ石

●さけさかな しゅんみついし ✆017-735-3314 美食

### 網羅青森和日本各地的在地酒

能享用在地酒、新鮮山菜與海產的店家，品嘗得到少見的藤壺等等當地食材製作的時令料理。田酒等日本在地酒也有超過200款的收藏，可以多喝幾款試試。

L11:30～14:00、17:00～22:00　休週日　P8輛　所青森市安方2-7-33　JR青森站步行6分

⊙單點料理為432日圓～、各款田酒1合702日圓～

和菓子　MAP附錄②P.14 G-2

## 二階堂

●にかいどう

017-776-5863　購物

### 以高雅甜味大受歡迎的甜點工房

獨特和洋菓子深受好評，抹茶與卡士達醬的泡芙「太郎與花子」、巧克力奶油的「巧巧認識你泡芙」等命名也非常特別。無添加物，風味溫和。

L10:00～18:00　休無休　P無
所青森市本町1-6-11
JR青森站車程5分

有時還會販售季節限定口味的泡芙，1個178日圓

咖啡廳　MAP附錄②P.14 H-4

## CLEOPATRA

●きっさくれおぱとら

017-722-7778　咖啡廳

### 養生餐點備受歡迎

人氣菜色是夾蔬菜餡的三明治、包入大量洋蔥的爽口三明治、添加牛蒡製成的甜塔等，咖啡410日圓附上蜂蜜也是本店特色，務必來試試口味。

L7:00～19:00　休週一　P無　所青森市新町2-8-4　JR青森站搭青森市營巴士經新町往東部營業所方向10分，新町二丁目下車即到

爽口三明治900日圓夾有滿滿的蔬菜

咖啡廳　MAP附錄②P.14 G-4

## MARRON

017-722-4575　咖啡廳

### 廣受當地喜愛的休閒咖啡廳

以使用自家烘焙咖啡豆的咖啡、自製餅乾而出名的咖啡廳，牆上掛滿60多個骨董時鐘也是一大亮點，可以在沉穩氛圍中好好放鬆。

L7:00～20:00（餐點～19:20）　休週三　P無
所青森市安方2-6-7　JR青森站步行15分

牙買加風味咖哩770日圓（搭配飲品套餐880日圓）

工藝品　MAP附錄②P.10 H-5

## 北洋硝子

●ほくようがらす

017-782-5183　購物

### 手工製的優美玻璃可做伴手禮

開發並製作以鮮豔色彩及五花八門形狀為特色的「津輕玻璃」。設有工廠（參觀需預約）及展示間，可以親自挑選由工匠手工製作的優美製品。

L9:00～16:00　休週日、假日、週六不定休
P3輛　所青森市富田4-29-13　JR青森站車程5分

以各式技法製作出的茶杯ぐい呑み1080日圓～

咖啡廳　MAP附錄②P.14 F-4

## 珈琲茶館 麦藁帽子

●こーひーさかん むぎわらぼうし

017-775-2020　咖啡廳

### 喝得到正統咖啡的專賣店

附上杯蓋的咖啡杯內盛裝的獨創特調咖啡香氣濃醇，也很推薦店員會在眼前將牛奶與咖啡倒入杯中的咖啡歐蕾。咖啡與和風甜點共存也是一大特色。

L7:30～15:30（週六、假日為9:00～17:00）
休週日　P無　所青森市新町1-14-13　JR青森站步行5分

除了獨創特調咖啡（小杯）400日圓，還有蛋糕和輕食

咖啡廳　MAP附錄②P.14 F-4

## café quatre

●かふぇかとる

017-723-4789　咖啡廳

### 環境舒適的隱密咖啡廳

佇立在青森站附近的隱密小巷，雜貨店附設的咖啡廳，以骨董點綴的室內設計營造出摩登氣息。供應附味噌湯的盤餐午餐等多元菜色。

L11:30～23:30（午餐時段11:30～14:30、酒吧時段17:30～）
休不定休（週日、假日的酒吧時段不定休）
P無
所青森市古川1-16-2
JR青森站步行8分

招牌盤餐（附免費飲品的午餐）1296日圓

## 來ASPAM選購伴手禮

CLOSE UP

從青森名點及特產品到傳統工藝品應有盡有，想採買伴手禮就來這裡。

### 青森縣觀光物產館ASPAM

●あおもりけんかんこうぶっさんかんあすぱむ

#### 坐鎮灣區的大地標

有能將青森灣區盡收眼底的高51m收費瞭望台、360度環繞影像的全景電影院等設施的觀光物產館，1樓伴手禮專區有青森縣內規模最大的商品陣容。

017-735-5311　L9:00～21:00（物產專區為～19:00，11～3月為～18:00）
休1月第4週一～三（能量館為每月第4週一休）
P150輛　所青森市安方1-1-40
JR青森站步行8分　MAP附錄②P.14 G-3

**浪岡蘋果氣泡酒 特級典藏**
180mℓ　378日圓
雖然為熱飲專用，放涼喝也一樣好喝的成熟蘋果汁

**深浦雪中胡蘿蔔淋醬**
150mℓ　589日圓
將宛如水果的甘甜深浦雪中胡蘿蔔製成高雅的加工食品

**蘋果醬**
300mℓ 565日圓
香味不刺鼻的風味圓融醬汁

還有傳統工藝品！

**津輕塗筷(5色)**
各648日圓
將傳統的津輕塗嵌在握柄處的防滑筷子

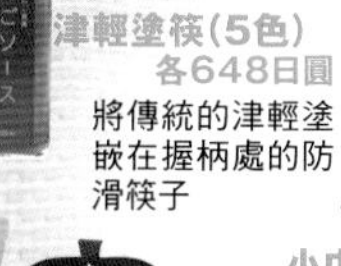

**農家自製蘋果乾**
70g　626日圓
越嚼甜味越在口中擴散開來，口感奇妙的蘋果乾

**小巾刺繡零錢包**
各1512日圓
津輕傳統刺繡的蘋果形零錢包

咖啡廳　MAP附錄②P.14 F-4

## Strauß

017-722-1661　咖啡廳

### 能一嘗傳統的維也納風味

在擁有奧地利國家證照、資格認證的前任師傅指導下，供應傳承其技術與風味的傳統維也納甜點，也有採用青森食材的甜點。2樓是維也納風的咖啡沙龍。

L11:00～17:15（外帶為10:00～18:30）
休週三　P無　所青森市新町1-13-21
JR青森站步行6分

沙赫蛋糕550日圓

新青森站車站大樓

青森的美食與伴手禮齊聚一堂

# 青森旬味館

身兼新幹線停靠站的新青森站可說是青森觀光的門戶，鄉土風味應有盡有，不妨到新青森站1樓的青森旬味館，探索青森的美食與伴手禮等在地風味吧！

## 當地美食看這裡

來地產地銷餐飲專區可以吃到青森新鮮海產的餐點、在地美食慶典中登場的菜色等。

➡鋪滿師傅親自嚴選新鮮海產的人氣海鮮丼

[魚っ喰いの田]的師傅特配海鮮丼（上） 2500日圓

⬇使用拉麵湯頭的黑石湯汁炒麵堪稱絕品

[黒石や]的黑石湯汁炒麵 普通650日圓

## 推薦伴手禮看這裡

伴手禮、特產品專區有琳琅滿目的青森土產及特產品，令人目不轉睛！還有新青森站的限定商品！

[あおもり北彩館]的扇貝魚板 1個175日圓

※參考圖

⬆使用整顆陸奧灣產的扇貝製作出風味濃郁的魚板

⬇採用生產量日本第一的青森市產黑醋栗，爽口酸甜的羊羹

[甘精堂本店]的黑醋栗羊羹 一口羊羹380日圓 1條1250日圓

⬇使用燉煮至甜度超過60度的成熟蘋果製作的磅蛋糕

[Arpajon]的AOMORI ROUGEA 1塊324日圓 6塊裝1814日圓

## 暢銷便當看這裡

裝滿許多太宰治愛吃的津輕美食的便當也很熱賣，會令人難以抉擇到差點錯過新幹線。

[太宰らぅめんと津軽のめしや「めぇ」]的津輕本色太宰便當 1000日圓

⬅有馬肉和若生昆布飯糰等，裝滿文豪太宰治喜好的便當

[魚っ喰いの田]的特製醃魚丼 1400日圓

➡店內所有餐點都可以外帶

### 集結當地美味，邁入7週年的車站大樓

## 青森旬味館

●あおもりしゅんみかん

位於新青森站1樓，以青森特色為主題而販售美食及伴手禮的商業設施，館內旬味市還會舉辦形形色色特產品的市集。

☎017-752-6557
🕘9:00～21:00（視店鋪而異） 休無休 P1035輛（新青森站西、南口停車場）
所青森市石江高間140-2 交JR新青森站1F MAP附錄②P.15 A-1

### 將青森名產大蒜買回家當伴手禮！

## 天間林流通加工

●てんまばやしりゅうつうかこう

青森產的大蒜經過1個月的熟成而醞釀出甘甜與象徵成熟的酸味，口感不膩口。

☎0176-68-3861
所七戶町森ノ上284-11
HP http://tenmabayashi.co.jp

①元氣君蒜頭杯裝100g745日圓、200g1382日圓
②元氣君蒜頭L 486日圓
③元氣蒜頭君M 388日圓
④大蒜油1188日圓

看點

# 青森市區

青森市區出發 車程30分

## 淺蟲水族館

青森市區近郊的熱門景點

有隧道水槽及海豚特技表演等，無論團體或家族都能玩上一整天。

呈現出陸奧灣海中景色的隧道水槽

飼養300種、1萬多隻世界珍稀水生動物，長15m、深10m、水深3.5m的大型水槽構成的隧道令人震撼，可以欣賞各式各樣的魚群在頭頂悠游的姿態。斑海豹及企鵝所在的海獸館也深受歡迎。

あおもりけんえいあさむしすいぞくかん
**青森縣營淺蟲水族館**

017-752-3377
9:00～16:30 休無休 ¥1020日圓、國中小生510日圓、幼童免費 P418輛 所青森市浅虫馬場山1-25 青森鐵道淺蟲溫泉站步行10分

MAP附錄②P.6 H-2

### 能遇見這些高人氣動物！

**瓶鼻海豚**
棲息於各地海域，最廣為人知的海豚，被譽為游泳專家

**斑海豹**
有著宛如芝麻的斑點，以圓滾滾的體型與可愛表情博得高人氣

**綠蠵龜**
悠哉愜意的泳姿十分可愛，是水族館的人氣王

**小丑魚**
將海葵做為秘密基地互利共生的魚類，以鮮豔色彩為特徵

**洪堡企鵝**
在日本也很容易飼養，在許多水族館皆可看到的中型企鵝

**還有觸摸區！**
可以碰觸海膽和海星等海濱生物

### 參觀餵食時間

來到這裡還能參觀海豹及企鵝、海豚的餵食，務必事先確認實施時間。屆時會有現場解說，可以更深入瞭解動物的生態與身體構造。別錯過動物們在餵食時間特有的可愛模樣。

與飼育人員的互動也是一大看點

### 海豚特技表演

瓶鼻海豚與太平洋斑紋海豚大展身手，帶來驚人的跳躍與擊球等表演，可愛模樣非常療癒。

海豚特技表演為每天舉行
跳躍的高度與極具默契的表演令人目不轉睛

青森市區出發 車程30分

## 淺蟲溫泉

飽覽陸奧灣的溫泉鄉

眼前一望無際的陸奧灣。能望海的溫泉街——淺蟲溫泉有大型飯店及旅館林立，也備受喜愛海水浴或釣魚的遊客歡迎。

### 椿館 ◆つばきかん

**棟方志功曾下榻的老牌溫泉旅館**

深受版畫家棟方志功喜愛的溫泉旅館。擁有豐沛泉量的溫泉，可以在寬敞的室內浴池和風雅的露天浴池享受一番，使用當令海產的菜餚也獲好評。作家太宰治也曾造訪。

017-752-3341 IN15:00、OUT10:00
¥1泊2食10950～21750日圓 P50輛 所青森市浅虫内野14 青森鐵道淺蟲溫泉站步行7分

MAP附錄②P.6 H-4

**純泡湯入浴情報**
13:00～15:00
休不定休 ¥700日圓

椿館的源泉放流溫泉不易降溫
大廳掛有棟方志功的作品

### 津軽藩本陣の宿柳の湯 ◆つがるはんほんじんのやどやなぎのゆ

**作為歷任高官宿泊處的悠久旅館**

曾受津輕藩直轄的東本陣的老字號旅館，能在大浴場及全用羅漢柏打造的露天浴池樂享源泉放流溫泉。吃得到捕撈自陸奧灣的大量新鮮海產的晚餐也是一大樂趣。

017-752-2023 IN14:00、OUT10:00
¥1泊2食8790～16350日圓 P50輛 所青森市浅虫山下236 青森鐵道淺蟲溫泉站步行6分

MAP附錄②P.6 H-4

**純泡湯入浴情報**
13:00～16:00 休無休
(旺季不開放) ¥500日圓

有250年歷史的羅漢柏浴槽「御湯殿」

### 淺蟲溫泉是這樣的地方

從青森市內往東北15km，自古以來便是溫泉勝地的淺蟲溫泉，據信是因過去曾以溫泉蒸麻草而得此名，傳說弘前藩主也熱愛這裡的溫泉。

站前一隅還設有免費足湯

MAP附錄②P.6 G-3

**前往淺蟲溫泉的交通方式**

- 青森站 → 青森鐵道 20分 450日圓 → 淺蟲溫泉站
- JR青森站 → 路線巴士 55分 690日圓 → 淺蟲溫泉站
- 青森東IC → 國道4號等 15分 → 淺蟲溫泉

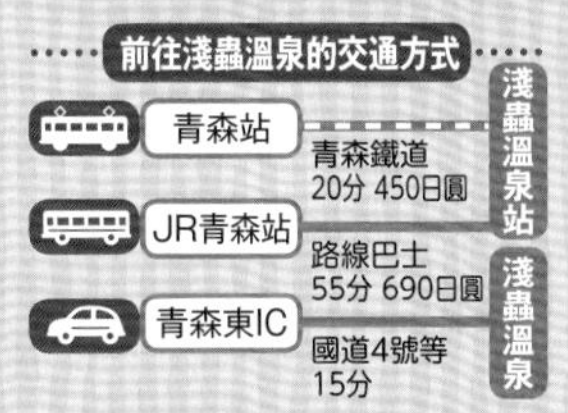

佇立在陸奧灣上的湯之島以4月豬牙花盛開而聞名

# 奥入瀨溪流 おいらせけいりゅう
# 十和田 とわだ
# 八甲田 はっこうだ

蔥鬱繁茂的原生林中
清澈溪水流淌的奥入瀨溪流。
走訪十和田湖及日本百大名山八甲田等
盡情感受豐沛的大自然名勝吧。

區域 No.1的矚目景點
**奥入瀨溪流**
約14km長的奥入瀨溪流是日本知名的風景名勝，可以來此隨興散步。
▶P.68、附錄①正

**十和田湖** ▶P.72
在這座同時也是奥入瀨溪流泉源的湖上，能透過獨木舟或遊船來好好感受。

藝術

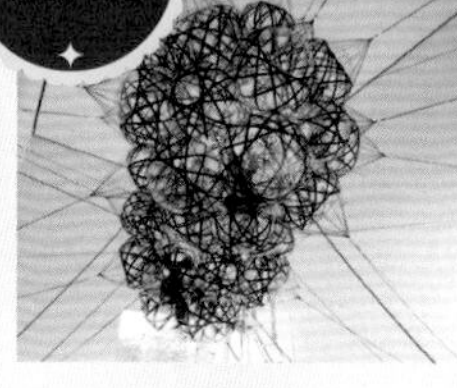

**十和田市現代美術館** ▶P.76
以藝術之城著稱的十和田市一大象徵，能欣賞獨具風采的藝術品。

溫泉

**八甲田山麓的秘湯** ▶P.80
自然環繞的八甲田散布著保有溫泉療養地風情的溫泉旅館，功效顯著。

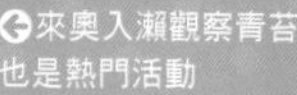
來奥入瀨觀察青苔也是熱門活動

十和田市現代美術館的藝術商品可作為伴手禮

CONTENTS



**前往八甲田的交通方式**
- 新青森站 → 八甲田(纜車站前)　JR巴士 1小時
- 新青森站 → 八甲田(纜車站前)　國道103號等 50分
- 青森道青森中央IC → 八甲田(纜車站前)　國道103號等 30分

**前往十和田湖的交通方式**
- 八戶站 → 十和田湖　JR巴士 2小時15分(冬季停駛)
- 新青森站 → 十和田湖　JR巴士 2小時55分(冬季停駛)
- 八戶站 → 十和田湖　國道454號等 1小時40分
- 新青森站 → 十和田湖　國道103號等 1小時20分
- 東北道十和田IC → 十和田湖　國道103號等 1小時

**前往十和田市的交通方式**
- 八戶站 → 十和田市區　JR巴士 40分(冬季停駛)
- 八戶站 → 十和田市區　國道454、4、102號等 30分
- 百石道路下田百石IC → 十和田市區　國道454、102號等 35分

**前往奥入瀨溪流的交通方式**
- 八戶站 → 燒山　JR巴士 1小時30分(冬季停駛)
- 新青森站 → 燒山　JR巴士 2小時5分(冬季停駛)
- 八戶站 → 燒山　國道454、4、102號等 1小時30分
- 新青森站 → 燒山　國道103號等 1小時
- 東北道十和田IC → 子之口　國道103號等 1小時

# 森林中的優美清流打動人心！

# 奧入瀨溪流 看點照過來

青森最具代表性的名勝，奧入瀨溪流。沿著溪流的綠意盎然步道旁，有無數的瀑布與流水等您來探索，饒富變化的景致令人感動不已。快來滿是景點的溪流散步吧。

## 看點1 3大溪流與岩石的美景
## 三亂之流
さみだれのながれ MAP 附錄②P.3 B-1

若從燒山開始遊覽，第一個出現的看點就是這裡。三條溪流在此合流，使流水錯綜複雜。而生長於岩石上的草木也證明奧入瀨有著穩定的水量。

必看：水量雖然豐沛，但水流卻意外平穩為其特色。散布於溪流上的岩石更顯優美

## 看點2 磅礴氣勢堪稱奧入瀨第一
## 阿修羅之流
あしゅらのながれ MAP P.74 B-1

奧入瀨溪流中最具代表性的觀景點。由湍急的流水與落差較小的瀑布交織而成的急流，彷彿可將岩石擊碎而被命名為「阿修羅」。

必看：白色湍流與環繞四周的綠色森林形成出美麗對比

## 看點3 霸氣的兩段式瀑布
## 雲井瀑布
くもいのたき MAP 附錄P.74 B-1

落差達25m的瀑布，因中途的落差而改變流瀉的角度。走進從步道橫跨國道的支流旁，舊式伴隨著巨響的氣勢磅礡瀑布。這裡也是熱門的拍照景點。

必看：越貼近越能感受其魄力，務必到支流旁參觀

## 看點4 猛烈流洩而下的大瀑布
## 銚子大瀑布
ちょうしおおたき MAP 附錄P.74 B-1

奧入瀨溪流本流中唯一的瀑布，擁有驚人的水量，高7m、寬20m的規模非常可觀。旁邊設有階梯步道，可以從正面及側面等各種角度來欣賞。

必看：走上瀑布旁的樓梯，從水量和水聲更進一步感受其震撼力

# 溪流健行的基本守則

## 1.專攻新綠&紅葉!

新綠格外美麗的6月左右、10月的紅葉時節最具人氣，來訪遊客特別多。冬季巴士停駛，交通不便需多加留意。

⬆林木秀麗的楓紅秋季

⬇一片柔和綠色的初夏

## 2.即使夏季也要穿長袖長褲健行

沿著步道行走時，時常會碰觸到草木，所以建議在服裝上即使夏天也要穿著長袖長褲。下過雨的隔天道路溼滑，穿上防水鞋或登山鞋較安心。

## 3.務必以步行來遊覽!

若時間上允許，推薦您步行遊覽。沿途都是平緩道路，即使對體力沒信心也能放心行走。時間不夠的話可搭巴士或騎自行車來加快效率。

### 渓流足ストサイクル楽チャリ けいりゅうあしすとさいくる らくちゃり

可以在奧入瀨溪流館、石戶休憩所、子之口等3處租借、還車。需留意不可在步道上騎自行車。

✆0176-74-1233（奥入瀬渓流館）
🕒4月下旬～11月中旬、8:30～16:30 休營業期間無休 ¥4小時1000日圓（每追加30分加收300日圓）、電動自行車4小時1500日圓（每追加30分加收300日圓）

## 4.出發前先填飽肚子再上路

遊訪溪流的途中只有1間石戶休憩所，除此之外並無設置商店及自動販賣機，若想吃東西或購買飲料，建議在出發前於燒山或子之口做好準備。

＼推薦這裡／
石窯ピザ Ortolana
P.75

## 5.也推薦參加導覽團

當地導遊帶隊的獨家路線導覽團，他們會分享一些小知識，推薦給想更加享受散步趣的遊客。欲參加請事先洽詢。

### 十和田湖・奧入瀨觀光導覽志工會

とわだこおいらせかんこうぼらんてぃあのかい

✆0176-23-0568
¥6000日圓～（需預約）

導覽員 木村小姐

## 溪流健走行程

全部走過一趟 約14km、6小時！

配合所需時間與想看的重點來決定路線吧。

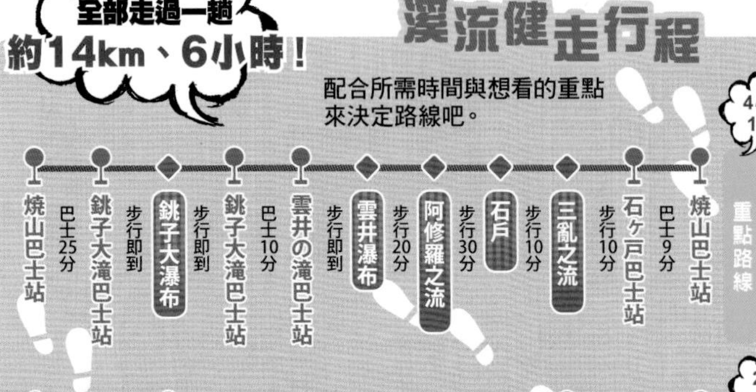


おいらせけいりゅう

# 奧入瀨溪流

詳細導覽&交通方式請參考附錄①正！

流淌於十和田湖與燒山之間長約14km的溪流。溪流沿岸有規劃完善的步道，可以遊覽沿途的絕景景點，享受散步樂趣。隨季節變換風貌的大自然非常優美。

✆0176-75-2425（十和田湖綜合服務處）
🕒自由參觀 P有（使用燒山、石戶、子之口的停車場）
所十和田市奧入瀨 🚌燒山巴士站即到
MAP P.74 B-1

十和田湖→P.72
子之口
五兩瀑布
4 銚子大瀑布
九段瀑布
不老瀑布
白絲瀑布
白絹瀑布
姐妹瀑布
雙白髮瀑布
白布瀑布
岩菅瀑布
九十九島
2 阿修羅之流
千筋瀑布
雙龍瀑布
馬門岩
3 雲井瀑布

## 奧入瀨 掀起青苔熱潮！

奧入瀨溪流有超過300種青苔棲息，最近也因賞青苔景點而吸引人潮。

### 與導覽員同行 青苔散步導覽團

### 奧入瀨溪流青苔散步

おいらせけいりゅうこけさんぽ

➲手拿放大鏡仔細觀察

若想體驗奧入瀨風情，推薦參加此導覽團，能輕鬆感受青苔的魅力。

✆0176-23-5866（奥入瀬自然觀光資源研究會）
🕒青苔散步初級／4月下旬～11月上旬，6:00～、9:30～、13:30～（所需1小時30分）
¥青苔散步初級3500日圓

### 挑戰製作青苔球!

### 奧入瀨モスボール工房

おいらせもすぼーるこうぼう

➲將青苔揉圓來呈現出小小奧入瀨

參考散佈在奧入瀨溪流的「爬滿青苔的岩石」來挑戰製作青苔球，約30分鐘即可完成。

✆0176-74-1233（奥入瀬渓流館）
🕒4～11月，9:00～16:00
休週二 ¥2000日圓 P80輛
所十和田市奧瀨栃久保183
🚌燒山巴士站步行5分
MAP附錄②P.3 B-1

大型暖爐令人印象深刻的「Lounge 森林神話」

## 靜佇於國立公園內的 風景名勝，奧入瀨

# 星野度假村 奧入瀨溪流飯店

夏季新綠、秋季紅葉、冬季有氣勢雄偉的冰瀑…。從2017年冬季也開始冬季營業的奧入瀨溪流飯店，來透過四季感受奧入瀨溪流的魅力。

### 自信推薦蘋果甜點

## Lounge 森林神話

奧入瀨溪流的綠意與光線從「Lounge 森林神話」的大落地窗灑落進來，在此享受咖啡時光，品嘗蘋果甜點與使用湧泉沖泡成的咖啡。

幸福蘋果千層派1300日圓

➲聳立在旁的冰瀑非常壯觀

2017年4月開幕!

### 療癒的溫泉體驗

## 溪流露天溫泉

眼前遼闊的露天浴池，在流水聲與鳥鳴聲的陪伴下得到放鬆。此外，冬季還會舉辦能邊泡溫泉邊賞冰瀑的「冰瀑之湯」，欣賞冬季的奧入瀨溪流才看得到的絕景。

➲唯一能眺望奧入瀨溪流的露天浴池

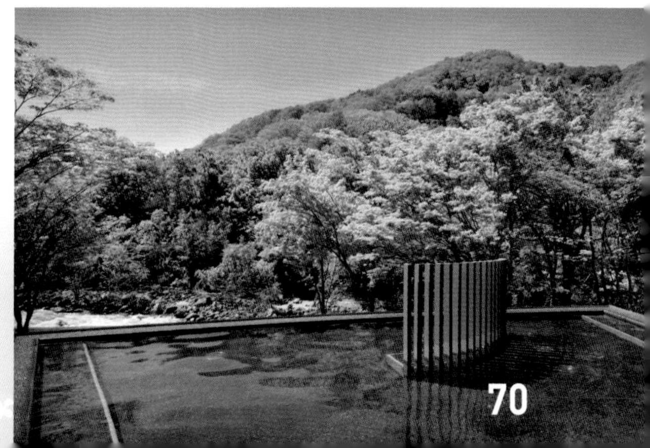

感受至高無上的奢華氣氛

## 品味頂級餐點
# 溪流露臺

坐在奧入瀨溪流沿岸的露臺，能在清澈空氣中聽著婉轉鳥鳴聲，度過優雅的早晨時光。

水聲潺潺的舒適空間

## 在溪流旁放鬆身心
# 溪流和室 附露天浴池露臺

附設能眺望奧入瀨溪流的露天浴池與露臺的和室。坐進羅漢柏製的浴槽愜意放鬆、享受溫泉，能近距離感受雄偉大自然，度過悠閒片刻。

**星野度假村 奧入瀨溪流飯店**

ほしのりぞーとおいらせけいりゅうほてる

☎0570-073-022（星野度假區預約中心） MAP附錄②P.3 B-1

IN15:00、OUT12:00 ¥1泊2食18500日圓～
P100輛 所十和田市奥瀬栃久保231 交JR八戶站、新青森站、青森機場車程約1小時30分（有免費接駁巴士，需預約）

推出採用時令食材的全餐

## 以優質宴席料理享用西餐
# 西洋膳処 奧入瀨

在飯店的主餐廳「西洋膳処 奧入瀨」能品嘗到將日本人熟悉的西餐以宴席料理形式供應的全餐菜餚，不妨搭配精心挑選出與佳餚相應的東北美酒來享用。

## 滿滿蘋果的自助餐
# 青森蘋果廚房

可以完整品味蘋果魅力。在滿是蘋果設計的裝潢中，大啖風格精緻又變化多端的蘋果料理。

展現出處處是蘋果的空間

可以自由搭乘，服務窩心

## 奧入瀨溪流的亮點滿載
# 充實的活動體驗

### 搭免費接駁專車漫遊溪流

欲前往溪流散步，可搭乘飯店的免費接駁專車。來往於景點集中的中流域和飯店之間，每小時發車1班。

### 早晨溪流咖啡

清晨在奧入瀨溪流來杯醒腦咖啡的活動，度過眺望溪流、感受森林晨光的美好時刻。

在澄澈空氣中來一杯咖啡

鋪陳出奧入瀨溪流景觀的青苔

### 青苔散步

以青苔為主題來探索奧入瀨溪流的活動。手持小小放大鏡觀察青苔，將有無盡的美麗與驚奇等著您！

## NEWS 2017年冬 冰瀑雪鞋健行熱烈展開

穿上冰鞋朝寬20m、高7m的銚子大瀑布之冰瀑前進的導覽團，包含接駁專車接送與導覽員隨行，自由參加。

限房客參加的免費活動


提供／星野度假村 奧入瀨溪流飯店

同時也是奧入瀨溪流泉源的神祕湖泊

# 十和田湖

感受自然

佇立湖畔的「少女像」所看守的十和田湖是一座饒富四季更迭景觀的美麗湖泊，有遊覽船和獨木舟體驗等多種玩法！

## 十和田湖 ●とわだこ

位於秋田與青森兩縣交界的十和田火山噴發所形成的破火山口湖，也是奧入瀨溪流的泉源。深度最深達327m，是日本湖中的第三深，即使冬季也不結凍，被稱為「神祕之湖」。

0176-75-2425（十和田湖綜合服務處）
自由參觀 十和田市十和田湖 JR八戶站搭JR巴士往十和田湖方向2小時15分，十和田湖站下車即到
MAP P.74 A-1

**前往十和田湖的交通方式**

| | 出發 | 路線 | 目的地 |
|---|---|---|---|
| 巴士 | JR八戶站 | JR巴士 2小時15分 2670日圓 | 十和田湖 |
| 巴士 | JR新青森站 | JR巴士 2小時55分 3090日圓 | 十和田湖 |
| 開車 | 東北自動車道小坂IC | 大館十和田湖線 50分 | 十和田湖 |

## 十和田湖一覽無遺 瞰湖台 ●かんこだい

位於斷崖上的瞭望台，可眺望相當於十和田湖最深處的「中湖」。中湖左右突出的御倉半島及中山半島的眺望景致能欣賞到隨四季變遷而如詩如畫的美景。
MAP P.74 A-2

感受自然亮點

50分鐘的絕景航程

## 遊覽船出遊去！

超推薦

搭乘遊覽船巡遊，從湖上欣賞絕美觀景點的舒適航行，能悠閒享受湖上漫遊。

### 湖上遊覽的看點在這裡！

#### 1 少女像 おとめのぞう

在湖上最先看到的十和田湖象徵，高村光太郎創作的「少女像」。

由高村光太郎製作，佇立湖畔的雕像

#### 2 六方石 ろっぽうせき

由於岩石表面呈柱狀且層層相疊，形似木材而亦有「材木岩」之稱，是中山半島的一大看點。

細長岩石交疊而成的壯麗景觀

#### 3 見返之松 みかえりのまつ

鎮坐於中山半島尖端的2棵松樹，其優美令人不禁回頭多看幾眼。

宛如兩人依偎的姿勢，也被稱為「夫妻松」

#### 4 烏帽子岩 えぼしいわ

突出於御倉半島底部附近，貌似神職人員烏帽的三角形岩石。

來找找看三角形的巨大烏帽子

#### 5 五色岩 ごしきいわ

因火山灰的鐵質等成分變色，產生紅與灰色等層次的岩石堆砌出令人屏息的色彩之美。

映照在湖面上的紅色岩石十分優美

#### 6 千丈幕 せんじょうまく

高達1000丈（約3km）而被比喻為巨大布幕，御倉半島的美麗斷崖。

實際僅220m，湊近看卻魄力十足

## 十和田湖遊覽船 とわだこゆうらんせん

以休屋為起終點的御倉、中山半島航路，以及連結休屋與子之口的航路。

0176-75-2909（十和田觀光電鐵／休屋～子之口航路、休屋起終點航路） 4月中旬～11月上旬，營運時刻需洽詢 營業期間無休 ¥1400日圓、兒童700日圓 P670輛（使用休屋的收費停車場） 十和田市奥瀬十和田湖畔休屋 十和田湖駅巴士站步行3分
MAP P.74 B-2

感受自然亮點 從湖上飽覽大自然

# 獨木舟探險大挑戰！

坐上2人座獨木舟，自行划船來遊覽十和田湖，約2小時的獨木舟體驗。會有導覽隨行，初學者也能放心玩！

3 充分享受湖上漫步

能盡情感受大自然的湖上之旅，即使不善划船也沒問題！

1 首先在陸地上接受指導教學

出發前先學習船槳的拿法與划船方式等。

↑穿上救生衣一切準備就緒！

↓有專人輔助，對初學者來說很窩心

2 準備出發！ 在接近湖岸的地方練習划槳後，正式邁向御倉半島。

透明度高，能從水面上望穿湖底

4 樂享大自然！

以五感享受十和田湖特有的360度壯闊美景。

5 在湖上或港灣度過午茶時光

依照當天狀況，導遊會帶遊客到推薦地點。

↑港灣旁的愜意午茶時光

帶領遊客體驗青森自然風光

**在這裡報名** → Nature Experience GREENHOUSE

搭乘加拿大式獨木舟悠閒划行於山毛櫸原始林圍繞的十和田湖，與大自然融為一體。冬季則有穿戴雪鞋的冰瀑奧入瀨溪流探險、十和田湖瞭望探險等。

☎0176-70-5977 營需洽詢 休獨木舟探險為黃金週～11月初旬，舉辦日期需洽詢 ¥獨木舟探險6000日圓～ P80輛 所十和田市奥瀬十和田湖畔宇樽部 宇樽部露營場（集合地點） 交十和田IC車程45分

MAP P.74 B-2

↑報名櫃台位於奧入瀨湧水館（附錄①正）裡頭

感受自然亮點 任誰都能當場參加！

# RIB遊湖GO!

日本首家使用軍用橡皮艇的探險船旅遊團，到不易前往的十和田湖特別保護區探索吧。

↓能量景點Itomuka港灣，搭橡皮艇一探秘境

日本首家使用軍用艇的遊船團

**在這裡報名** → GURILAND

搭乘具備高機能性的正統軍用橡皮艇探索十和田湖。旅程中偶然發現宛如耶穌的石像及洞窟等，感受這既神秘又夢幻的世界。

☎0176-75-2755、090-4159-4811（遊船探險預約專線） 營4月下旬～10月，9:00～16:00（黃金週、暑假期間為8:00～17:00，詳情請上官網確認） 休營業期間無休 ¥4000～10000日圓（詳情參考官網） P20輛 所十和田市奥瀬十和田湖畔宇樽部123-1 交JR八戶站搭JR巴士往十和田湖方向2小時6分，下宇樽部下車即到 HP http://guriland.jp/

MAP P.74 B-2

→日本最快速的觀光船，3歲以上可搭乘

## 奧入瀬 十和田湖畔

大自然鬼斧神工觸動人心
青森最具代表性的風景名勝

●おいらせ ●とわだこはん

區域導覽

一年四季皆展現出神秘美感的十和田湖，從此處向東流的奧入瀨溪流是深受許多文人喜愛的風景名勝，可說是充滿自然能量的療癒聖地。

MAP
P.74、附錄②P.3

洽詢處
☎0176-51-6772（十和田市觀光推進課）

神社 MAP P.74 B-2

### 十和田神社

●とわだじんじゃ ☎0176-75-2508 景點

**靜佇在湖畔的歷史悠遠神社**

大同2（807）年創建，供奉日本武尊與湖泊的主人青龍權現，並有坂上田村麻呂等傳說流傳的悠久神社，與恐山同樣被視為靈場而成為青森的信仰對象。

神殿與拜殿的圖騰像等雕刻也很有看頭

從十和田湖畔綿延至十和田神社的開運小徑

前有巨木迎賓，踏上神秘的林蔭參道

境內自由參觀
P 670輛（使用休屋的收費停車場）
所 十和田市奥瀬十和田湖畔休屋14-1
巴 十和田湖駅巴士站步行15分

活動 MAP P.74 B-2

### 十和田湖冬物語

●とわだこふゆものがたり ☎0176-75-2425（十和田湖綜合服務處） 景點

**樂玩凜冬的夢幻十和田湖！**

2月上旬～下旬舉辦，十和田湖冬季的特有景致。可以在以雪燈點亮的會場內打造雪像或雪屋，每天施放的冬季煙火也非常壯觀。

P 100輛 所 十和田湖畔休屋特設活動會場
巴 十和田湖駅巴士站步行3分

雪燈的微光讓氣氛更有韻味

少女像也會點燈，營造出夢幻氛圍

資料館 MAP P.74 B-2

### 十和田遊客中心

●とわだびじたーせんたー ☎0176-75-1015 景點

**介紹十和田、八甲田地區的自然**

展示十和田湖的立體模型與樹木、花、野鳥的模型來淺顯易懂地介紹自然資訊，能透過大畫面欣賞變化多端的四季之美。可在遊覽前來此逛逛、加深知識。

9:00～16:30
休 無休（11～4月為週三休）
¥ 免費 P 70輛（使用休屋的收費停車場，1天500日圓） 所 十和田市奥瀬十和田湖畔休屋486 巴 十和田湖駅巴士站步行3分

距離巴士總站及遊覽船搭乘處也很近

### 小訣竅！

**作為十和田湖的觀光據點 吸引眾多觀光客來訪的休屋**

位於十和田湖南邊的湖畔，造訪十和田湖的大多數人都會來駐足的地區。觀光設施及遊覽船的起終點、伴手禮店、餐廳、飯店等林立，是最為熱鬧的湖畔。除了蒐集觀光資訊或用餐、搭船以外，附近還有規劃探索自然森林的路線，享受健走樂趣。

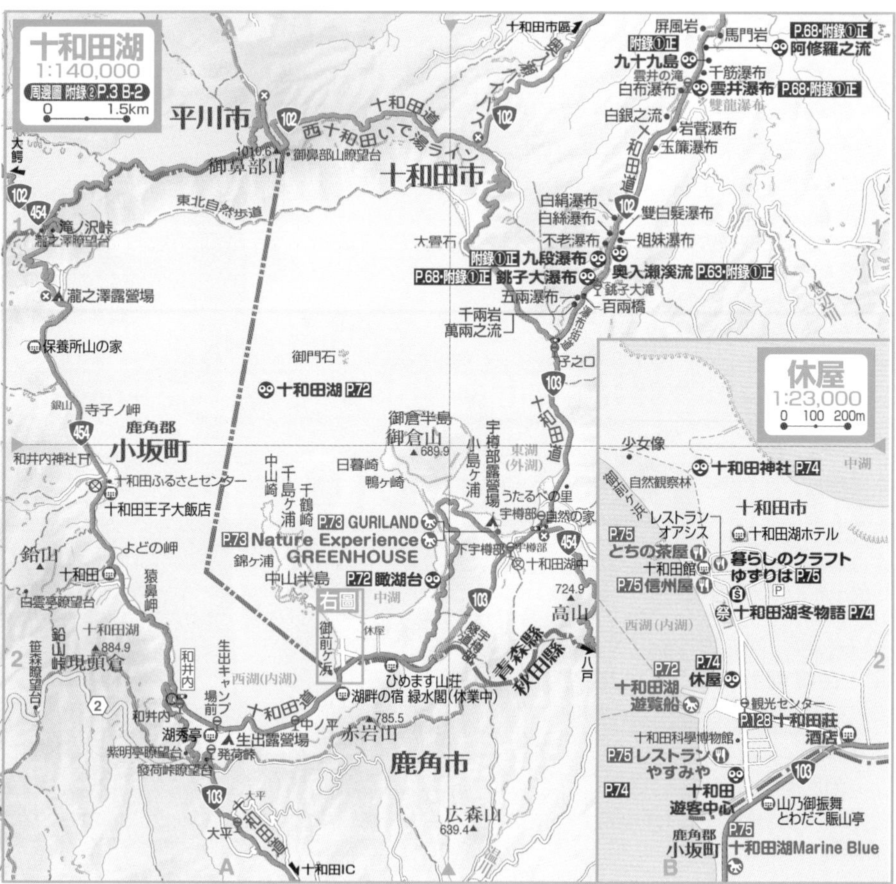


想用餐或採購伴手禮就來此區

## 耶穌降臨傳說指的是

CLOSE UP

從十和田湖畔沿著國道454號開車約50分鐘可到新鄉村，此地流傳著充滿神祕色彩的耶穌傳說，據傳這座陵墓是耶穌與成為他替身的弟弟之墳。詳情請至建於陵墓旁的「耶穌之里傳承館」看看。

傳說的起源記載於神祕古書《竹內古文書》中

### 耶穌之墓（耶穌之里公園）
きりすとのはか（きりすとのさとこうえん）

0178-78-3741（耶穌之里傳承館）
4月下旬～11月上旬，自由參觀（耶穌之里傳承館為9:00～16:45） 休期開放期間無休（耶穌之里傳承館為開放期間週三休，7月下旬～8月下旬無休）
¥耶穌之里傳承館入館費200日圓、兒童100日圓
P20輛 所新鄉村戶来野月33-1 JR八戶站搭南部巴士往五戶駅方向40分，終點站轉乘往金ヶ沢方向30分，終點站下車，搭車10分
MAP附錄②P.3 D-2

工藝品 MAP P.74 B-2

## 暮らしのクラフト ゆずりは
くらしのくらふとゆずりは
0176-75-2290 購物

### 令人想小心翼翼使用的手工藝品

以青森、秋田、岩手為中心，販售東北6縣的工藝品，網羅工匠製作的竹編品、漆器、木工製品、玻璃製品、染織品等，每樣都是令人想長久愛用的精品。

盡是時尚又具有溫度的工藝品

和風設計很可愛的刺繡迷你手提包8640日圓～

4月中旬～11月中旬，9:00～17:00（需上官網確認）
休營業期間無休
P5輛 所十和田市奥瀨十和田湖畔休屋486
十和田湖駅巴士站步行5分

和食 MAP附錄②P.3 B-1

## 遊魚莊
ゆうぎょそう
0176-74-2202 美食

### 虹鱒全餐令人大飽口福

從鹽烤到酥炸、醬醃、生吃等，能藉全餐形式大啖以虹鱒烹製佳餚的旅館，尤其是因為新鮮而顯得更美味的生魚片堪稱絕品。附有溫泉，用餐後能泡溫泉也是一大享受。

11:00～15:00（需預約）
休無休 P20輛
所十和田市焼山64-197 JR八戶站搭JR巴士往十和田湖方向1小時5分，十和田湖溫泉鄉下車，步行3分

虹鱒全餐3500日圓（附溫泉）

和食 MAP P.74 B-2

## とちの茶屋
とちのちゃや
0176-75-2231 美食

### 地方料理天然紅鮭料理最受歡迎

能一嘗十和田湖特產的天然紅鮭料理，除了鹽烤還有生魚片，都是富含油脂的極致美味。由於餐廳位在兩縣交界，也提供南部蕎麥麵和稻庭烏龍麵、米棒鍋等鄉土料理。

4月中旬～11月中旬，10:00～15:30
休營業期間無休
P20輛 所十和田市奥瀨十和田湖畔休屋486
十和田湖駅巴士站步行10分

鹽烤天然紅鮭的香氣相當誘人，紅鮭鹽烤定食1750日圓

餐廳 MAP附錄②P.3 B-1

## 石窯ピザ Ortolana
いしがまぴざ おるとらーな
0176-70-5955 美食

### 吃得到滿滿的青森當季蔬菜

可享用到以青森縣產新鮮蔬菜為主角的石窯比薩、咖哩、焗烤等餐點，黃金週後的週六日、假日以及7月中旬～11月初旬還有吃到飽。

11:00～14:30
休不定休 P8輛
所十和田市奥瀨栃久保11-253 JR八戶站搭JR巴士往十和田湖方向1小時30分，焼山下車即到

鋪滿新鮮蔬菜的比薩每種都是1份1380日圓

船屋 MAP P.74 B-2

## 十和田湖Marine Blue
とわだこまりんぶるー
0176-75-3025 玩樂

### 搭船航行享用湖上午餐

搭平穩的雙體船享用遊船午餐非常熱門，有40分航程3000日圓及50分航程5000日圓。可開進港灣深域也是小船的特權，能在特別的空間內享用午餐。

4月下旬～11月初旬，午間船班為11:00、12:00、13:00出航（需預約） 休營業期間無休
P10輛 所秋田県小坂町十和田湖休平 十和田湖駅巴士站步行10分

湖畔還設有蘋果派深獲好評的咖啡廳

餐廳 MAP P.74 B-2

## 信州屋
しんしゅうや
0176-75-3131 美食

### 青森縣產牛排極具人氣

位在2樓的餐廳，能在俯瞰湖泊的同時享用青森縣產牛排套餐（200g）2950日圓及紅鮭料理、米棒鍋定食等。1樓的伴手禮店則有販售燻製紅鮭等。

9:00～17:00（11～3月為10:00～16:00）
休無休（冬季不定休） P13輛 所十和田市奥瀨十和田湖畔休屋16 十和田湖駅巴士站步行10分

吃得到軟嫩多汁的青森縣產牛肉

鄉土料理 MAP P.74 B-2

## レストランやすみや
0176-75-2141 美食

### 自信推薦米棒和紅鮭料理

鄰近遊覽船碼頭的餐廳，推薦菜色是100%秋田小町米製作的米棒，可來份發揮比內地雞高湯風味的米棒鍋1080日圓～試試，也推薦紅鮭料理及鱒魚生魚片。

3月下旬～11月，8:00～16:00（旺季時團客用餐結束即打烊）
休營業期間不定休
P50輛 所十和田市奥瀨十和田湖畔休屋486 十和田湖駅巴士站步行3分

發揮了比內地雞高湯風味的米棒鍋

# 十和田市現代美術館

## 奇特的藝術創作琳琅滿目！

Towada Art Center

—和田市的藝術空間，官廳街通上極具指標性的—和田市現代美術館。日本內外33組藝術家帶來的作品妝點展廳和室外，每件創作都非常可觀！

©Mami Iwasaki

### NEWS!
### 常設展品現可拍照

常設展示作品自2017年秋季起改為可攝影，請遵守以下規定拍照留念。

1.在做為私人用途的前提下攝影
2.禁止使用閃光燈、腳架、自拍棒來拍照或錄影
3.攝影時請勿造成其他遊客的困擾
4.欲將照片上傳至社群網站時請標注該作品的藝術家名及「十和田市現代美術館」

**A aTTA**
椿昇（日本）創作

鎮坐於草坪上，逞凶鬥狠的龐大切葉蟻。佇立在面朝大街的前庭，鮮紅色的軀體宛如從科幻世界中蹦出。

**B Standing Woman**
Ron Mueck（澳洲）創作

身穿黑服筆直站立的女性，高度竟達約4m！皮膚的質感與毛髮、指甲等微小細節都真實重現出來，非常驚人。

高聳的女性
規模驚人！

©Courtesy Anthony d'Offay, London

灰白色的美術館在官廳街通上特別醒目

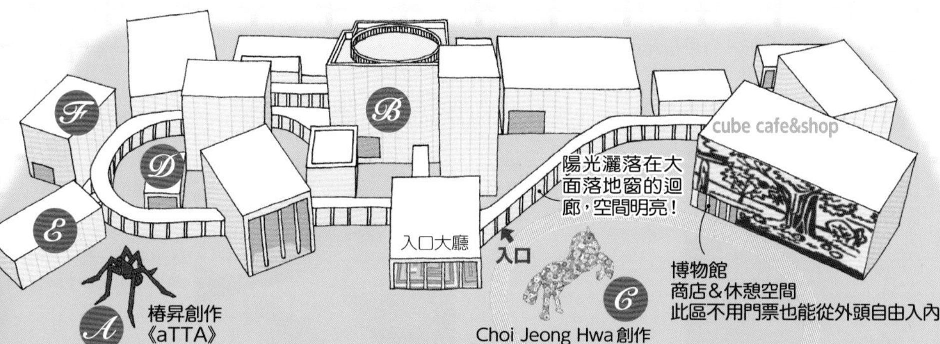


とわだしげんだいびじゅつかん
### 十和田市現代美術館

腹地內建有數棟的個別展示廳，分別展示出活躍於日本內外的藝術家約38件現代藝術品。展示廳由玻璃走廊相互串聯，能以探險的心情鑑賞作品。

☎0176-20-1127 L9:00～16:30 休週一（逢假日則翌日休） ¥1200日圓（無特展時為510日圓）、高中生以下免費 P90輛 所十和田市西二番町10-9 交JR七戶十和田站搭十和田觀光電鐵巴士往十和田市方向35分，十和田現代美術館下車即到。

MAP附錄②P.3 D-1

## Museum 來找出遍布於館內各個角落的小小藝術！

能一探藝術的地點不只有展示廳及前庭，通道和階梯上、屋頂等隨處都有新發現，千萬別錯過。

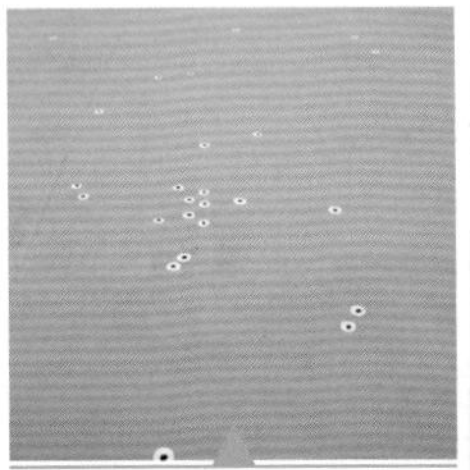

**Mirror**
Federico Herrero（哥斯大黎加）創作
屋頂上也有設置藝術

**I cannot be you**
山極滿博（日本）創作
無法冬眠最後結凍的土撥鼠

**Wall Painting**
Federico Herrero（哥斯大黎加）創作
將挑高三層樓的樓梯空間彩繪成藝術

**Flying Man and Hunter**
森北伸（日本）創作
在大樓夾縫間的空間內有人形雕刻

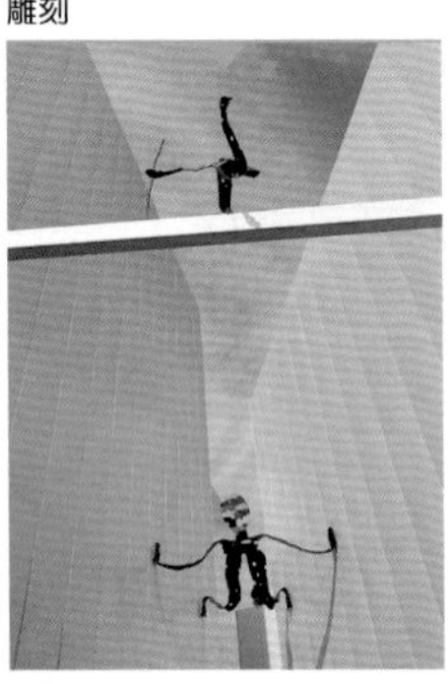

一窺天花板上的洞

©Mami Iwasaki

試著爬上梯子看看吧

©Mami Iwasaki

五彩繽紛的駿馬熱鬧迎賓

攝影：小山田 邦哉

閃爍的六角形隧道

©Mami Iwasaki

### D Sumpf Land
栗林隆（日本）創作

純白的室內佈置有白色桌椅，海豹窺看的天花板另一端是別有洞天的驚奇世界。

### F On Clouds(Air-Port-City)
Tomás Saraceno（阿根廷）創作

漂浮在展廳中央的是以繩子相連的塑膠氣球。可以爬上梯子、湊近觀看飄在半空中的作品。

### C Flower Horse
Choi Jeong Hwa（南韓）創作

全身鑲嵌上色彩繽紛的花卉，舉起前腳而展現出躍動感的駿馬是美術館的象徵。展示於正面入口前庭的草坪上。

### E Bridge of Light
Ana Laura Aláez（西班牙）創作

六角形的玻璃隧道是以脊椎為參考所建造，內部被柔和的音效與燈光所包圍，空間充滿了靈性。

## 鑑賞藝術後來這裡歇一口氣

©Mami Iwasaki

↑外牆壁畫是Paul Morrison（英國）創作的《Ochrea》

きゅーぶかふぇあんどしょっぷ
### cube cafe &shop

位於入口大廳右手邊盡頭的咖啡廳&美術館商店。咖啡廳備有三明治等輕食。以展示品為設計的商品是合適的伴手禮。

©Mami Iwasaki
↑咖啡廳地面是林明弘（台灣）創作的《Untitled》

☎0176-22-7789
🕘9:00～17:00（咖啡廳～16:30）
休週一（逢假日則翌日休）

**伴手禮就買藝術商品**

↑記事本（粉紅、藍、綠、白、橘）各1026日圓

↑印有美術館標識的原創鑰匙圈900日圓

←草間彌生的馬克杯1544日圓

## Outside 室外的藝術廣場也有諸多作品

美術館所在的官廳街通整條路就是一座大型美術館。沿路上散布著獨特的藝術作品，不妨來逛逛。

攝影：小山田 邦哉

攝影：小山田 邦哉

**Fat House/Fat Car**
Erwin Wurm（奧地利）創作
西式庭園內有發福的住家與肥胖的車子

**Love Forever, Singing in Towada**
草間彌生（日本）創作
有南瓜和香菇等，呈現出一片色彩鮮豔的圓點世界

**Ghost**
inges idee（德國）創作
在廁所旁浮游，巨大又可愛的幽靈

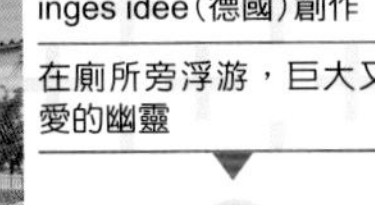

©Sadao Hotta

## 在欣賞藝術的同時享受逛街樂趣

# 十和田市

●とわだし

區域導覽

以官廳街通為中心，將藝術融入街景中的藝術之城，城市裡的其他角落也藏有許多藝術巧思。還有讓人也想來嘗試在地美食牛五花燒。

MAP
附錄②P.2～3、7

洽詢處
✆0176-51-6772（十和田市觀光推進課）

食堂　MAP附錄②P.3 D-1

### 司 バラ焼き大衆食堂

●つかさばらやき たいしゅうしょくどう　✆080-6059-8015　美食

**醬汁的濃郁香氣刺激食慾**

十和田牛五花燒研討會所監製的特產直銷商店，推薦使用青森產蘋果、十和田產大蒜並獲得研討會認證的醬汁「凡爾賽玫瑰醬」製作的十和田牛五花燒800日圓。

🕒11:00～14:00、17:30～22:30　休週一（逢假日則翌日休）　P58輛　所十和田市稻生町15-41 Art Station TOWADA內　🚃JR七戶十和田站車程20分

↑午餐享同樣價格附上白飯與湯品

建築物　MAP附錄②P.3 C-1

### 舊笠石家住宅

●きゅうかさいしけ じゅうたく　✆0176-74-2547（十和田湖民俗資料館）　景點

**江戶時代後期的典型農家**

推測興建於18世紀後半葉，採廡殿頂、茅草屋頂、方屋式的農家建築，下方的馬廄設有繫住馬匹的柱子。為保存此地區的典型建築構造而列入國家指定重要文化財。

🕒9:00～16:30（11～3月為～16:00）　休週二（逢假日則翌日休）　¥成人102日圓、高國中小生51日圓　P10輛　所十和田市奥瀬栃久保80　🚃JR八戶站搭十和田觀光電鐵巴士往十和田市方向1小時，終點站轉乘往焼山方向20分，片貝沢下車，步行15分

↑不設置木頭底座，將樑柱直接立於基石上

餐廳　MAP附錄②P.3 D-1

### 和風レストランとわだ

●わふうれすとらんとわだ　✆0176-23-4891　美食

**以實惠價格飽享嚴選國產牛**

本餐廳網羅了日西中式菜色，牛五花燒500日圓，為了讓客人吃得津津有味，嚴選清淡而脂肪較少的國產牛，配上以青森產蘋果及大蒜調配的特製醬汁大口品嘗。

🕒10:30～20:30　休不定休　P30輛　所十和田市西三番町1-24　🚃JR七戶十和田站車程30分

除了烤五花肉定食和烤五花肉蓋飯，也有迷你烤五花肉饅頭。

大道　MAP附錄②P.3 D-1

### 官廳街通（駒街道）

●かんちょうがいどおり こまかいどう　✆0176-51-6772（十和田市觀光推進課）　景點

**春季可賞優美櫻花的指標性大道**

獲選為「日本大道100選」的休閒大街，道路兩旁有約30棟國家、縣市的官廳林立，步道上則植有櫻花與松樹綿延近1.1km，展現出美麗的對照。

P610輛　所十和田市西十二番町　🚃JR七戶十和田站搭十和田觀光電鐵巴士往十和田市方向30分，十和田市中央下車即到

↑步道兩側設置了形形色色的馬匹雕像

觀光農園　MAP附錄②P.7 D-5

### 手づくり村 鯉艸郷

●てづくりむらりそうきょう　✆0176-27-2516　玩樂

**在大自然中製作比薩及手打蕎麥麵**

能在自然環境中欣賞山野草、魯冰花、芍藥、雲龍鳶尾等季節花卉。附設茅草屋頂的餐廳及水車小屋，體驗手打蕎麥麵、製作比薩（需預約）也很熱門。

🕒4月下旬～10月，9:00～16:30（8～10月需預約）　休11～4月中旬　¥入村費300日圓（6、7月為600日圓）　P200輛　所十和田市深持鳥ヶ森2-10　🚃JR七戶十和田站車程17分

↓有著茅草屋頂的餐廳「鯉艸亭」是昭和初期的建築物

↑手打水車蕎麥麵套餐1600日圓

餐廳　MAP附錄②P.3 D-1

### 奥入瀬麦酒館

●おいらせびーるかん　✆0176-72-3231　美食

**公路休息站的在地啤酒餐廳**

以濃醇香氣擄獲人心的奧入瀨啤酒採用捷克釀酒技術所釀造而成。務必試試2013年亞洲啤酒盃金獎的琥珀拉格、連續拿下2015及2016年亞洲啤酒盃金獎的黑拉格。

🕒11:00～18:30　休無休（11、12月為週二休）　P340輛　所十和田市奥瀬堰道39-1　🚃JR八戶站搭JR巴士往十和田湖方向1小時、道の駅奥入瀬下車即到

↑在地啤酒454日圓，務必品嘗用奧入瀨源泉釀造的風味

燒肉　MAP附錄②P.3 D-1

### 大昌園

●だいしょうえん　✆0176-23-4413　美食

**十和田市名菜「牛五花燒」老店**

據傳是1950年代於三澤美軍基地前設攤起家的牛五花燒代表性餐廳。將牛五花肉與洋蔥以醬油底的醬汁拌炒出這道簡單料理，肉質鮮甜又多汁。

🕒10:00～21:40　休第2、4週三　P4輛　所十和田市稻生町16-8　🚃JR七戶十和田站車程20分

↑牛五花燒648日圓，切成較大塊的洋蔥甘甜又好吃

公園　MAP附錄②P.3 D-1

### 十和田市馬事公苑（馬駒園地）

●とわだしばじこうえん こまっこらんど　✆0176-26-2100（稱德館）　玩樂

**近距離接觸駿馬的互動林地**

馬事公苑設有稱德館、交流館、馬駒牧場、約217m長的溜滑梯等遊樂器材，稱德館則是全日本稀有的馬匹文化資料館，在馬駒牧場能體驗餵食與騎馬。

🕒8:30～18:00（11～3月為～17:00，視設施而異）　休週一（逢假日則翌日休）　¥免費入苑、稱德館入館費300日圓（國中生以下免費）、體驗騎馬400日圓～　P500輛　所十和田市深持梅山1-1　🚃JR七戶十和田站車程30分

←在體驗騎馬、坐馬車、餵食的「馬駒牧場」與馬兒互動

# 八甲田葫蘆步道

## 搭乘空中纜車踏上天空步道

可以搭乘空中纜車輕鬆抵達海拔1342m的山頂，見識雄偉大自然與奇景的八甲田山健行之旅。往初學者也能安心健走的葫蘆型登山步道出發去吧！

**靜靜地綻放的濕原是絕佳拍照景點！**

### 田茂萢濕原
たもやちしつげん

健行路線的主要景點，水面映照出三山而閃閃發光的濕原相當的夢幻。

### 濕原瞭望台
しつげんてんぼうだい

能悠閒飽覽田茂萢濕原的觀景台，伴隨白雲和陽光而變化的景致令人忘卻時間。

➡短程路線在這裡回頭

### 三山瞭望台
さんざんてんぼうだい

踏上步道後首先可到的瞭望台，從最具代表性的三山到野邊地一帶都能一覽無遺。

### 高山植物瞭望台
こうざんしょくぶつてんぼうだい

在這裡可看見青森冷杉等，同時也是高山植物觀測站的觀景台。

⬆備有長椅的瞭望台到此為最後一站

⬆若有花卉圖鑑在手，更有另一番樂趣

田茂萢濕原 / 5分 / 5分 / 10分 / 10分 / 10分 / 5分 / 15分 / 15分 / 山頂公園站 / 八甲田纜車 / 往山麓站

**八甲田葫蘆步道**
- 標準路線 約1.8km 所需約1小時
- 短程路線 約1km 所需約30分

⬆位於大岳稍微下方處的正是毛無岳

### 毛無岳瞭望所
けなしたいてんぼうじょ

可將廣布於三山山腳下的毛無岳與田茂萢濕原盡收眼底。稍不注意即可能錯失。

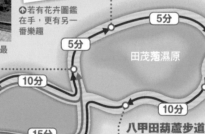

### 八甲田纜車
はっこうだろーぷうぇー

開往山頂約10分的空中散步

連結山麓與田茂萢岳山頂的100人座空中纜車，可欣賞360度環繞的景致。來感受一下到山頂標高差650m、所需時間10分鐘的絕景空中散步吧。

☎017-738-0343 🕘9:00～16:20（11月中旬～2月為～15:40） 休無休（11月上旬有維修停駛） ¥來回1850日圓、兒童870日圓／單程1180日圓、兒童570日圓 P350輛 所青森市荒川寒水沢1-12 交JR新青森站搭JR巴士往十和田湖方向1小時，八甲田ロープウェー站前下車即到

MAP 附錄②P.7 A-5

➡從八甲田的樹海上方呼嘯而過

### 山頂瞭望台
さんちょうてんぼうだい

設置於山頂公園站前的瞭望台，從毛無岳到青森市區、西南方向的岩木山都能一覽無遺。

⬆也有不少人在此欣賞美景一邊吃便當

⬇宛如綠洲般於起伏較大的山路中現身

### 田茂第二瞭望所
たもだいにてんぼうじょ

眼前就是一大片濕原的觀景台，能欣賞到有別於從對向瞭望台所見的濕原風貌。

### 田茂第一瞭望所
たもだいいちてんぼうじょ

經過毛無岳瞭望所，位處稍高位置的瞭望台。可以遠眺疊嶺層巒的景致。

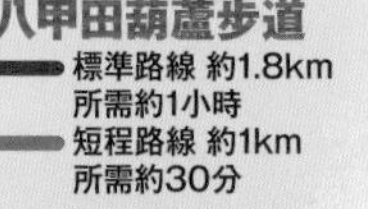

⬆可就近飽覽接近全景的景觀

### 八甲田葫蘆步道
はっこうだごーどらいん

八甲田是超過10座山的總稱，這是一條以其中的田茂萢岳山頂為起點，腳程約1小時的健行路線。有葫蘆型的完整路線與短程路線2種。

☎017-738-0343（八甲田纜車） P350輛（山麓站） 所青森市荒川寒水沢1-12 交八甲田纜車山麓站搭八甲田纜車10分，山頂公園站下車即到

MAP 附錄②P.7 A-5

奧入瀨溪流出發 車程30分

# 八甲田山麓的秘湯

## 在大自然的環抱下享受極樂時光

### 療癒身心

深具療效與大自然圍繞的環境，八甲田的溫泉至今療癒了無數人心。投宿老字號溫泉旅館，沉浸於溫泉療養地的風情，或是在時尚飯店度過優雅時光都是美好選擇。

◐玉之湯雖然是小型浴場，仍足以盡情放鬆

◐牛奶色的溫泉有絕佳療效

著名的羅漢柏千人浴池 寬闊感與風情讓人動容

◐想在羅漢柏千人浴池體驗溫泉療養地的風情

## 【酸湯溫泉】

●すかゆおんせん

全由羅漢柏製打造的千人浴池儼然成為旅館的正字標記，廣達160張榻榻米的浴室設有「熱湯」、「四分六分之湯」等浴池，可享受多種溫泉。千人浴池為男女混浴，但設有女性專用時間，也有男女分開的「玉之湯」。

**純泡湯入浴情報**

L7:00～17:30 休無休
¥千人浴池、玉之湯共通入浴券1000日圓、兒童500日圓

☎017-738-6400
LIN15:00、OUT10:00 ¥1泊2食10950日圓～ P150輛 所青森市荒川南荒川山国有林酸湯沢50 巴JR青森站搭JR巴士往十和田湖方向1小時20分，酸ヶ湯溫泉下車即到

MAP附錄②P.7 A-5

**周邊的景點**

### 地獄沼 ●じごくぬま

從地底噴出90℃左右的熱泉、不斷冒出熱氣，宛如地獄般的光景而得此名。

☎017-738-6400（酸湯溫泉）

MAP附錄②P.7 A-5

## 【蔦溫泉旅館】

●つたおんせんりょかん

坐落在山毛櫸樹林中的木造建築，散發出悠久溫泉旅館特有的韻味與風情。浴場內有設置於源泉上的山毛櫸浴槽，從底部湧出的溫泉是清澈見底的新泉水。也因為散文家大町桂月經常下榻而聞名。

從浴槽底部湧出源泉暖和身心

☎0176-74-2311
LIN15:00、OUT10:00 ¥1泊2食13110日圓～ P70輛
所十和田市奥瀬蔦野湯1
巴JR青森站搭JR巴士往十和田湖方向1小時50分，蔦溫泉下車即到

MAP附錄②P.3 B-1

◐久安之湯會隨時間替換成男女浴場

**純泡湯入浴情報**

L10:00～16:00（受理～15:30） 休不定休
¥800日圓、兒童500日圓

◐正門所在的本館為大正7（1918）年的建築

**周邊的景點**

### 蔦之七沼 ●つたのななぬま

行經6座沼澤、長約3km的步道因周遭一大片山毛櫸森林而被列管為「蔦野鳥之森」。距離4km的赤沼景觀也很優美。

☎0176-75-2425（十和田湖國立公園協會）

MAP附錄②P.3 B-1

# 【ぬぐだまりの里 秘湯 八甲田溫泉】

●ぬぐだまりのさとひとうはっこうだおんせん

融入自然景觀，散發出鄉愁的鄉間旅館，備有男女分開的室內溫泉及露天溫泉、包租溫泉。隨浴槽區分的4種源泉採放流式，其中以碳酸泉而被譽為日本第一的「彈珠汽水溫泉」最出名。設有3種溫泉的「龍神之館」亦獲好評。

享受4種不同的源泉

➲以巨大梁柱為賣點的大浴場「龍神之湯」

☎017-738-8288
4月中旬～11月中旬（需洽詢）、IN15:00、OUT10:00
¥1泊2食8800日圓～ P70輛
所青森市駒込深沢766-2 JR青森站搭JR巴士往十和田湖方向54分，ロープウェー駅前下車，搭免費接駁車25分(限房客)
MAP附錄②P.7 B-5

**純泡湯入浴情報**
4月中旬～11月中旬（需洽詢），10:00～17:00 休營業期間不定休
¥600日圓、兒童300日圓、學齡前150日圓，彈珠汽水溫泉另外計費

周邊的景點

## 田代平濕原

●たしろたいしつげん

八甲田規模最大的濕原，百花綻放的季節會吸引許多人造訪，還鋪設有走一圈約1小時的步道。

☎017-734-5153
（青森市觀光課）
MAP附錄②P.7 B-5

# 【HOTEL Jogakura】

●ほてるじょうがくら

展現出北歐時尚感的飯店以「療癒」與「舒眠」為理念，在男女分開的大浴場可透過一整面的落地窗欣賞到溪流景致，更附設露天溫泉等，設計強調能貼近大自然。還有提供女性專用的休息室。

☎017-738-0658
IN14:00、OUT10:00
¥1泊2食17900日圓～
P80輛 所青森市荒川八甲田山中 JR青森站搭JR巴士往十和田湖方向1小時10分，城ヶ倉溫泉下車即到
MAP附錄②P.7 A-5

溫泉與完善設施打造出療癒時光

➲美景令人醉心

**純泡湯入浴情報**
11:30～15:00
休無休（有清潔維修日） ¥1000日圓

周邊的景點

## 城倉大橋

●じょうがくらおおはし

橫跨在絕景城倉溪谷上，堪稱日本規模最大的拱橋。橋樑兩端設有停車場以及廁所。

☎017-738-0658
(HOTEL Jogakura)
MAP附錄②P.7 A-5

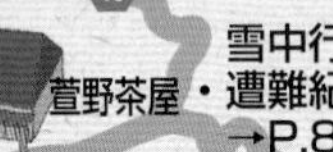



# 【谷地溫泉】

●やちおんせん

日本三大秘湯之一，擁有開湯400年歷史的溫泉，自古以來深受來療養的遊客喜愛。溫泉有較低溫的無色透明硫化氫泉、濁白色較高溫的硫磺泉2種，據說長時間浸泡較低溫的溫泉更有顯著療效。

**純泡湯入浴情報**
10:00～17:00 休無休 ¥600日圓、兒童450日圓、4歲以下免費

☎0176-74-1181
IN15:00、OUT10:00
¥1泊2食11604日圓～
P50輛 所十和田市法量谷地1 JR青森站搭JR巴士往十和田湖方向1小時40分，谷地溫泉下車，步行5分
MAP附錄②P.7 B-5

療養地歷史傳承至今的溫泉旅館

➲溫泉會穿過鋪在浴槽底部的棧板湧上來

周邊的景點

## ふかし湯

●ふかしゆ

涼亭裡的木箱下方有天然溫泉的蒸氣會向上飄散，坐在這裡便能從下半身溫暖至全身。

☎017-738-6400（酸湯溫泉）
自由使用（積雪期關閉）
MAP附錄②P.7 A-5

周邊的景點

## 睡蓮沼

●すいれんぬま

澄淨如鏡的水面上映照出八甲田山巒的湖沼群，每到夏季便會布滿白色的睡蓮，紅葉時節也很優美。

☎0176-75-2425
（十和田湖國立公園協會）
MAP附錄②P.7 B-5

# 【元湯猿倉溫泉】

●もとゆさるくらおんせん

建於南八甲田山中的獨棟旅館。溫泉是淡牛奶色的石膏硫化氫泉，一浸泡便能滋潤肌膚，且湧泉豐沛到可輸送給十和田湖溫泉鄉。在本館及新館各自設有規劃完善的室內浴池與露天浴池。

泉量豐沛 十和田湖溫泉鄉的泉源

➲可從露天浴池眺望群山

**純泡湯入浴情報**
4月下旬～10月，8:00～15:00
休清潔日休（需洽詢）
¥500日圓、兒童300日圓

☎0176-23-2030 4月下旬～10月、IN15:00、OUT10:00 ¥1泊2食13000日圓～ P25輛 所十和田市奥瀬猿倉1 JR青森站搭JR巴士往十和田湖方向1小時30分，猿倉溫泉下車，步行10分
MAP附錄②P.7 B-5

## 壯麗山峰綿延無際 壯闊的高原度假區

# 八甲田山麓

●はっこうださんろく

區域導覽

日本百大名山之一，廣布在八甲田山腳下的綠意盎然區域。還有橫跨至秋田縣、岩手縣等3縣的十和田八幡平國立公園，能親身感受到雄偉的大自然。

MAP 附錄②P.7

洽詢處 ☎017-723-4670（青森市觀光交流情報中心）

民宿 MAP 附錄②P.7 B-5

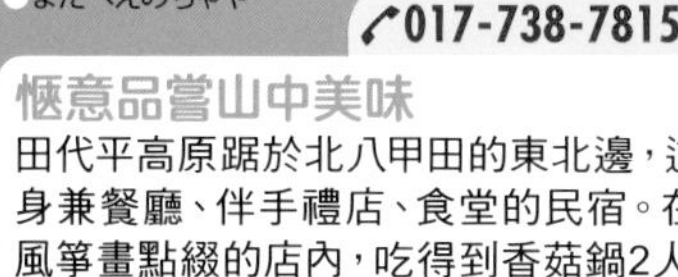

### 又兵衛の茶屋

●またべえのちゃや

☎017-738-7815 美食

**愜意品嘗山中美味**

田代平高原距於北八甲田的東北邊，這裡有家身兼餐廳、伴手禮店、食堂的民宿。在以津輕風箏畫點綴的店內，吃得到香菇鍋2人份3000日圓～（9月下旬～11月中旬）等山珍。

營4月～11月中旬，8:00～18:00 休營業期間無休 P30輛 所青森市駒込南駒込山1-244 交JR青森站車程1小時

○自在用餐的寬闊空間，店內還有室內溫泉

紀念碑 MAP 附錄②P.7 A-5

### 雪中行軍遭難紀念像

●せっちゅうこうぐん そうなんきねんぞう

☎017-728-7063（八甲田山雪中行軍遭難資料館） 景點

**背對八甲田連峰而立的雕像**

明治35（1902）年1月，於嚴冬的八甲田山所發生的雪中行軍遇難事件，210名隊員中有199名死亡。立成銅像的後藤房之助伍長被發現時呈昏迷狀態，因而使救難隊發現遇難者。

營自由參觀（11～5月可能視積雪狀況而封鎖，需確認）
P70輛
所青森市横内八重菊
交JR青森站車程50分

○由全日本軍官捐獻而在明治37（1904）年設立

茶屋 MAP 附錄②P.7 A-5

### 銅像茶屋

●どうぞうちゃや

☎017-728-1415 美食

**參觀完銅像後來此用餐**

位在雪中行軍遭難紀念像附近的茶屋，人氣菜色有雪中蕎麥麵850日圓、青森著名的生薑味噌煮成的的關東煮等。還有販售青森縣產的山菜和海產、點心等伴手禮。

營4月下旬～11月上旬，9:00～16:30 休營業期間無休 P70輛 所青森市横内八重菊61 交JR青森站車程50分

○是在八甲田兜風時可以順道來看看的景點

高原 MAP 附錄②P.7 A-5

### 萱野高原

●かやのこうげん

☎017-723-4670（青森市觀光交流情報中心） 玩樂

**八甲田連峰景觀一望無際的休閒地**

迎面便可眺望八甲田連峰的海拔540m高原。初夏有一望無際的翠綠天然草原帶給人開闊感受，最適合來此烤肉或野餐，秋季則能欣賞紅葉。

營自由入場 P周邊有停車空間 所青森市横内八重菊 交JR青森站搭JR巴士往十和田湖方向50分，萱野茶屋下車即到

○在大自然環抱下度過閒適時光

兜風路線 MAP 附錄②P.7 A-4

### 八甲田·十和田黃金道路

●はっこうだとわだ ごーるどらいん

☎017-723-7211（青森觀光協會） 景點

**在美麗的森林中暢快奔馳**

連結青森市與十和田湖的兜風道路（國道103號），能飽覽八甲田山麓的秀麗景致，沿路還有溫泉遍布。道路除雪後的「雪之迴廊」則是春季特有的美景。

營4月～11月下旬，自由通行 所青森市～十和田市 交JR青森站車程50分

○秋季能欣賞迷人紅葉的兜風路線

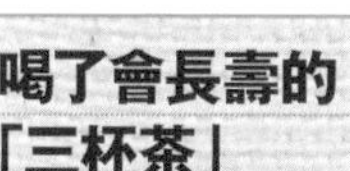

### 喝了會長壽的「三杯茶」

CLOSE UP

萱野高原有一種聽說「喝1杯能多活3年、喝2杯能多活6年、喝3杯能長生不老」的茶，可以在萱野高原上的茶屋免費試喝。營業時間4月～11月上旬。

○來喝喝看有名的三杯茶

茶屋 MAP 附錄②P.7 A-5

### 萱野茶屋

●かやのちゃや

☎017-738-2428

**萱野高原上的休憩好去處**

在萱野高原上的茶屋，不但能免費試喝萱野高原名產三杯茶，還供應蕎麥甜饅頭100日圓、五平餅150日圓等，菜色豐富且伴手禮也很齊全，不妨在兜風途中來走走。

營4月～11月上旬，8:00～16:00 休營業期間無休 P50輛 所青森市横内八重菊62 交JR青森站搭JR巴士往十和田湖方向50分，萱野茶屋下車即到

○吃點輕食或茶飲來休息一下，非常方便

資料館 MAP 附錄②P.7 A-4

### 八甲田山雪中行軍遭難資料館

●はっこうださんせっちゅうこうぐんそうなんしりょうかん

☎017-728-7063 景點

**八甲田山雪中行軍遭難資料館**

發生於明治35（1902）年的八甲田山雪中行軍遭難事件的相關資料館，透過看板及模型、影像等，介紹雪中行軍當時的時代背景和行軍計劃、遇難及搜索的狀況等。

營9:00～18:00（11～3月為～16:30） 休無休（2月為第4週三、四休） ¥260日圓、高中大學生130日圓、國中生以下及70歲以上免費 P45輛 所青森市幸畑阿部野163-4 交JR青森站搭青森市營巴士往田茂木沢方向30分，幸畑墓苑下車即到

○表現出嚴峻大自然所招致的悲劇

# 八戶

はちのへ

擁有東北首屈一指漁港的八戶，不但有著名的早市，還有海產及攤販等數不盡的美味樂趣。美軍基地與機場所在的三澤則能大吃冬季名菜北寄貝丼。

⬇➡整輛火車就是一間餐廳的TOHOKU EMOTION

⬅擺滿新鮮海產的八食中心

區域No.1的矚目景點

## 種差海岸

從蕪島蔓延到種差天然草地的海岸能欣賞到形形色色的景致。

▶P.91

推薦BEST 3

早市

### 八戶的早市 ▶P.86

早起來去充滿新鮮食材又生氣蓬勃的早市逛逛吧，回程順道去錢湯泡個早晨溫泉。

美食

### 北寄貝丼 ▶P.96

能在12～3月吃到的三澤名產北寄貝丼，大塊的北寄貝擄獲饕客心。

酒吧

### 橫丁 ▶P.88

留有橫丁文化的八戶有許多酒吧，彌勒橫丁的門檻較低，能輕鬆入內，推薦觀光客試試。

CONTENTS

前往三澤的交通方式

- 八戶站 → 三澤站　青森鐵道 20分
- 八戶站 → 三澤站　百石道路第二みちのく道路等 30分
- 第二みちのく道路終點 → 三澤站　縣道10號等 10分

前往八戶的交通方式

- 八戶站 → 本八戶站　JR八戶站 8～16分
- 八戶站 → 本八戶站　國道454號等 15分
- 八戶道八戶IC → 本八戶站　國道340號等 10分

はちのへ

# 八戶

東北首屈一指漁港城

## 玩樂方式 1 大肆採買活跳跳海鮮

來到這裡最大的樂趣便是與當地人一邊互動一邊購物，太過便宜又好玩可能會讓人不小心買過頭。

八戶美食一網打盡！

# 八食中心的玩樂方式

以現撈海產為首，八戶是集結五花八門美食的港都。務必來到這個能採買伴手禮、大口吃美食、網羅八戶時令風味的大型市場逛逛！

ACCESS

八戶站

開車 國道454等 15分

鐵路 JR八戶線 8～16分

本八戶站

三澤

八戶

## 玩樂方式 2 炭火現烤剛買的海產

買好新鮮食材後能趁新鮮用炭火烤來吃的空間就在八食中心內！

### 1.先赴櫃台繳費後至市場採買食材！

↑以1500日圓在岩村商店買到七厘海鮮組

←繳費時能租借調味料和夾子、免洗筷、紙盤等

先在櫃台支付使用費，再去市場購買食材。只要先說明「我想在七厘村現烤食用」，店家便會幫客人處理食材以便烘烤。

### 八食中心七厘村

●はっしょくせんたーしちりんむら

來這裡現烤

在八食中心購買的新鮮海產及肉品等，可以用七厘炭火爐現烤當場享用的人氣店家。

☎0178-29-4451

🕒9:00～17:00 休週三(逢假日則營業) ¥火爐使用費(1人2小時)成人350日圓、小學生100日圓

### 2.馬上來用炭火烤！

終於能將愛吃的食材放上去烘烤，也能請店員給點烘烤熟度上的建議。

←還可以請店員來更換炭火或烤網

### 3.依喜歡的熟度來大吃一番！

←配上繳費時借來的醬油和胡椒鹽來品嘗

烤到自己覺得差不多時便可以開動了♪雖然這次只烤了扇貝和牡蠣、田螺等，八食中心還有販賣牛肉的店家，也可以買來烤肉。用餐後將垃圾分類、炭火爐則留在原位即可，輕鬆又方便。

### 八食中心

●はっしょくせんたー

有剛從八戶港捕撈上岸的海產、現採蔬菜等琳琅滿目的市民市場。還有許多使用市場內食材的餐飲店，也吸引許多當地人前來。

☎0178-28-9311

🕒9:00～18:00（食堂街・味横丁為～18:30，餐飲棟・廚Stadium為～21:00） 休週三（餐飲棟無休） P1500輛 所八戶市河原木神才22-2 交JR八戶站車程7分

MAP附錄②P.16 B-1

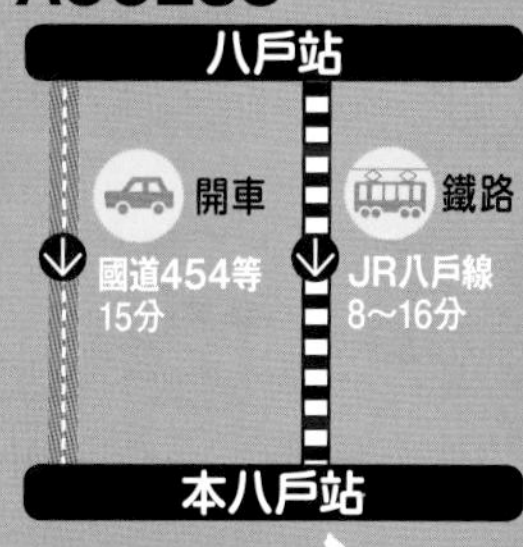

→交通方面搭100日圓巴士很方便

1小時1班 9時～16時營運 ※往八食中心的約略值

方便的100日圓巴士來往於JR八戶站與八食中心，也可在中途下車。還有行駛至八食中心及八戶市中心、不到200日圓的巴士。

弘前
P.20
青森市區
P.50
奧入瀨溪流‧十和田‧八甲田
P.67
八戶
P.83
津輕半島‧五所川原
P.99
白神山地‧津輕西海岸
P.107
下北半島
P.115

玩樂方式3

# 大口品嘗市場美饌！

在約有600席的大型餐飲建築「廚Stadium」內，開心大啖新鮮食材的壽司及海鮮丼、八戶鄉土料理等在地美味！

樂享海味與鄉土料理

## いちば亭

いちばてい

吃得到八戶最具代表性的鄉土料理「煎餅湯定食」、新鮮的海鮮丼，以供應美味鮮魚和飯食而享高人氣，外帶便當也獲好評。店內空間寬敞，帶小朋友來也不必擔心。

0178-28-8748
10:00～15:30
休無休

備有吧檯座、一般桌椅、和式座位

煎餅湯（在地雞醬油風味）680日圓
會以小火鍋爐供餐，可以調整火力自行撥碎煎餅一起煮後享用

招牌DX丼（附湯品）1980日圓
含有牡丹蝦和鮭魚卵的豪華蓋飯，基本上供應白飯，也可以免費更換成醋飯。

鯖魚 500日圓
八戶出名的北魷，能一次吃到生吃、醋醃、炙燒三種

北魷 300日圓
花枝的鮮甜越嚼越在口中擴散開來

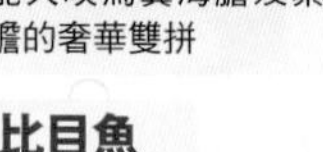
海膽雙拼 1000日圓
能大啖馬糞海膽及紫海膽的奢華雙拼

比目魚側邊肉 800日圓
盡享白身魚的美味

主打新鮮食材的人氣店家

## 八食市場壽司

はっしょくいちばずし

八食中心內備受歡迎且空間寬闊的迴轉壽司。採用新鮮在地食材的菜色豐富，假日人龍不斷。也別錯過當日菜單及套餐菜單。

0178-21-1844
10:00～21:00 休無休（有臨時休）

草莓煮 800日圓
可吃到海膽與鮑魚的奢侈鄉土料理

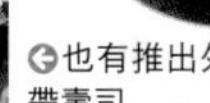
也有推出外帶壽司

定食、麵食、蓋飯很多元

## 食堂 田舍

しょくどういなか

從簡單的定食到麵食、蓋飯等菜色多樣，堅持使用從八食中心進貨的食材，餐點的鮮度一流。除了店內空間，也可以在旁邊的味橫丁用餐空間享用。

0178-28-9316
9:00～18:00
休週三（逢假日則營業）

雖然空間較小，仍具備吧檯座及和式座位

中華麵 490日圓
以小魚乾和豚骨熬煮高湯製成的醬油味湯頭是八戶特有的滋味

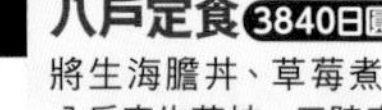
八戶定食 3840日圓
將生海膽丼、草莓煮、八戶產生花枝、三陸產海帶根配成套餐的定食

玩樂方式4

# 採買八戶特色伴手禮

這裡還有許多活用八戶和青森在地特產製作的加工品，快來把旅行回憶帶回家吧。

チーズといかのハーモニー なかよし
50g‧80g‧120g‧200g
將八戶花枝夾上丹麥產起司的珍味，起司有加工起司、康門貝爾、黑胡椒3種

TACCOLA
200ml
大蒜搭上可樂的嶄新風味飲料，是值得注意的在地飲品

スタミナ源たれ
使用青森產蘋果和蒜頭製作，幾乎可說是當地人家家必備的熱門商品

戶真鯖（水煮、味噌煮）
370g
將捕撈自八戶前外海的新鮮鯖魚之美味直接封存成罐頭

睡魔漬
250g‧500g
將山珍海味以牽絲昆布醃漬而成的青森鄉土料理，無論配飯配酒都好吃

八戶名產 草莓煮
415g
肉質緊實的八戶海膽與鮑魚燉煮出的湯品，以樸實又有深度的滋味受到好評

從生鮮品到加工品應有盡有喔！

# 玩轉八戶知名的早市！

一大早便充滿美食與朝氣！

在港都八戶，從清晨便有生氣蓬勃的市場開張，強力的吆喝聲響徹雲霄。快來和在地的阿姨們交流互動，從早開始盡情感受充滿活力的八戶。

蜂湧而至的人潮擠滿漁港，朝氣沸騰

玩轉亮點
• 多吃小分量美食
• 購買罕見珍品

每週日舉辦

隨日出而始的大型早市

## 館鼻岸壁早市

●たてはながんぺきあさいち

每週日在館鼻岸壁從清晨開始舉辦，長達800m的早市大道兩側有約300家攤販櫛次鱗比。堪稱全日本也難有能與之媲美的大規模早市，每週都有超過1萬人熙來攘往。

☎080-5734-3251 營3月中旬～12月，日出～9:00 休1～2月、5月第2週日 P500輛 所八戶市新湊 交JR陸奧湊站步行10分 MAP附錄②P.16 C-1

### 先來索取早市MAP

擺攤店家及廁所位置都能一目瞭然的好用地圖100日圓，在朝市會事務所及部分店家都有販售。

### 非官方吉祥物？尋找Ikadon

獲得早市默認的吉祥物Ikadon，會在早市四處散步，那搶眼的外形甚至會引來想拍合照的人群。有時還會發送糖果或Ikadon小卡。

從大鍋分裝出來的湯品是絕佳早餐

來到這裡想在逛街之餘到處吃吃喝喝

還有賣鞋子和五金的店家！

## 必吃早市美食大盤點！

**鹽味雞翅 1支70日圓**

清晨3點左右便會出現排列隊伍的熱門店家，在眼前現炸的雞翅非常多汁。
[しおてばの大安食堂]

**鯖魚可樂餅 1個80日圓**

將白飯與鯖魚碎肉做成可麗餅的菜色，不少饕客為了這個而專程來此。
[串わ・サバコロ青年隊]

**海膽飯 350日圓**

海膽的鮮甜與切碎的紫蘇形成奢侈美味的飯食也是早市優惠價。
[馬渡商店]

**花枝串 350日圓**

用設置在小型卡車上的地爐以木炭烘烤。
[かつら工房]

**幼蟲軟糖 350日圓**

看起來很不舒服卻無法忽視的軟糖。除了獨角仙以外，還有幼蟲形狀的逼真軟糖。
[赤いテントのコーヒー店]

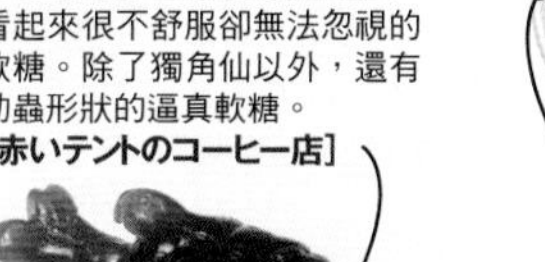

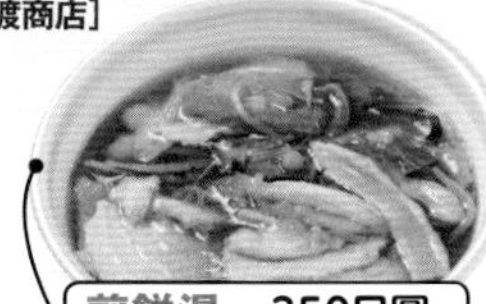

**煎餅湯 350日圓**

也能在此一嘗以根菜和濃醇醬油味的湯頭、彈牙煎餅為特色的鄉土料理。[笹本商店]

### 遊覽早市搭"いさば号"最方便

每週日從中心街區（十三日町、三日町）走遍2～3處早市會場的銅板價巴士，單次搭乘100日圓。

☎0178-25-5141
（八戶市交通部運輸管理課）

1小時1～2班
早上5～6時之間營運
※往館鼻岸壁早市的約略值

平日、第1、3、4週六舉辦

散發古早風情的早市

# 陸奧湊站前早市

玩轉亮點
- 融入在地人盡情逛街
- 製作獨一無二的早餐

●むつみなとえきまえあさいち

陸奧湊站前以八戶市營魚菜小賣市場為中心、八戶最具韻味的早市，販售新鮮海產與熟食的響亮叫賣聲此起彼落，更吸引當地人專程來早市吃早餐，不愧堪稱為本市的廚房。

☎0178-33-6151（八戶市營魚菜小賣市場）
🕒3:00～12:00 休週日、第2週六 P無
所八戶市湊町 交JR陸奧湊站即到
MAP附錄②P.16 C-1

⊙就位在JR八戶線陸奧湊站的旁邊

⊙一整排當天所捕獲的新鮮海產

⊙在客人面前展現精湛刀法

⊙醃菜與熟食也一應俱全

市場內隨處都能聽見熱鬧的吆喝聲

## 挑戰製作獨一無二的早餐

### ①選擇想吃的配菜
逛逛許多店家、在聊天之餘多加比較，再購買現捕的新鮮食材。

### ②在市場內購買白飯
在市場後方的餐飲區購買熱騰騰的白飯及味噌湯（各100日圓～）。

### ③最後就是大吃特吃！
豪邁盛上愛吃的生魚片和配菜，獨一無二的早餐就完成了！請在設置於市場內的餐飲區用餐。

※分量大的商品可以試著問問能否只買100日圓的量！

還有還有

## 八戶早市

八戶除了有彷彿自成一城的大型早市、市場集中的區域以外，還有許多規模較小卻深受當地人喜愛的早市。特地早起參加這些地域緊密型的早市也是達人玩法！

每週六舉辦

全年開張的早市

### 八戶海鷗早市

●はちのへうみねこあさいち

原本是在館鼻岸壁早市（P.86）休市期間所暫時開設的早市，但客人也隨著舉辦次數而增加，最後成為在地生根的早市。因為其他早市多會冬季休市，所以這裡作為全年無休的早市而廣受歡迎。

☎0178-51-9245（八戶海鷗早市協同組合）
🕒天亮～8:00
休週日～五
P100輛
所八戶市江陽5-21（ライジング江陽）
交JR小中野站步行12分
MAP附錄②P.16 C-1

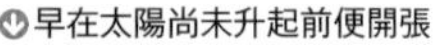
⊙早在太陽尚未升起前便開張

⊙許多攤販也有在館鼻岸壁早市擺攤
⊙還有販售油炸食物的店

達人玩法

## 早市後來去錢湯

若想更深入感受八戶的早晨，推薦逛完早市後來去深受當地熱愛的療癒錢湯泡一下！

### 湯～トピア小中野

館鼻岸壁早市車程6分／陸奧湊站前早市車程7分

●ゆ～とぴあこなかの

有寢湯和電器浴池等多種浴槽。

☎0178-22-7765 🕒6:00～22:00
休無休 MAP附錄②P.16 C-1

### 卵湯

館鼻岸壁早市車程8分／陸奧湊站前早市車程10分

●たまごゆ

洋溢復古氛圍的溫泉錢湯。

☎0178-46-0383 🕒5:10～22:00
休無休 MAP附錄②P.16 B-1

### 双葉湯

館鼻岸壁早市步行8分／陸奧湊站前早市步行11分

●ふたばゆ

還備有投幣式洗衣機。

☎0178-33-3885 🕒5:30～22:00
休第3週一 MAP附錄②P.16 C-1

搭計程車前往早市＋晨浴

### "八戶あさぐる"很方便！

費用 3100日圓～
※若住宿於市中心飯店

申請 最晚前一天22時前向住宿飯店申請
※僅限住宿於合作飯店的房客

1 計程車前來飯店迎接
2 赴早市購物&吃早餐
3 藉晨浴來喚醒身體
4 搭計程車回飯店

☎0178-41-1661（八戶觀光協會）

# 洋溢濃濃的昭和復古味！到橫丁續酒攤

橫丁與早市同樣都是八戶庶民文化的象徵，8條獨具個性的橫丁緊密相鄰，營造出獨特的氛圍。不妨來橫丁玩到深夜吧！

**醬燒烏賊** 972日圓
將烏賊肉與內臟一起用秘傳醬汁調味成微辣風味。

**田心純米吟釀** 900日圓
**陸奧八仙純米酒** 680日圓
網羅八戶酒廠的酒類等。

**生花枝片** 時價
將新鮮的花枝從店內的魚槽取出來現切，花枝腳會另外做成炸物後上菜。

將活跳跳的花枝
彌勒橫丁 巧手變成多種菜餚

## ととや烏賊煎

●ととやいかせん

坐落在彌勒橫丁的入口旁，以花枝為主的菜色做為主打的居酒屋。點餐後會從店內的活魚槽撈出後調理，能透過生吃到炸物等多種吃法來享用活跳跳的花枝。

☎0178-45-5540 🕒17:00～23:00
休無休 P無 所八戸市三日町25
🚃JR本八戶站步行10分
MAP附錄② P.16 B-4

↑設有兩個花枝活魚槽的店內

老闆 木村健一先生

「ととや」在青森的方言中意指魚店。

→位在觀光客熙來攘往的橫丁入口旁

以在地食材製作出
彌勒橫丁 溫馨鄉土料理

## 田舍子

●じゃいご

可以在只有8個座位的小小店內飽嘗鄉土料理的餐廳，供應以山藥和牛蒡、蒜頭等在地食品用心製作的料理，有湯品及炸物等，每道菜都是暖心的好味道。

☎080-6027-0682 🕒18:00～24:00 休週一 P無 所八戸市三日町25 🚃JR本八戶站步行10分 MAP附錄② P.16 B-4

↑以ㄈ字形吧檯為中心的8個座位

↓ととや烏賊煎旁的店家

**山藥麵糰湯** 730日圓
將磨成泥的山藥製成口感彈牙又好吃的麵糰，再加上牛蒡及紅蘿蔔、雞肉等大量配料。

也常看見不同桌客人在此結為好友♪

老闆 中村景子小姐

→山藥可樂餅（1個400日圓）是高人氣的獨創菜色

↑本八戶站
hacchi
三日町
六日町
彌勒橫丁
花小路
口琴橫丁
長橫町連鎖街
牢丁連鎖街
八戶昭和通
狸小路
五番街

多達8條橫丁！
## 橫丁基本介紹

### 八戶昭和通
因經營人大多為戰後昭和出生，散發出昭和的溫暖而命名，是一條寬闊好走的橫丁。

| 店鋪數量 | 15 |
|---|---|
| 在地深度 | ●○○ |

### 口琴橫丁
店家林立形同口琴的簧片而得此名，入口的木製拱門透露出沉著氣息。

| 店鋪數量 | 14 |
|---|---|
| 在地深度 | ●○○ |

### 花小路
名字來自於冀望這裡成為花朵綻放的小路。位於彌勒橫丁旁，大樓出入口形成迷宮般的區域。

| 店鋪數量 | 13 |
|---|---|
| 在地深度 | ●●○ |

### 彌勒橫丁
廣受觀光客喜愛的攤販村，有居酒屋和西式酒吧等諸多類型的店家櫛次鱗比，散發出開放的氛圍。

| 店鋪數量 | 26 |
|---|---|
| 在地深度 | ●●● |

**銀鯖串燒** 1串 500日圓

將肥肉與瘦肉交互串起，吃到最後一口也不會膩。

**八戶醃銀鯖丼**
中 1500日圓(附湯品、小菜、醃菜)

既吃得到極致的油花分佈又沒有腥味。

花小路 頂級銀鯖的特色菜單

## サバの駅

●さばのえき

請盡情享受八戶鯖魚的魅力！

主廚 田中和男先生

將高品質的頂級銀鯖變成必吃的醋醃鯖魚到鯖魚三明治等菜色，正如同「接收鯖魚的魅力進而推廣」的店名所示，能在此盡享鯖魚。

☎0178-24-3839 L17:00～23:30 休週日 P無 所八戶市六日町12大松ビル1F 🚃JR本八戶站步行15分

MAP附錄② P.16 B-4

●位於彌勒橫丁旁，花小路內的大樓1F

●一次可喝5種店家自製日本酒的套餐1400日圓大獲好評

口琴橫丁 散發濃厚在地韻味的餐廳

## DA介

●だすけ

店名「DASUKE」是指帶有～所以之意的青森南部方言。在口琴橫丁開店16年，深受在地客人歡迎，是也曾出現於電影拍攝地和小說中的名店。

☎0178-73-1314 L18:30～24:00 休週日 P無 所八戶市岩泉11 🚃JR本八戶站步行20分

MAP附錄② P.16 C-4

●手繪插畫格外醒目的外觀

●將鐵皮看板和海報密密麻麻地貼滿店內

夏天還會設置喝酒的露天座。

老闆 市川亮一先生

**味噌漬內臟大分量鐵板燒**
1人份 600日圓(照片為2人份)

將味噌漬內臟及高麗菜等以蒙古烤肉鍋烤過後品嘗。

完成！

●把罐頭鯖魚鋪在輕烤煎餅上吃的小菜，1人份200日圓(2片煎餅)

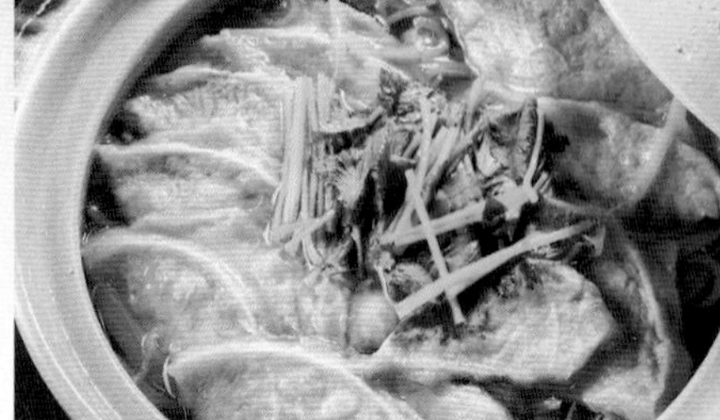

**醬燒花枝鐵板燒** 1080日圓

剩下的醬汁還有另一個美味驚喜等著您，務必預留一些。

**八戶煎餅湯鍋**
702日圓

熱騰騰的土鍋盛滿大量美味。

牢丁連鎖街 備受回籠客喜愛

## おかげさん

不但有在地人支持，更有許多觀光或出差前來的客人及回籠客的餐廳。除了煎餅湯等耳熟能詳的菜色，古早味的炒麵及炒飯也是深受好評。

☎0178-45-0415 L17:30～22:30 休週日、逢假日的週一 P無 所八戶市鷹匠小路1 🚃JR本八戶站步行16分

MAP附錄② P.16 B-5

●除了吧檯座以外也備有和式座位

●很容易被紅燈籠吸引而想一探究竟

●豐盃（1合896日圓），ん（1合788日圓）

來這裡吃得到！

彌勒橫丁

## 寿庵

●ことぶきあん

●身穿和服的老闆娘與熱情的店員會親切地招待客人

以自古流傳於八戶的鄉土菜為中心，主推由當地新鮮海產、老闆娘親自摘採的山菜等烹製出滿滿愛情的手工料理，也有醋醃鯖魚生魚片、花枝火鍋等。

☎090-1060-0330 L17:00～翌日2:00 休週日、假日 P無 所八戶市三日町25 🚃JR本八戶站步行15分

MAP附錄② P.16 B-4

**八戶拉麵**
600日圓

溫和滋味對飲酒後的身體來說較無負擔

## 續完酒攤最後就吃八戶拉麵

小魚乾與雞肉高湯的爽口醬油湯頭配上手打細卷麵，八戶拉麵既簡單又帶有鄉愁的滋味最適合當酒後美食！

### 長橫町連鎖街

電影院旁的橫丁有以鐵鍊相連的餐飲店林立而得此名，U字形的巷弄有滿滿的特色店家。

| 店鋪數量 | 21 |
|---|---|
| 在地深度 | ○○● |

### 牢丁連鎖街

連接藩政時代曾架設牢房的鷹匠小路（牢丁）與長橫町連鎖街，氣氛相當開放。

| 店鋪數量 | 7 |
|---|---|
| 在地深度 | ○●● |

### 狸小路

從五番街延續過來的小路，招牌和燈火營造出宛如置身於電影拍攝場景般的氛圍。

| 店鋪數量 | 14 |
|---|---|
| 在地深度 | ○○● |

### 五番街

據說跟狸小路一樣從江戶時代便存在的橫丁，即使白天也是一片晦暗隱密的氣氛。

| 店鋪數量 | 10 |
|---|---|
| 在地深度 | ○○● |

# 八戶2大祭典

8月舉辦的氣勢磅礡祭典八戶三社大祭、宣告春天到來的八戶沿步利，先來瞭解活動看點、認識傳統吧。

## 彩躍夏與冬的盛大活動

### 夏 攤開雄偉的歷史畫卷 7/31～8/4

## 八戶三社大祭 ●はちのへさんしゃたいさい

以神話和傳說、歌舞伎等主題的故事場景裝飾而成的27輛花車出巡，在2016年列入聯合國教科文組織的無形文化遺產。

0178-41-1661（八戶觀光協會）
所八戶市內中心商店街及市政廳前 交JR本八戶站步行15分 MAP附錄②P.16 B-4

**必看亮點**
**豪華絢爛的花車**
共27輛高達10m、寬達8m的山車繞行八戶市中心，花車會配合路寬延展開來或讓人偶上下擺動，以諸多把戲帶給觀眾震撼感受。

〈祭典欣賞重點精華選〉

**點燈**
中日從18點開始點燈的花車浩蕩遊街，在燈火照亮下擺動的花車機關相當震撼。

**樂隊**
帶領著華麗花車前進的樂隊是小朋友的任務，太鼓的連擊聲和笛子的音色一同炒熱祭典氣氛。

**法霊神樂**
由山伏帶來的神樂之一。數名舞者搖響獅子頭的「一齊鬥齒」是最大的看點。

**活動行事曆**

| | |
|---|---|
| 7/31 | **前夜祭** 點上華燈的27輛花車會一同展示於八戶的市中心。 |
| 8/1 | **通行** 花車會伴隨神社隊伍出巡，隊伍中還可看見虎舞、神樂等鄉土藝能表演。 |
| 8/2 | **中日** 點上燈火的花車上街遊行。此外，也會舉辦花車的評審發表會。 |
| 8/3 | **歸還** 與第一天的通行一樣，可欣賞花車與神社隊伍的遊行。 |
| 8/4 | **後夜祭** 花車會同時展出，祭典準備劃下句點。 |

### 冬 2/17～2/20 祈禱一年的豐收

## 八戶沿步利 ●はちのへえんぶり

青森縣的代表性民俗藝能，迎接春季的豐年祈願祭典，會在每年2月17～20日舉辦。有三十多組由舞者與樂隊組成的「沿步利組」參加，於市內各地大展舞技。

0178-41-1661（八戶觀光協會）
所長者山新羅神社、八戶市中心、市廳前市民廣場等（更上閣、八戶市公會堂有收費表演）
交JR本八戶站步行10分（市廳前市民廣場） MAP附錄②P.16 B-4

**必看亮點**
**魄力十足的舞蹈**
戴著華麗的烏帽子、敲響大地的太夫之舞，被視為一種喚醒冬眠田神的儀式，藉由播種和插秧等動作來呈現舞步。

**活動行事曆**

| | |
|---|---|
| 2/17～2/20 | **奉納舞、沿步利遊行、集體齊舞等** 沿步利隊伍會在清晨前往長者山新羅神社獻上沿步利齊舞。此外，在八戶市廳舍前廣場的特設舞台等市內各地也有沿步利表演。 |

《祭典欣賞重點精華選》

**沿步利遊行、齊舞**
沿步利的隊伍會在市中心緩緩遊街，隊伍中央會有30多組沿步利小組聚集在一起擺動頭飾來熱舞，是祭典的最大看點。

**庭園沿步利**
於國家登錄有形文化財更上閣表演的沿步利，可以邊喝甜酒或煎餅湯邊欣賞（2100日圓）。

**祝福藝**
在齊舞空檔，隨著輕快的笛聲與手平鉦帶來的輕巧舞蹈，小朋友們的可愛模樣會讓觀眾不禁笑開懷。

罕見的綠色絕景

# 種差海岸悠閒散步

位於三陸復興國立公園北口的種差海岸，是一片由沙灘與高低不平的礫灘交織而成的獨特景觀，可以在欣賞饒富變化的海岸線與季節花草之餘，好好享受散步。

## ① 種差天然草地
●たねさしてんねんしばふち

位於JR種差海岸站附近，緩坡延展至海岸邊的廣闊草原。草原也緊鄰縣道1號，因此吸引許多前來散步的遊客。

有益眼睛健康的無盡綠意帶來舒爽感受

➡也曾做為電影的拍攝地，更入選「日本之渚百選」

## ② 白濱海水浴場
●しらはまかいすいよくじょう

擁有一大片白色沙灘而在北三陸十分罕見的海水浴場，2006年獲環境省選定為「快水浴場百選」。

⬅每到夏天會擠滿來海水浴的遊客

## 種差海岸
●たねさしかいがん

從蕪島延伸至金濱，長約14km的海岸線，能看到白色沙灘、岩礁、礫灘、廣布至海岸邊的遼闊草原等形形色色的景致，獲選為「日本白砂青松100選」。

✆0178-46-4040（八戶市觀光課）🚃JR種差海岸站步行3分（種差天然芝生地）

MAP附錄②P.16 D-1

## ③ 大須賀海岸
●おおすかかいがん

大從大須賀綿延至白濱的平緩海岸，在東北可散步的沙灘中屬幅員最大，也因行走時會發出「啾啾」聲響的鳴沙而出名。

## ④ 葦毛崎瞭望台
●あしげざきてんぼうだい

佇立於鮫角燈塔前海岬上的瞭望台，建造在天然岩石上的風貌很特別。能飽覽太平洋，周遭步道規劃完善。

⬆附近還有供應輕食的咖啡廳

⬇海鷗繁殖的巔峰期必須撐傘

## ⑤ 蕪島
●かぶしま

大正11（1922）年列入國家天然紀念物，以海鷗繁殖地而名聞遐邇。

※蕪嶋神社雖然在2015年11月因火災而燒毀，現正致力於重建。

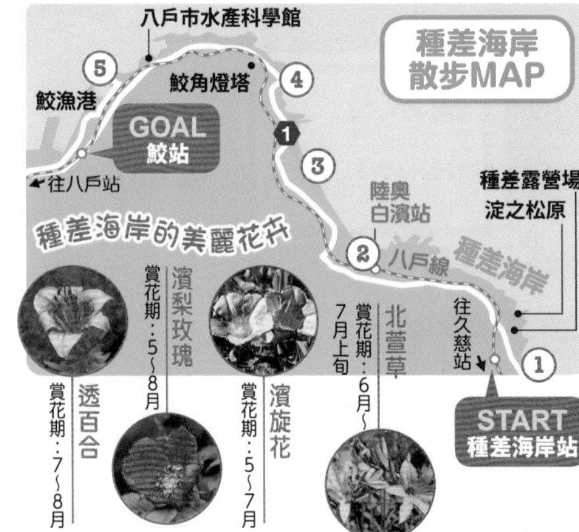


### 參考路線

全長 步道約9km
所需 約3小時10分

START JR種差海岸站
步行約3分
① 種差天然草地
步行約50分
② 白濱海水浴場
步行約45分
③ 大須賀海岸
步行約30分
④ 葦毛崎瞭望台
步行約50分
⑤ 蕪島
步行約15分
GOAL JR鮫站

※JR八戶站到鮫站21分、到種差海岸站33分

### 還可租借電動輔助自行車！

遊覽種差海岸時利用自行車租借服務「ナビチャリ」較方便。在JR種差海岸站與鮫站的設點處都可租車及還車！限5～10月。

✆0178-38-2024（種差觀光協會：種差海岸站即到）　※詳情於八戶觀光Navi介紹（https://hachinohe-kanko.com/tanesashi_cycle）

### 種差海岸諮詢中心
●たねさしかいがんいんふぉめーしょんせんたー

以種差海岸和階上地區為主，提供自然、文化資訊及體驗活動的設施。

✆0178-51-8500 ⏰9:00～17:00（冬季～16:00，1/2、3為10:00～15:00）休無休 P68輛 ¥免費 所八戶市鮫町棚久保14-167 🚃JR種差海岸步行3分　MAP附錄②P.16 D-1

也來這裡逛逛！

⬆館內有許多透過視、觸覺來學習的展品

水面映照出月亮與星光，樹林點燈後更顯優美

**浮湯**
大型浴槽向遼闊池塘凸出的露天溫泉。

## 青森文化的主題園區

# 星野度假村 青森屋

設於池塘上的露天溫泉、配合青森四大祭典變化的餐點，以及青森風味十足的客房…，來此能徹底感受青森的文化與自然。

**檜木湯**
浮湯的室內溫泉，飄散出青森檜木的香氣。

↑從天花板到浴池、牆面全由青森檜木打造的室內溫泉「檜木湯」

### 盡享濃稠泉質的熱泉 溫泉

青森湯的溫泉屬單純泉，是質地濃稠且柔滑的泉質，可以在「浮湯」等風格各異的3大浴場與足湯盡情享受。

**星野度假村 青森屋**

ほしのりぞーとあおもりや
☎0570-073-022
（星野度假區預約中心）
IN15:00、OUT12:00 ¥1泊2食16500日圓～ P200輛 所三沢市古間木山56 JR八戶站搭免費接駁巴士約40分（需預約）、JR新青森站搭免費接駁巴士約2小時30分（需預約），前往三澤機場、青森機場也有免費接駁巴士

MAP附錄②P.6 F-5

**元湯**
彷彿置身於古時候溫泉療養地的岩石浴池，是從早便有在地人來泡的休閒溫泉。

↑晨間沐浴推薦溫度較高的溫泉

**足湯**
能夠在欣賞偌大池塘與綠意環繞的腹地內公園的同時，泡泡源泉放流的足湯度過悠閒時光。

←推薦在公園散步沿途來泡泡腳

弘前
P.20
青森市區
P.50
奧入瀨溪流・十和田・八甲田
P.67
八戶
P.83
津輕半島・五所川原
P.99
白神山地・津輕西海岸
P.107
下北半島
P.115

# 個性洋溢的3種風味餐點

晚餐有三間可以選擇，皆是能在接觸青森文化的同時享用季節菜餚的餐廳。不妨在各具特色的餐廳大啖美食。

可以戴上花笠體驗祭典舞蹈

在澎湃的祭典音樂陪襯下享用晚餐

### 表演餐廳「陸奥祭屋」

會有2輛花車繞行會場，可以在祭典音樂中感受青森四大祭典、開心用餐。

### 古民家餐廳「南部曲屋」

晚間供應使用大量海產的「七子八珍宴席」，早餐則能享用「古民家的田舍御膳」。

在三面環海的青森才吃得到的「七子八珍宴席」

來茅草屋頂的古民宅品嘗青森的鄉土料理

身穿白色割烹服裝的媽媽熱情歡迎

### 自助式餐廳「のれそれ食堂」

以「媽媽的溫馨料理」為宗旨，提供各式各樣的日、西、中式佳餚。

## 還有許多體驗！青森文化

### 滿滿青森祭典文化的客房

客房的舒適感與青森祭典文化相互融合的客房「Ikutera」。

立燈與紙門等細節也藏有祭典圖樣

### 在八幡馬Lounge享受悠閒時刻

能從設計開闊的窗邊眺望公園景觀

設計融入青森傳統工藝八幡馬的酒廊於2017年秋季開設於腹地內的公園，能點杯飲品愜意放鬆。

### 搭馬車巡遊公園

繞行公園的馬車遊，會依季節推出不同活動，例如夏季可在馬車內享用冰涼水果。動物取扱業登錄第145014號。

坐上青森檜木製作的馬車悠哉漫步

# 來歡騰廣場熱鬧一番祭典

歡騰廣場的原文「JAWAMEGU」意指興高采烈。不但有鏈子三味線的表演等，還有營造出居酒屋氣氛的「ヨッテマレ酒場」。

觀眾也能挑戰彈奏鏈子三味線

### 歡騰表演秀

除了青森民謠和津輕三味線之外，每晚都會舉辦能欣賞鏈子三味線現場演奏的表演。

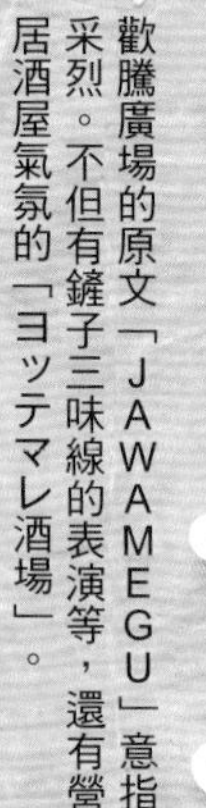
首推「滿滿蘋果沙瓦」

能自己釣扇貝再烤來吃

能熱鬧度過夜晚直至深夜0時

### ヨッテマレ酒場

飄散出昭和氣息的酒吧供應青森特有的美食及在地酒，無論單獨前來或多人數都好玩。

 提供／星野度假村 青森屋

## 南部文化在地生根 生趣盎然的港都

# 八戶

●はちのへ

曾經是南部八戶藩二萬石的城下町，自古繁榮至今的城市。擁有許多早市和攤販村能一嘗新鮮海產的店家，散發出濃濃人情味也是這裡的一大魅力。

區域導覽

MAP 附錄②P.16

洽詢處 ☎0178-41-1661（八戶觀光協會）

---

資料館　MAP附錄②P.16 B-2

### 是川繩文館

●これかわじょうもんかん　☎0178-38-9511　景點

**介紹在八戶所發現的繩文文化**

展出國家史蹟是川遺跡等繩文遺跡的挖掘成果。從風張1遺跡出土的國寶合掌土偶是繩文時代後期的文物，在幾乎保持原貌的狀態下出土的模樣，宛如女性祈禱的姿態。

🕒9:00～16:30　休週一、假日（第1週一開館，逢假日則翌日休）　¥250日圓、高中大學生150日圓、國中小生50日圓　P90輛　所八戶市是川橫山1　🚃JR本八戶站車程25分

常設展廳裡還有展出風張1遺跡出土的土器和石器等

---

神社　MAP附錄②P.16 A-2

### 櫛引八幡宮

●くしひきはちまんぐう　☎0178-27-3053　景點

**收藏珍貴盔甲的南部總鎮守**

擁有超過700年的歷史，被暱稱為「八幡山」的南部藩總鎮守。國寶館內展出國寶赤糸威鎧、國寶白糸威褄取鎧等25件文化財。體驗穿著盔甲或巫女服裝也很熱門。

🕒境內自由參觀（國寶館為9:00～17:00）　休無休　¥國寶館入館費400日圓、國高中生300日圓、小學生200日圓、幼童免費　P200輛　所八戶市八幡八幡丁3　🚃JR八戶站車程10分

本殿及正門已列入國家重要文化財

---

文化設施　MAP附錄②P.16 B-4

### 八戶門戶博物館 hacchi

●はちのへぽーたるみゅーじあむはっち　☎0178-22-8228　玩樂

**做為門面來推廣八戶的魅力**

能認識八戶的魅力與看點的設施，設有提供觀光資訊、展示介紹八戶文化與傳統的攤位，便於在觀光前來搜集情報，更有咖啡廳和藝術商店等。

🕒9:00～21:00　休第2週二（逢假日則翌日休）　¥免費入館　P無　所八戶市三日町11-1　🚃JR本八戶站步行10分

1～3樓還設有展示八戶觀光資訊的攤位

---

史蹟　MAP附錄②P.16 B-1

### 八戶市 國史蹟·根城之廣場

●はちのへしくにしせきねじょうのひろば　☎0178-41-1726　景點

**安土桃山時代的本丸修復規劃**

建武元（1334）年築城的根城，在昭和53（1978）年的挖掘中發現354棟掘立柱建築遺跡、82棟豎穴式建築遺跡等。現已將本丸和主殿、鍛冶工房等忠實地修復。

🕒9:00～16:30　休週一（逢假日則翌日休，第1週一營業）　¥250日圓、高中大學生150日圓、國中小生50日圓（市內的國中小生免費）　P60輛　所八戶市根城根城47　🚃JR八戶站車程15分

根城已獲選為「日本100名城」

---

觀光服務處　MAP附錄②P.16 A-1

### 八戶綜合觀光廣場

●はちのへそうごうかんこうぷらざ　☎0178-27-4243　景點

**可在觀光八戶市內之前來造訪**

位在JR八戶站東口2樓的觀光服務處，網羅各種觀光手冊，也可以向觀光禮賓員諮詢觀光的問題。還有展示八戶三社大祭的迷你花車及國寶合掌土偶的複製品。

🕒9:00～19:00（12月30日、1月1～2日為～17:00）　休12月31日　P無　所八戶市尻內町館田1-1 JR八戶站2F　🚃JR八戶站內

也提供交通、住宿設施的諮詢

---

遊船　MAP附錄②P.16 C-1

### 八戶港觀光遊覽船

●はちのへこうかんこうゆうらんせん　☎0178-33-3430　玩樂

**感受與海鷗同行的船遊**

八戶港堪稱擁有東北首屈一指的港灣設備，搭乘此觀光遊覽船能在海鷗的陪伴下開心船遊。從鮫漁港出航，沿途欣賞蕪島及八戶海鷗大橋等，約40分鐘巡遊港內一圈。

🕒4月第3週六～10月，11:00、13:00、14:00出航（週日、假日加開10:00、12:00、15:00）　休營業期間無休（天候不佳時休）　¥1400日圓、小學生700日圓、幼童免費（1位成人最多陪同1位）　P5輛　所八戶市鮫町鮫72-5（候船室）　🚃JR鮫站步行10分

在船上還可以餵食海鷗

---

博物館　MAP附錄②P.16 B-1

### 八戶市博物館

●はちのへしはくぶつかん　☎0178-44-8111　景點

**介紹八戶的歷史與文化**

展出遺跡的出土品、老宅邸流傳的古文書、明治時代到現代的生活用品等，藉此介紹八戶的歷史與文化。而在無形資料展示室則以八戶的傳說與市內校歌深受好評。

🕒9:00～16:30　休週一（週日～四逢假日則翌日休，第1週一開館）　¥250日圓、高中大學生150日圓、國中小生50日圓（市內的國中小生免費）　P24輛　所八戶市根城東構35-1　🚃JR八戶站車程15分

每年還會舉辦2次特展和季節性的企劃展

---

酒廠　MAP附錄②P.16 C-1

### 八戶酒造

●はちのへしゅぞう　☎0178-33-1171　景點

**可以參觀老字號酒廠**

創業240年，以陸奧八仙及陸奧男山著稱，運用傳統技術與獨特手法來持續用心釀酒的酒廠。參觀酒廠有提供試喝及試用酒粕護手膜（需事先預約）等體驗活動。

🕒10:00～16:00（參觀所需時間約1小時）　休週六、日（冬季為週日休）　¥500日圓（含試喝）　P10輛　所八戶市湊町本町9　🚃JR陸奧湊站步行5分

列管為國家有形文化財的大正時期建築

割烹

MAP附錄②P.16 B-4

## 割烹さんりく

●かっぽうさんりく

☎0178-43-3501 美食

### 吃得到青森的特色菜餚

提供奢侈地使用鮑魚的草莓煮2160日圓、煎餅湯、花枝涮涮鍋等多種鄉土料理，新鮮的海鞘能以生吃或整隻下去烤的方式品嘗。備有一般桌椅及和式座位，可依用餐目的選擇。

L11:00～22:00 休無休
P無 所八戸市六日町23
交JR本八戸站步行15分

⊙豪邁配上5種海鮮的招牌丼2808日圓

咖啡廳

MAP附錄②P.16 B-3

## フルーツ&パーラーおだわら

☎0178-24-5873 咖啡廳

### 大口品嘗圓熟&新鮮的水果

老牌水果店開設的咖啡廳，以嚴選成熟水果的拼盤、冰涼水果製作的聖代廣受歡迎，其中又以綜合水果聖代可說是人氣常勝軍。

L9:00～19:00（週日～18:00） 休無休 P15輛
所八戸市内丸3-4-3 交JR本八戸站步行7分

⊙有超過10種水果的綜合水果聖代990日圓

餐廳

MAP附錄②P.16 D-1

## お食事処 芝亭

●おしょくじどころ しばてい

☎0178-39-3311 美食

### 誠摯供應八戶的新鮮海產

能飽覽太平洋與種差天然草地絕景的餐廳。食材只嚴選八戶在地的優良品，用心做出好料理。推薦以蛋封住蒸海膽和鮑魚的海膽丼2100日圓。

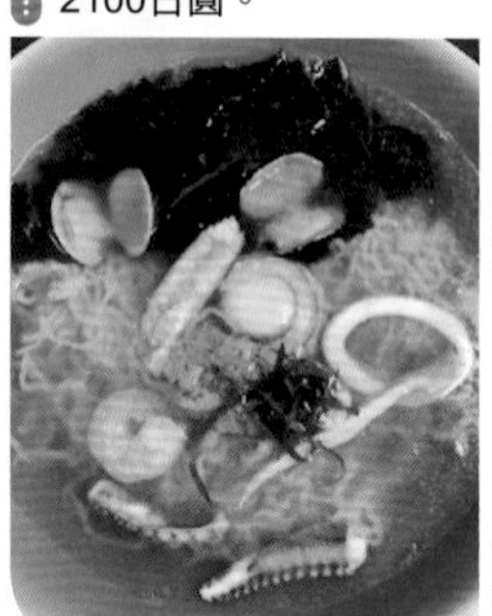

L11:00～17:30
休週二（7、8月無休）
P30輛 所八戸市鮫町棚久保14-83
交JR種差海岸站步行5分

⊙霸氣放上扇貝與海膽的元祖磯拉麵1200日圓

鄉土料理

MAP附錄②P.16 B-4

## 南部民芸料理 蔵

●なんぶみんげいりょうり くら

☎0178-22-1027 美食

### 在獨具韻味的店內飽嘗鄉土料理

店內活用350年前的倉庫改造，宛如走進南部地區民宅般的沉穩空間。供應草莓煮1598日圓等八戶的鄉土料理、現烤整隻海鞘842日圓等海鮮料理。

L17:00～22:30
休不定休 P無
所八戸市十三日町28 花真ビル1F
交JR本八戸站步行15分

⊙來品嘗捕獲量堪稱日本第一的八戶產花枝

CLOSE UP

## 八戶最具代表性的鄉土料理「草莓煮」

用上大量海膽與鮑魚的海味湯品「草莓煮」是海產豐沛的八戶地區在喜慶推出的餐點中最頂級的菜餚。購買「味の加久の屋」的草莓煮罐頭便能將其風味原封不動地帶回家，在市內的主要伴手禮店都可購買，務必買來吃試試。

⊙能充分品嘗海潮味與鮮甜的草莓煮

**味の加久の屋**

●あじのかくのや

HP http://www.ichigoni.com

物產館

MAP附錄②P.16 A-1

## ユートリー

☎0178-27-2227 購物

### 五花八門的八戶伴手禮包羅萬象

裡頭有販售縣內的特產品、介紹當地企業的攤位等，是為促進地區產業發展而開設的八戶地域產業振興中心。大廳展示了三社大祭的巨大花車。

L9:00～19:00 休無休 P418輛 所八戸市一番町1-9-22 交JR八戸站即到

⊙緊鄰JR八戶站東口的設施，最適合來此選購伴手禮

# 來美國風情的城市 三澤 Misawa 走一回！

三澤有美軍基地進駐，大街小巷隨處可見美式風格的店家等，散發出異國情懷，可以來此充分感受三澤的獨特街景。

## ★Sky Plaza MISAWA ●すかいぷらざみさわ

位在三澤美軍基地正門的附近，集結許多販售國際商品的店家。從美式大份量的進口食品到玩具和雜貨等，網羅多種適合做為伴手禮的商品。

0176-51-1712 L10:00～20:00（視店鋪而異） 休無休（視店鋪而異） P100輛 所三沢市中央町2-8-34 青森鐵道三澤站車程5分

MAP P.96、附錄②P.6 F-5

美式商品及食品一應俱全

↑密密麻麻的美國雜貨，光看便饒富趣味

縣內唯一一家有販賣由美國設計的時尚人偶「Blythe」的娃娃及服裝、雜貨的店家

## 來美式酒吧試試國際交流！

這裡的美式酒吧因能夠隨興體驗美國風情而獲得好評，店家大多非常安全，女性也能放心。不妨抱持著來居酒屋開心度過的心情，感受一下國際交流。

## ★Carbs ●きゃぶす

### 樂享酒類與音樂的店家

以「能夠輕鬆造訪的店家」為理念，熱情的老闆與店員歡迎客人上門的酒吧。這間店也吸引愛好音樂的人聚集，有時週六會舉辦現場表演，週日則有樂團表演等。

0176-57-5859
L週三～六、假日前日的21:00～翌日3:00（週五、六為20:00～） 休週日～二
所三沢市中央町2-10-34
青森鐵道三澤站車程6分 P無
MAP P.96

←還能玩玩撞球或射飛鏢

●ふく田 一番街通 ●Carbs ●美國日 Sky Plaza MISAWA Misawa Air Base 美軍三澤基地 三澤站 壽し花館 三澤1號店●

→推廣三澤北寄貝丼的Hokkiina（右）以及Hokinosuke（左）

## 三澤當地美食正夯！

三澤有著各式各樣備受當地熱愛的靈魂食物和平價美食，快來吃遍推薦好滋味。

### ★三澤北寄貝丼

三澤是日本少數能捕撈到北寄貝的漁港，而能吃到北寄貝丼的店家在市內約有30間，做法也因店而異。限12～3月供應。

→炸成口感酥脆的北寄貝天丼1200日圓

#### 寿し花館 三澤1號店 ●すしはなかん みさわいちごうてん

0176-53-3431
L11:00～14:00、17:00～20:00（週六日、假日為11:00～20:00） 休無休 P15輛 所三沢市中央町4-3-11 青森鐵道三澤站車程5分 MAP P.96

### ★Air Force Hamburger

因美國人提案而生，分量飽足的三澤風味漢堡。漢堡麵包酥脆焦香，而漢堡肉是牛肉加上當地品牌肉品的山崎豬肉混合而成。

→空軍漢堡500日圓（套餐為650日圓）

#### 公路休息站 みさわ 斗南藩記念観光村「くれ馬ぱ～く」

●みちのえきみさわとなみはんきねんかんこうそんくればぱーく

0176-59-2711
L10:00～16:30（11～3月為～15:30） 休無休
P460輛 所三沢市谷地頭4-298-652 青森鐵道三澤站車程30分 MAP附錄②P.6 F-4

### ★起司卷

由美國軍人提議而研發出的日美合作平民美食，以餃子皮包裹住起司再下鍋油炸而成。

#### ふく田 ●ふくだ

0176-53-1492
L12:00～14:00、17:00～22:30（週六僅晚間營業）
休週日、假日 P無 所三沢市幸町1-7-5 青森鐵道三澤站車程5分
MAP P.96

→原味6條500日圓

### ★寺山食堂

市內有9家餐廳供應寺山修司曾愛吃的菜色，有咖哩和煎餃、拉麵等，能嘗嘗古早懷舊的風味。

#### きらく亭 ●きらくてい

0176-53-1087 L11:00～14:30 休週日 P12輛
所三沢市本町2-71-1 青森鐵道三澤站即到
MAP附錄②P.6 F-5

→使用義大利細麵的天丼棧敷拉麵700日圓

# 三澤

以異國文化交融的國際氛圍為賣點

●みさわ

設有美軍基地的三澤市以充滿國際色彩的氣氛為特色，也因有日本屈指可數的航空設施而聞名。自然景觀環抱，也有許多能樂享戶外活動的景點。

區域導覽

MAP 附錄②P.6

洽詢處 ✆0176-53-5111（三澤市觀光物產課）

紀念館 MAP附錄②P.6 F-4

## 三澤市寺山修司紀念館

●みさわしてらやま しゅうじきねんかん ✆0176-59-3434 景點

### 回溯奇才寺山修司的足跡

寺山修司曾橫跨詩、舞台劇、作詞、賽馬評論等多元領域而大為活躍，這裡是保存並展出其作品和遺物的紀念館。從入口到館內展示方法等細節都體現出他的獨特世界觀。

L 9:00～16:30 休 週一（逢假日則有補休）
¥ 530日圓（含企劃展門票）、高中大學生100日圓、國中小生50日圓（週六國中小生免費）
P 40輛 所 三沢市三沢淋代平116-2955
交 青森鐵道三澤站車程20分

模擬劇場空間所設計的展廳，集結了許多藝術

活動 MAP附錄②P.6 F-5

## 三澤基地航空祭

●みさわきちこうくうさい ✆0176-53-4121（航空自衛隊三澤基地廣報班） 景點

### 來看看一年一度的航空慶典

基地對外開放是一年一度的珍貴盛事，每年約在9月舉行，展出所屬於三澤基地的日美飛機及裝備，並舉辦由日美戰鬥機帶來的魄力十足航空表演。

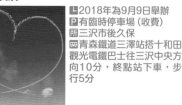

L 2018年為9月9日舉辦
P 有臨時停車場（收費）
所 三沢市後久保
交 青森鐵道三澤站搭十和田觀光電鐵巴士往三沢中央方向10分，終點站下車，步行5分

三澤基地是日美共同使用的航空自衛隊的基地

科學館 MAP附錄②P.6 F-5

## 青森縣立三澤航空科學館

●あおもりけんりつみさわこうくうかがくかん ✆0176-50-7777 景點

### 能夠學習飛行的科學

展出曾成功無著陸飛越太平洋的維多爾小姐號複製品、戰後首架日本製客機YS-11（實物）等。大空廣場則有11架日美軍用機等，室內外共展示23架，可說是日本規模最大的航空博物館。

L 9:00～17:00
休 週一（逢假日則翌日休）
¥ 510日圓、高中生300日圓、國中生以下免費
P 400輛
所 三沢市北山158
交 青森鐵道三澤站車程15分

虹之科學館與大空廣場的展示機

紀念館 MAP附錄②P.6 F-4

## 公路休息站 みさわ 斗南藩記念観光村

●みちのえきみさわとなみ はんきねんかんこうそん ✆0176-59-3009 玩樂

### 日本首間西式牧場的紀念設施

在明治時代開設的日本首座西式牧場，如今以「開墾村」、「先人紀念館」等設施來介紹其歷史。綜合服務設施「くれ馬ぱ〜く」（P.96）還有販售產地直銷品的專區和餐廳。

L くれ馬ぱ〜く9:00～18:30（11～3月為～17:30）、餐廳10:00～16:30（11～3月為～15:30）、先人紀念館9:00～16:30（11～3月為～15:30） 休 週一（逢假日則翌日休，くれ馬ぱ〜く無休） ¥ 免費入場／先人紀念館100日圓、國中小生50日圓（週六國中小生免費） P 460輛
所 三沢市谷地頭4-298-652
交 青森鐵道三澤站車程30分

瞭解創立了西洋牧場的武士廣澤安任的成果

CLOSE UP

### 能100%體驗美式風情的日子

可以透過有300輛車輛與1000名參加者的美國遊行、搭美國巴士參觀基地等活動來充分感受美國風情，而在美食廣場還能體驗美國的美食文化。每年預定在6月第1週日舉行。

✆0176-51-1600
（三澤國際俱樂部）
L 9:45～16:00（視活動而異） 所 三澤市公會堂、三澤市中央公園等地 交 青森鐵道三澤站車程5分

MAP P.96、附錄②P.6 F-5

美國日

不可錯過約有35個美國市民團體齊聚一堂的美式遊行

## 魅力洋溢的移動式餐廳

# TOHOKU EMOTION 享受電車之旅！

在JR東日本各式各樣的活動列車中，TOHOKU EMOTION擁有訂位必被秒殺的高人氣。在整輛列車化身為餐廳的空間內，盡情享受美食與美景吧！

八戶站
久慈站

一流主廚監修的佳餚與三陸海景 打動人心的藝術風餐廳列車

晴朗時能眺望碧海藍天一邊享用餐點

發車時工作人員會揮手送行

行經靠近海岸線的路段會放慢速度

## 回程為 甜點&下午茶

回程可飽享盛岡大都會大飯店華麗的自創甜點盤以及甜點吃到飽。在2號車的現場廚房提供吃到飽，可享受悠閒時光流淌的片刻。

擺滿繽紛甜點而令人難以抉擇的甜點吃到飽

愛吃的甜點想吃多少就吃多少

## 去程為 午間全餐

由於去程的班次正值午餐時間，將供應大展主廚身手的午間全餐，還有飲料及酒精飲料可以無限續杯的貼心服務。

具藝術性的菜餚令人大飽眼福（菜色照片為2017年10月時）

口味與擺盤皆精緻又高雅

從開放式的廚房端出現做的菜餚

©中嶋茂夫

## 這就是現場廚房

設於2號車的現場廚房會在乘客面前調理食物而充滿臨場感。由於主廚一年更換2次、菜色1年更換4次，即使多次搭乘也不失新鮮感。原創設計的餐具、以東北傳統工藝為參考的廚房背面、吧檯等的裝飾也不容錯過。

JR八戶線 八戶站～久慈站 とーほくえもーしょん

## TOHOKU EMOTION

不但有頂尖主廚監修的菜色，更找來各領域專家來監製列車與空間的「移動式餐廳鐵路」。除了能在欣賞JR八戶線沿線的三陸美景之餘享用餐點或甜點，背景音樂與車內藝術也極其用心而十分熱門。由於列車在去程為午餐；回程為甜點＆咖啡，即使搭乘此列車往返也能品嘗到各異其趣的佳餚。

0570-04-8928（View預約中心）
以週六日、假日為主，1天1次往返　¥附午間全餐（八戶站→久慈站）7900日圓、附甜點吃到飽（久慈站→八戶站）4500日圓、往返11900日圓（搭乘1號車需要加收費用）

MAP 附錄②P.16 D-2

**關於行駛資訊及預約**
由於行駛日有限，請上特設官網（搜尋TOHOKU EMOTION）確認。預約請洽JR東日本主要車站內的View Plaza（旅行服務中心）、View預約中心。

## 窗外景致也好迷人！

鎮坐於三陸復興國立公園一隅的蕪島有許多能近距離欣賞海景的地點，例如種差海岸等。饒富變化的三陸景色也是亮點之一。

還能遠眺列入「日本白砂青松100選」的種差海岸

車廂內有許多人忙著捕捉美景

©中嶋茂夫

## 有2種座位

### 開放式餐廳車輛

3號車是開放式的餐廳座位列車。設計方面，地面可見青森縣的小巾刺繡、燈具運用岩手縣的琥珀、置物架則用上宮城縣的雄勝硯。

彷彿置身於餐廳內的3號車

3 1 號車

©中嶋茂夫

有大面窗，能盡情飽覽三陸景致的設計

### 包廂個室車輛

1號車是模仿餐廳包廂設計成僅有7間包廂的列車。壁面上的布料是以福島縣的刺繡為參考圖樣。

# 津輕半島 つがるはんとう
# 五所川原 ごしょがわら

從有龐大睡魔沿街遊行，
以立佞武多聞名的五所川原
搭上津輕鐵道來趟悠哉鐵路遊。
來到金木不妨來看看與太宰治
深具淵源的土地。北海道
新幹線已於2016年3月通車，
新站「奧津輕今別站」正式啟用。

區域No.1的矚目景點

## 太宰治的故鄉・金木

太宰治所土生土長的金木有多處相關景點散佈各地，吸引許多書迷走訪。

P.100

➔津輕鐵道的冬季暖爐列車深具人氣

推薦 BEST 3

絕景

### 龍飛崎 P.105

位於津輕半島最北端的海岬，爬上日本唯一的階梯國道339號便能看見燈塔。

鐵道旅

### 津輕鐵道 P.103

以冬季暖爐列車等特色列車而獲好評的地方鐵路，閑靜風景也是看點。

祭典

### 五所川原立佞武多 P.102

巨大的立佞武多浩蕩遊街，親眼見證那彷彿延伸至夏季夜空般的雄壯模樣。

↑吃吃看十三湖的名產蜆仔

CONTENTS



**前往龍飛崎的交通方式**

新青森站 → 青森站 → 蟹田站 → 三廄站 → 龍飛埼燈塔
JR奧羽本線、JR津輕線 1小時20分+外濱町營巴士 35分

奧津輕今別站（津輕二股站）→ 三廄站 → 龍飛埼燈塔
JR津輕線 15分+外濱町營巴士 35分

東北道青森IC → 龍飛崎
國道7、280、339號 1小時45分

**前往金木的交通方式**

津輕五所川原站 → 金木站
津輕鐵道 25分

東北道浪岡IC → 金木站
國道101號等 35分

**前往五所川原的交通方式**

新青森站 → 五所川原站
JR奧羽本線五能線 1小時50分

新青森站 → 五所川原站
國道7、101號、東北道等 40分

東北道浪岡IC → 五所川原站
國道101號等 20分

## 走訪日本代表性文豪的故鄉
# 太宰治的聖地巡禮

即使已逝世70年，人氣依舊屹立不搖的作家太宰治。
走訪他成長的金木町來探尋其足跡。

建築物用上大量的青森檜木與櫸木

由太宰之父興建的明治時期大豪宅

## 2 太宰治紀念館「斜陽館」

●だざいおさむきねんかんしゃようかん

曾是大地主的太宰治父親在明治40（1907）年興建的豪宅，館內展出太宰治的初版書、原稿、書信等，收藏約600件文獻。日西相融的歇山式建築也可說是明治時期實屬珍貴的木造建築，獲得後世的高度評價。

0173-53-2020 L5～10月為8:30～17:30、11～4月為9:00～16:30 休無休 ¥500日圓、高中大學生300日圓、國中小生200日圓 P50輛 所五所川原市金木町朝日山412-1 津輕鐵道金木站步行7分
MAP附錄②P.11 A-3

會客室為很有分量感的洋室

1樓有佛堂及客廳

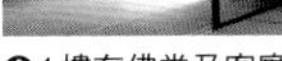

來太宰執筆寫作的書房坐坐

## 1 太宰治 疏開之家「舊津島家新座敷」

●だざいおさむそかいのいえきゅうつしまけしんざしき

在大正11（1922）年做為老家的獨棟房所興建，是太宰帶著妻子從東京疏散至此，直到二戰結束的住家。將這個家的一隅做為工作間的太宰，在1年4個月的時間內創作出23篇作品。

0173-52-3063 L9:00～17:00 休無休，11～4月為第1、3週三休 ¥500日圓 P3輛 所五所川原市金木町朝日山317-9 津輕鐵道金木站步行4分
MAP附錄②P.11 B-3

可以在太宰治的工作間坐坐

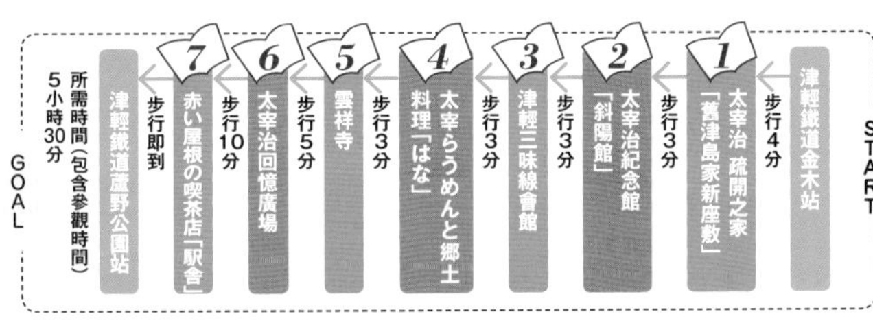


### 太宰治是何方神聖？

生於明治42（1909）年，本名津島修治。昭和10（1935）年發表的《逆行》入選第1屆芥川賞候補，以《人間失格》等作品的頹廢風格而被稱為「無賴派」。昭和23（1948）年在玉川上水與山崎富榮一同投河自殺而逝世。

生而為人，我很抱歉。《二十世紀旗手》1937年

愛上你有錯嗎？《御伽草紙》1945年

不是我太軟弱，而是悲傷太過沉重。《姥捨》1938年

打起精神來。不要絕望。在此告辭。《津輕》1944年

人是為了愛和革命而生的。《斜陽》1947年

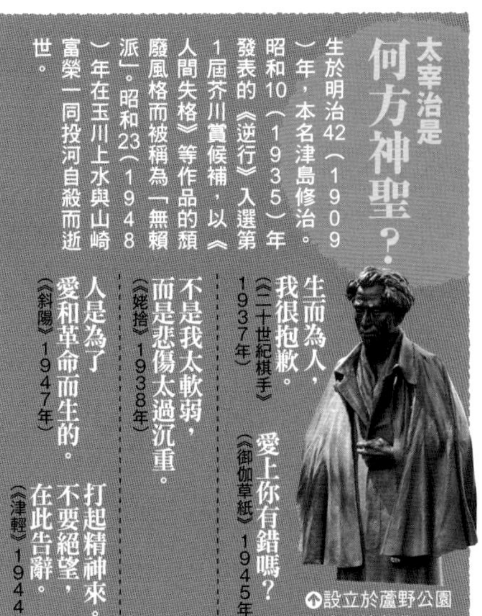
設立於蘆野公園的太宰治銅像

# かなぎ 金木

太宰治的淵源之地

### ACCESS

東北道浪岡IC → 開車 101等 35分 → 金木站

津輕五所川原站 → 鐵路 津輕鐵道 25分 → 金木站

弘前 P.20
青森市區 P.50
奧入瀨溪流・十和田・八甲田 P.67
八戶 P.83
津輕半島・五所川原 P.99
白神山地・津輕西海岸 P.107
下北半島 P.115

欣賞津輕三味線的現場演奏

## 3 津輕三味線會館

●つがるしゃみせんかいかん

據傳金木是津輕三味線的起源地。會館藉由樂器與照片、看板等來介紹津輕三味線的歷史，在固定的時間還能欣賞津輕三味線的現場演奏。只要事先預約，更能挑戰彈奏三味線（收費）。

➜還有介紹全球弦樂器的音色等

➜能夠近距離聆聽津輕三味線的現場演奏

☎0173-54-1616
營8:30～18:00（冬季為9:00～17:00）
休無休 P50輛
¥500日圓、高中大學生300日圓、國中小生200日圓
所五所川原市金木町朝日山189-3
交津輕鐵道金木站步行8分
MAP附錄②P.11 A-3

品嘗以太宰治為主題的菜色

## 4 太宰らうめんと郷土料理「はな」

●だざいらうめんときょうどりょうりはな

位在金木觀光物產館內的餐廳，提供若生昆布飯糰及味噌烤扇貝等鄉土色彩濃厚的多元菜色。以太宰愛吃的嫩筍湯為發想的太宰拉麵很受歡迎。

➜鋪滿海帶與嫩筍的太宰拉麵750日圓

☎0173-54-1160 營9:00～17:00（冬季～16:00，用餐為11:00～15:00） 休無休 P35輛 所五所川原市金木町朝日山195-2 金木町観光物産館內
交津輕鐵道金木站步行7分
MAP附錄②P.11 A-3

## 5 深深刻劃於太宰記憶中的寺院 雲祥寺

●うんしょうじ

曾出現於太宰的作品《回憶中的寺院》內容記述太宰治曾被保姆阿竹帶去寺院，而被寺寶十王曼荼羅（地獄畫）嚇哭的往事。

➜讓太宰深感恐懼的地獄畫

☎0173-53-2074 營8:00～16:00 休無休
¥免費參觀 P10輛 所五所川原市金木町朝日山433 交津輕鐵道金木站步行7分
MAP附錄②P.11 A-3

➜佃農前來繳納稻米的土間

➜穿上拍照專用的披風來感受太宰治的心境

➜挑高的木板和室中央設有地爐

➜2樓的角落也看得見西式建築的影響

太宰的作品名依年代排列

## 6 太宰治回憶廣場

●だざいおさむおもいでひろば

位於太宰治的母校「金木小學」上學途中的小型廣場，紅磚牆面上嵌有太宰治作品名稱的牌子，並依照年代來排列。

➜入口牌誌是由太宰的長女所題字

☎0173-35-2111（五所川原市観光物産課）
營自由參觀 P無 所五所川原市金木町芦野210-94 交津輕鐵道蘆野公園站步行15分
MAP附錄②P.11 A-3

曾在太宰作品中出現的懷舊咖啡廳

## 7 赤い屋根の喫茶店「駅舍」

●あかいやねのきっさてんえきしゃ

將蘆野公園的舊車站加以運用的咖啡廳，這棟曾出現於太宰筆下小說《津輕》的建築飄散出濃濃懷舊氣息。可嘗嘗和蘋果、咖啡意外對味的「蘋果醬珈琲」400日圓。

➜車站旁的店家，後方就是鐵路

☎0173-52-3398 營10:00～16:30
休週三 P6輛 所五所川原市金木町芦野84-171 交津輕鐵道蘆野公園站內
MAP附錄②P.11 A-2

➜不妨讀個太宰之作來搭配咖啡

➜店內隨處可見車站建築的影子

### 順道來去這裡走走吧！

### 茶房 鄙家

●さぼうひなや

位於屋齡超過140年的古民宅「かなぎ元気村」內的咖啡廳，咖啡和不含添加物的蘋果汁會附上點心供客人享用。

➜洋溢古民宅特有溫暖的店內

➜位在改造自屋齡140年古民宅的體驗設施內

☎0173-52-2882
（かなぎ元気村「かだるべぇ」）
營10:00～15:30 休週三 P10輛
所五所川原市金木町蒔田桑元39-2
交津輕鐵道金木站車程15分
MAP附錄②P.10 E-4

➜鄙家珈琲300日圓，也可試試圓圈芝麻1個100日圓等以米粉製作的甜點

➜馬肉包（醬油、味噌）200日圓

摩天花車照亮夜空

# 五所川原立佞武多

●ごしょがわらたちねぶた

**五所川原立佞武多是重返現代的傳統祭典，以前是富商和地主藉由龐大的立佞武多來做為勢力的象徵。快來見識那直抵夏季夜空的驚人姿態。**

## 五所川原立佞武多是怎麼樣的祭典？

包含3輛巨大的立佞武多在內，加上中型、小型共有15輛睡魔花車在夏夜遊街。曾在明治時代建造而一度銷聲匿跡的巨型人偶睡魔因在1998年重新找回設計圖與照片，以此為契機睽違80年而復活，如今魄力十足的「立佞武多」已成為五所川原的夏日光景。

☎0173-38-1515（五所川原市觀光協會）
所五所川原市 五所川原站周邊 MAP P.103 A-1

**看點 1** 高約23m、重達19t 體積龐大的立佞武多

**看點 2** 從立佞武多館出陣時會引來滾滾人潮

**看點 3** 「Yattemare！Yattemare！」的吆喝聲與音樂讓祭典陷入狂熱

每年 8月4~8日

### 遊行&觀賞方式

雖然遊行路線每年會有所調整，推薦可在圓環附近欣賞，最後一天3輛立佞武多一齊遊街，氣勢淩人。收費觀賞席的設置地點與費用等會事先公佈，務必先查詢。

2017年夏季首次出陣的「纏」，以高23公尺、重19噸的花車呈現消防員直奔火場的模樣

# 五所川原

こしょがわら

以氣勢非凡的立佞武多著稱

## ACCESS

東北道浪岡IC → 開車 101等 35分 → 五所川原站

新青森站 → 鐵路 JR奧羽本線 五能線 1小時50分 → 五所川原站

## 順道來去這裡走走吧！

**全年都能參觀現役的大型立佞武多**

### 立佞武多館 ●たちねぶたのやかた

收藏並展示實際於祭典出陣的大型立佞武多。藉由緩坡來環繞立佞武多的展示非常驚人，可以近距離欣賞其細節。

☎0173-38-3232
9:00～19:00（10～3月為～17:00）
休無休
¥600日圓、高中生450日圓、國中小生250日圓
P20輛 所五所川原市大町506-10
JR五所川原站步行5分
MAP P.103 A-1

館內也有餐廳和伴手禮店進駐

旁邊的立佞武多廣場獲選為「情侶聖地」

### 館內的看點在這裡！

#### 瞭望酒廊「春楡」

能在八甲田連峰、岩木山、津輕平原、梵珠山脈的一片景致前享用餐點。

整修後於2018年4月1日重新開幕

#### 立佞武多展示室

能站在與立佞武多差不多高的位置飽覽全貌是本設施的特色，還有介紹立佞武多的歷史。

從不同的高度來欣賞製作精密的立佞武多

#### 立佞武多製作所

來挑戰睡魔的黏貼與著色工程，體驗結束後會頒發製作證明書。也可參觀製作過程（4月中旬～6月中旬）。

雖然能當天報名，有時會因作業時間而無法參加，需先確認

弘前 P.20
青森市區 P.50
奧入瀨溪流・十和田・八甲田 P.67
八戶 P.83
津輕半島・五所川原 P.99
白神山地・津輕西海岸 P.107
下北半島 P.115

# 五所川原

因高聳睡魔像氣魄非凡的立佞武多而遠近馳名

●ごしょがわら

區域導覽

可謂津輕半島的門戶，以歷史悠久的夏季盛事五所川原立佞武多而出名。推薦搭乘保有復古氛圍的津輕鐵道，在美景陪襯下開心旅行。

MAP P.103、附錄②P.4、10

洽詢處 ✆0173-38-1515（五所川原市觀光協會）

派料理 MAP附錄②P.4 F-1

## Café de Ami

●かふぇどあみい

✆0173-34-6072 咖啡廳

### 當正餐或甜點都好吃的派

深受女性歡迎的派專賣店，供應酥脆派皮內包有紅鮭魚及起司的鮭魚派、採用在地產紅玉蘋果製作的蘋果派等，還有巨大布丁等品項豐富的甜點。

🅛10:00～20:00（週日、假日～19:00） 休週二 P10輛 所五所川原市姥萢船橋175-1 🚃JR五所川原站車程10分

⬅鮮蝦與扇貝的鹹派1塊500日圓（飲品套餐為700日圓）

體驗設施 MAP附錄②P.10 F-5

## 津輕金山燒

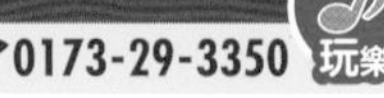

●つがるかなやまやき

✆0173-29-3350 玩樂

### 亮點在於以高溫徹底窯燒的質感

使用在地金山地區的優質黏土製作的津輕金山燒是以柴窯燒陶為特色，來到這裡能參觀登窯和體驗陶藝。款式豐富，尤以啤酒杯及杯盤組最暢銷。

🅛9:00～17:00（報名體驗～15:00） 休無休 ¥陶藝體驗手捏陶課程（黏土500g）1296日圓、兒童972日圓（需預約） P100輛 所五所川原市金山千代鶴5-79 🚃JR五所川原站車程15分

⬅踏進藝廊可在令人放鬆的空間內盡情購物

## 五所川原的知名甜點「炸鯛魚燒」

CLOSE UP

將鯛魚燒下鍋油炸的當地人氣點心，內餡有紅豆和巧克力等5種，外皮酥脆、裡頭綿軟的獨特口感好吃到令人上癮。

⬅內餡還有咖哩或奶油口味，1個120日圓

### あげたいの店

●あげたいのみせ

✆0173-34-2064

🅛9:00～18:00（售完打烊） 休週日 P3輛 所五所川原市上平井町99 🚃JR五所川原站步行10分

MAP附錄②P.4 F-1

拉麵 MAP P.103 A-1

## 亀乃家

●かめのや

✆0173-35-2474 美食

### 拉麵＋天麩羅的著名菜色

創業超過100年的老店，推薦菜是天中華，自製細卷麵與清爽湯頭的中華麵，再加上包入扇貝的炸什錦天麩羅，吸收了湯汁的天麩羅也一樣好吃。

🅛10:00～售完打烊 休週一
休無 所五所川原市大町506-7 🚃JR五所川原站步行5分

⬅天中華上面鋪了使用了青森特產扇貝的炸什錦，750日圓

鐵路 MAP P.103 B-1

## 津輕鐵道

●つがるてつどう

✆0173-34-2148 景點

### 季節性活動列車廣受歡迎

夏季有風鈴列車、秋季有鈴蟲列車、冬季則有暖爐列車（P.17）等，以活動列車博得人氣的當地鐵路，車窗外田園牧歌般的風景也很迷人。隨車導覽員的觀光介紹也深獲好評。

¥津輕五所川原站～津輕中里站850日圓（暖爐列車加收400日圓） 所五所川原市～中泊町 🚃津輕鐵道津輕五所川原站～津輕中里站

⬆搭暖爐列車還可一睹烤魷魚的光景
⬅在津輕平原上直線奔馳

五所川原 1：25,000 周邊圖 附錄②P.4 F-1



橋 MAP附錄②P.4 E-2

## 鶴之舞橋

●つるのまいはし

✆0173-22-2111（鶴田町企畫觀光課） 景點

### 橫跨在岩木山美景前的高雅橋梁

橫架在津輕富士見湖上全長300m的橋梁，使用青森縣羅漢柏打造出日本最長的木造三連太鼓橋，勾勒出美麗拱形。以岩木山為背景，如鶴張開翅膀般的姿態令人印象深刻。

🅛自由參觀（有時會因積雪等狀況而禁止通行） P400輛 所鶴田町廻堰大沢 🚃JR陸奧鶴田站車程10分

⬅映在湖面上的太鼓橋美景如詩如畫

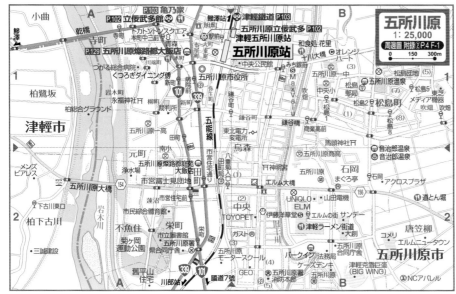

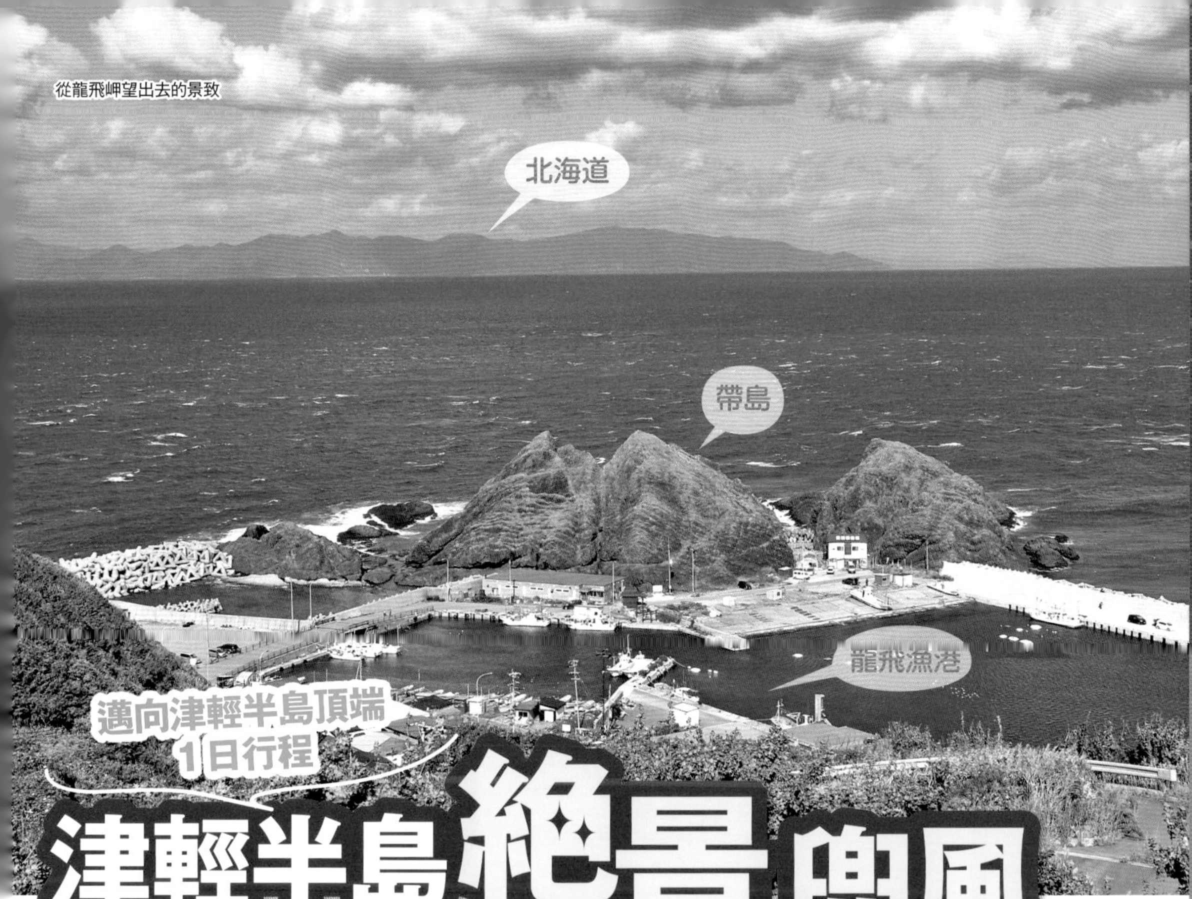

從龍飛岬望出去的景致

北海道

帶島

龍飛漁港

つがるはんとう

# 遙望遠方的北海道 津輕半島

## ACCESS

東北道青森IC → 開車 7 280 339 1小時45分 → 龍飛崎

奧津輕今別站 → 鐵路 JR津輕線15分 → 三廄站 → 巴士 外濱町營巴士35分 → 龍飛埼燈塔

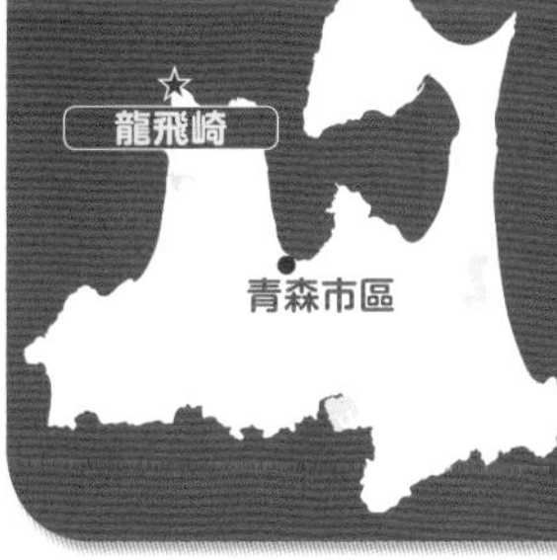

龍飛崎

青森市區

## 邁向津輕半島頂端 1日行程

# 津輕半島絶景兜風

先到奧津輕今別站租車，展開遊覽津輕半島頂端的行程。不但能飽覽龍飛崎等地絕景，旅途中品嘗的海鮮料理也深具吸引力。

絕景

起點 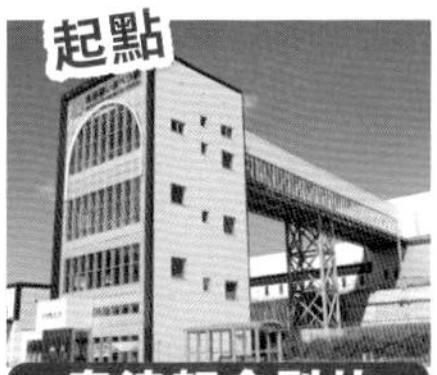 奧津輕今別站

20分

## 1 高野崎 たかのさき

奇岩怪石從海中竄出的風景名勝，晴朗時甚至能眺望龍飛岬和下北半島、北海道。通往岩場的潮騷橋與渚橋在滿潮時會幾乎沒入海中，可欣賞粗獷而豪邁的風景。

✆0174-35-3012（今別町 企畫課）
自由參觀 休無休
¥免費 P150輛
所今別町袰月村下地内
交奧津輕今別站搭海岸方向循環巴士往宇田回転所方向16分，高野崎下車即到
MAP附錄② P.10 F-1

奇岩突出海面氣勢萬鈞的名勝

↑這裡也是很受歡迎的賞夕陽景點

21分

## 2 秀鮨 ひでずし

昭和51（1976）年創業的老店，推出堅持使用在地食材的壽司，以一支釣法在津輕海峽釣到的三廏產黑鮪魚而獲好評。推薦「三廏鮪魚滿漢壽司套餐」3000日圓，瘦肉鮮美可口，大腹肉與中腹肉更是絕品。

✆0174-37-2856
11:00～15:00、17:00～21:00
休不定休 ¥特上壽司2000日圓、鮪魚丼（上）2000日圓 P6輛 所外ヶ浜町三厩新町35 交JR三廄站搭三廄地區循環巴士往龍飛埼灯台方向5分，三廄支所下車，步行4分
MAP附錄② P.10 E-1

大肆品嘗稀少的三廏鮪魚

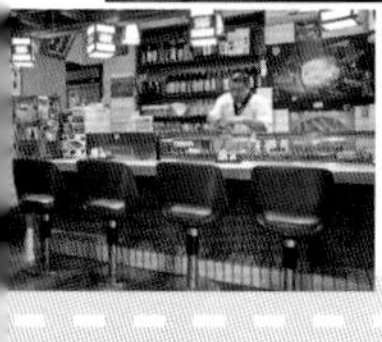

←除了吧檯座，還有和式座位

←建議事先電話訂位較安心

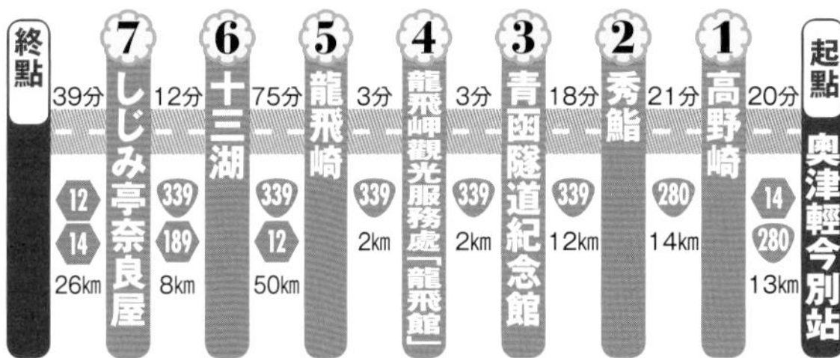

| 起點 奧津輕今別站 | 20分 | 1 高野崎 | 21分 | 2 秀鮨 | 18分 | 3 青函隧道紀念館 | 3分 | 4 龍飛岬觀光服務處「龍飛館」 | 3分 | 5 龍飛崎 | 75分 | 6 十三湖 | 12分 | 7 しじみ亭奈良屋 | 39分 | 終點 |
|---|---|---|---|---|---|---|---|---|---|---|---|---|---|---|---|---|
| | 14 280 13km | | 280 14km | | 339 12km | | 339 2km | | 339 2km | | 339 12 50km | | 339 189 8km | | 12 14 26km | |

※各景點間的時間是以時速40km計算
所需9小時（包含參觀時間）／114km

弘前 P.20
青森市區 P.50
奧入瀨溪流・十和田・八甲田 P.67
八戶 P.83
津輕半島・五所川原 P.99
白神山地・津輕西海岸 P.107
下北半島 P.115

以特產品蜆仔著稱的汽水湖

↑架設於湖上的休閒設施有遊戲場等多種設備

←湖泊四周還有提供名產蜆拉麵的店家

75分

## 6 十三湖（じゅうさんこ）

海水與淡水交融的汽水湖，是日本蜆的名產地，也是青森第三大的湖泊，還曾在湖畔發現傳說中由望族安藤家興建的中世都市十三湊的遺跡。

0173-38-1515（五所川原市觀光協會）
自由參觀 P100輛 所五所川原市十三
JR五所川原站搭弘南巴士往小泊方向途經十三湖1小時25分，中の島公園入口下車即到
MAP附錄②P.10 E-3

### 快來試試！摸蜆仔

每年4月下旬到10月上旬就可以在十三湖中の島ブリッジパーク（P.106）的指定區域體驗摸蜆仔。

←先到市浦地域活性化中心支付採收費300日圓

## 5 龍飛崎（たっぴざき）

位處津輕半島頂端的海岬，因這裡的風勢強勁猶如龍飛來一般而得此名。尖端設有龍飛埼燈塔，有全日本唯一由362級階梯構成的國道339號連接海岬下與燈塔。

0174-31-1228（外濱町產業觀光課）
自由參觀 P50輛
所外ヶ浜町三厩龍浜
JR三廏站搭三廏地區循環巴士往龍飛埼灯台方向30分，終點站下車即到
MAP附錄②P.10 E-1

津輕半島最北端之地

←從設有龍飛埼燈塔的瞭望台眺望絕景

### 神奇景點 階梯國道 MAP附錄②P.10 E-1

全日本唯一一條被認定為國道的階梯，車輛當然無法通行，但仍立有道路標誌，成為一個不可思議的景點。

12分

種類豐富的名產蜆仔料理

↓附釜飯和蜆仔拉麵等菜色的蜆仔滿漢套餐1836日圓

## 7 しじみ亭奈良屋（たっぴざき）

以滑溜又鮮甜為特色的蜆仔會烹製成形形色色的菜餚上桌。推薦釜飯搭配蜆仔料理的套餐「蜆仔三昧」，以白醬煮出的蜆仔巧達濃湯則受女性喜愛。

0120-135-443
10:00～17:00
休週三（黃金週及7、8月無休）
¥蜆仔三昧1620日圓、蜆仔巧達濃湯378日圓
P30輛 所中泊町今泉唐崎255
津輕鐵道津輕中里站搭弘南巴士往小泊方向20分，今泉北口下車，步行4分
MAP附錄②P.10 E-3

終點 奧津輕今別站

39分

## 4 龍飛岬觀光服務處「龍飛館」（たっぴみさきかんこうあんないじょ たっぴかん）

改建自營業至1999年，作家太宰治與N姓友人、棟方志功曾下榻過的「舊奧谷旅館」。不但能參觀太宰與N姓友人住過的房間，來此便能瞭解龍飛崎觀光的所有大小事。

0174-31-8025 9:00～15:00
休週三（逢假日則翌日休） ¥免費
P5輛 所外ヶ浜町三厩龍浜59-12
JR三廏站搭三廏地區循環巴士往龍飛埼灯台方向25分，龍飛崎郵便局下車即到
MAP附錄②P.10 E-1

↑正門大廳展出棟方志功所寫的看板

↑外觀幾乎保存下當時的風貌

3分

將作家太宰治住過的旅社改造成服務處

3分

## 3 青函隧道紀念館（せいかんトンネルきねんかん）

昭和63（1988）年開通的青函隧道是全球最長的海底隧道，這裡會以淺顯易懂的方式介紹其歷史與構造，還能搭地軌式纜車潛入海底下的體驗坑道。

0174-38-2301 4月下旬～11月上旬，8:40～17:00（12～3月僅展示廳營業） 休開放期間無休 ¥展示廳400日圓、兒童200日圓／坑道體驗1000日圓、兒童500日圓／套票價1300日圓、兒童650日圓 P150輛 所外ヶ浜町三廏龍浜99
JR三廏站搭三廏地區循環巴士往龍飛埼灯台方向30分，青函トンネル記念館前下車即到 MAP附錄②P.10 E-1

←搭乘地軌式纜車「土撥鼠號」前進坑道

18分

世界最長的海底隧道

## 兜風沿途順道來走走 公路休息站

津輕半島區域有許多坐擁美景的公路休息站，能邊眺望日本海或十三湖邊品嘗的海鮮美饌也是重點，讓美景與美食來舒緩兜風的疲憊感吧！

### 可愛的牛造型建築熱情迎賓 十三湖高原（じゅうさんここうげん）

除了物產販賣區以外，還有設置了總長2km步道的「哞林公園」，以及全長136m的橡膠溜滑梯可供全家同樂。肚子餓的話就來試試人氣的蜆拉麵。

0173-62-3556 9:00～18:00餐廳為10:00～（11～3月為～17:00） 休無休，餐廳為第2、4週四休 P38輛 所五所川原市相内実取287-1058
MAP附錄②P.10 E-3

### 在風光明媚的勝地大口吃海產 こどまり

坐落於有著優美海岸線的中泊町小泊地區的龍泊線入口處，販售多種海產加工品。附設餐廳「レストラン竜泊」則供應使用在地海產做成的定食和蓋飯，尤以中泊石狗公膳最暢銷。

0173-27-9300 5～11月的9:00～17:00餐廳為11:00～15:00 休營業期間無休
P106輛
所中泊町小泊折腰内45
MAP附錄②P.10 E-2

### 具備能飽覽日本海的餐廳 みんまや

位在津輕半島尖端、國道339號上，從餐廳望出去的日本海景色迷人。青函隧道紀念館內還有位在海面下140m處的地下展示場，物產販賣所則有海帶及昆布等商品。

0174-38-2301（青函隧道紀念館） 4月下旬～11月上旬的8:40～17:00，餐廳為10:00～16:00 休營業期間無休 P150台 所外ヶ浜町三厩龍浜99
MAP附錄②P.10 E-1

## 風光一流的景點等您大駕光臨

# 十三湖 龍飛崎

●じゅうさんこ ●たっぴざき

區域導覽

此區有十三湖、龍飛崎等能夠感受大自然的風光明媚景點散佈各地。來十三湖周遭可品嘗使用出名的蜆仔製作的菜餚，也不容錯過青森風味十足的奧津輕今別站。

MAP 附錄②P.10

洽詢處

✆0173-38-1515（五所川原市觀光協會）

✆0174-31-1228（外濱町產業觀光課）

物產館 MAP附錄②P.10 E-1

### 外ヶ浜町総合交流センター「かぷと」

●そとがはままちそうごうこうりゅうせんたーかぶと ✆0174-31-7021 美食

#### 使用特產昆布的津輕傳統風味

位於因海水浴而人潮眾多的義經海濱公園內，吃得到津輕地區傳統美食的若生昆布飯糰、使用自製獨創醬汁的豬肉丼、拉麵等，還有特產品的販賣專區。

L9:00～16:30 休週三（暑假期間無休）P40輛 所外ヶ浜町三厩中浜地先 交JR三廄站搭三廄地區循環巴士往龍飛埼灯台方向7分，義経寺下車，步行5分

拉麵520日圓、若生昆布飯糰（附醬菜）210日圓

休閒設施 MAP附錄②P.10 E-3

### 十三湖中の島ブリッジパーク

●じゅうさんこなかのしまぶりっじぱーく ✆0173-62-2775（地域活性化中心） 玩樂

#### 架在十三湖上的休閒娛樂設施

具備卡丁車、遊戲器材場、摸蜆仔體驗等設施。僅限小木屋及露營場的住宿者可將車輛開進島上，除此之外需由人行橋步行入園。

L4～11月，營業時間視設施而異 休營業期間無休 ¥露營區使用費帳篷專用1區塊500日圓 P40輛（當天往返則建議使用五月女萢市營停車場） 所五所川原市十三土佐1-298 交JR五所川原站搭弘南巴士往十三湖方向1小時25分，中の島公園入口下車，步行5分

島上還有介紹舊市浦村沿革的歷史民俗資料館

物產館 MAP附錄②P.10 G-3

### 蟹田駅前市場ウェル蟹

●かにたえきまえいちばうぇるかに ✆0174-31-1112 購物

#### 當地新鮮農水產琳琅滿目的直銷店

JR蟹田站前的物產館，不但有早上才採的新鮮蔬菜，還有清晨剛捕撈上岸的海產、品牌雞肉「青森蘆花鬥雞」等形形色色的在地農水產品。

L7:30～18:00 休無休 P30輛 所外ヶ浜町上蟹田34-1 交JR蟹田站即到

將原本是滑雪場山間小屋的建築移建而來的店家

餐廳 MAP附錄②P.10 E-3

### ドライブイン和歌山

●どらいぶいんわかやま ✆0173-62-2357 美食

#### 盡情品嘗十三湖著名的蜆仔

位於湖畔的得來速餐廳，供應滿滿蜆仔的定食、奶油炒蜆仔等出名的蜆仔料理。人氣餐點是以昆布高湯和少量味噌調配出絕妙風味的蜆仔拉麵。

L10:00～16:30（視時期而異） 休無休 P30輛 所五所川原市十三羽黒崎133-22 交JR五所川原站搭弘南巴士往十三湖方向1小時26分，十三（漁協前）下車即到

吃得到蜆仔鮮甜的元祖特製蜆仔拉麵1100日圓

神佛佛閣 MAP附錄②P.10 G-1

### 岩屋觀音

●いわやかんのん ✆0174-35-3012（今別町企畫課） 景點

#### 津輕三十三觀音之一

建造成宛如埋沒於天然岩石中的小小神社。作為津輕三十三觀音的第二十一號札掛所，正是天明6（1786）年的大饑荒時，民眾的心靈寄託處。

L休自由參觀 P無 所奧津軽今別町奥平部砥石 交JR奧津輕今別站車程30分

位處國道280號旁

## 北海道新幹線的門戶 奧津輕今別站

奧津輕今別站是隨同2016年北海道新幹線開通而一併誕生的新車站，先來認識一下充滿當地風格的車站建築與緊鄰的公路休息站！

### 備有高層聯絡通道的新車站 奧津輕今別站

●おくつがるいまべつえき

車站入口是以津輕半島北部的象徵──青函隧道設計成大門風貌。鄰接JR津輕線的津輕二股站。

✆011-222-7111（JR北海道電話服務中心） 所今別町大川平清川91-1 交東北自動車道青森IC走國道280號、縣道12號、14號往今別町方向開車52km

MAP附錄②P.10 F-2

搭乘電梯再經由高19m的聯絡通道前往剪票口

剪票口正面可看見青森檜木的裝置藝術

有著以薰衣草為意象之彩香紫線條的北海道新幹線往來本地

車站啟用後，今別町成為日本最小的新幹線之城

### 在地名產品應有盡有 公路休息站 いまべつ 半島プラザアスクル

●みちのえきいまべつはんとうぷらざあすくる

在館內餐廳能一嘗以當地飼養的黑毛和牛烹製的牛排或定食，也有販售荒馬商品等工藝品以及海藻烏龍麵等特產品。

✆0174-31-5200

L9:00～19:00，餐廳為11:00～15:30 休無休 P100輛 所今別町大川平清川87-16 交JR奧津輕今別站即到

MAP附錄②P.10 F-2

隨著奧津輕今別站啟用而翻修新開幕

今別牛排（200g）3000日圓（附有白飯、沙拉、湯品）

# 白神山地 しらかみさんち
# 津輕西海岸 つがるにしかいがん

神秘的遠古山毛櫸林廣布、保有珍貴動植物的白神山地，供遊客在大自然中悠閒散步。搭乘行駛於津輕西海岸的五能線，盡享沿岸的絕景與溫泉、海產也饒富逸趣。

區域 No.1的注目焦點
**青池**
白神山地中最受歡迎的，就是非常清澈，散發藍色光輝的神秘青池。
P.109

推薦 BEST 3

↗鰺澤的醃比目魚丼堪稱絕品

美食

**日本海美食** P.114
津輕西海岸有使用日本海海產的在地美食而深得人心，快來大口品嘗深浦鮪魚和鰺澤比目魚。

溫泉

**黃金崎不老不死溫泉** P.113
設在日本海岸邊的葫蘆型混浴露天浴池非常出名，能在海風吹拂下享受溫泉。

鐵路旅

**Resort白神號** P.112
沿著日本海馳騁的高人氣度假列車，可在美景陪伴下享受鐵路之旅。

↑鰺澤的人氣王哇沙噢

**前往白神山地的交通方式**

| 交通 | 出發 | 到達 | 路線・時間 |
|---|---|---|---|
| 鐵路 | 新青森站 | 十二湖站 | Resort白神號 3小時10分 |
| 鐵路 | 新青森站 | 鰺澤站 | Resort白神號 1小時40分 |
| 巴士 | 弘前巴士總站 | 水線山莊ANMON | 弘南巴士 1小時30分(僅夏秋季行駛) |
| 開車 | 新青森站 | 十二湖站 | 國道101號等 3小時 |
| 開車 | 新青森站 | 鰺澤站 | 國道101號等 1小時30分 |
| 開車 | 弘前站 | 水線山莊ANMON | 縣道28號等 1小時10分 |
| 開車 | 東北道浪岡IC | 十二湖站 | 國道101號等 2小時30分 |
| 開車 | 東北道浪岡IC | 鰺澤站 | 國道101號等 1小時 |
| 開車 | 東北道大鰐弘前IC | 水線山莊ANMON | 縣道13、28號等 1小時15分 |

**CONTENTS**

感受神祕森林與海景鐵路之旅

# 白神山地 津輕西海岸

しらかみさんち つがるにしかいがん

白神山地的整體面積約有13萬公頃這麼大

# 白神山地漫遊

山毛櫸林幅員遼闊的白神山地可經由適合新手的步道或適合老手的登山步道等各式各樣的方法來攀爬。漫步於遠古的森林中，感受豐沛大自然的環抱。

## ACCESS

## Q1 白神山地是指？

從青森縣西南部橫跨至秋田縣西北部的山岳地帶，擁有東亞規模最大的原始山毛櫸樹林，有許多珍稀動植物在此棲息。1993年，約17000公頃的中央地帶獲選為日本最初的世界自然遺產。

✆0172-85-2810
(白神山地遊客中心)
MAP附錄②P.5 C-4

## Q2 該穿什麼服裝好？

若是規劃完善的散步路線，穿好走的鞋子即可。若想挑戰登山的話務必準備登山鞋、後背包、雨衣，還必須攜帶手套和毛巾、食物、水等，裝備還必須能因應氣候變化。

## Q3 有開設導覽團嗎？

在能取得適合新手的步道「白神之森遊山道」入山許可證的「黑森館」(P.110)有舉辦環境導覽團，能了解小動物的生態與植物知識等(先到順序前15名、1日3次、500日圓～)。

## Q4 主要看點在哪裡？

十二湖散步路線上有呈現美麗湛藍色的「青池」與高透明度的「沸壺之池」等必看的湖沼群，而在白神之森遊山道則可在保留原始自然樣貌的山毛櫸林中漫步，感受大自然。

⊖呈現一片藍色的原因至今依舊是謎

能漫步在山毛櫸森林的白神之森遊山道


⊕能欣賞與白神山地的核心地區類似的風景

⊖樹齡超過400年的母親樹坐落在津輕峠旁

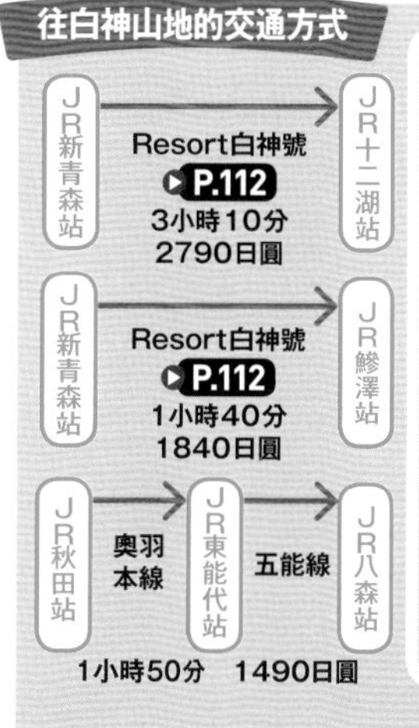


### 往白神山地的交通方式

| 出發 | 路線 | 到達 |
| --- | --- | --- |
| JR新青森站 | Resort白神號 P.112 3小時10分 2790日圓 | JR十二湖站 |
| JR新青森站 | Resort白神號 P.112 1小時40分 1840日圓 | JR鰺澤站 |
| JR秋田站 → 奧羽本線 → JR東能代站 → 五能線 → JR八森站 | 1小時50分 1490日圓 | |

從十二湖站開始登山

＼推薦指數No.1的路線！／

首次來白神先走訪湖沼群

# 十二湖散步路線

じゅうにこさんさくこーす

遊覽寶永元（1704）年發生大地震而形成大大小小共33座湖泊的路線。路途上設有休息處等完善設施，一家人來也能放心行走。這條路線的看點是青池，宛如倒入墨水般的寶藍色十分神祕。

START
森之物產館KYORORO
步行5分
雞頭場之池
步行5分
青池
步行5分
山毛櫸自然林
步行10分
沸壺之池
步行5分
落口之池
步行10分
森之物產館KYORORO
GOAL

☎0173-74-4412（深浦町觀光課） P100輛（使用奧十二湖停車場，1日400日圓） 所深浦町松神山国有林 巴JR十二湖站搭弘南巴士往奧十二湖方向15分，終點站下車即到 MAP附錄②P.5 B-4

| 所需時間 | 1小時30分 |
| --- | --- |
| 推薦健走時段 | 9:00~16:00 |
| 推薦健走季節 | 4~10月 |
| 難易度 | ★☆☆☆☆ |

## 森之物產館 KYORORO

●もりのぶっさんかんきょろろ

這裡是START & GOAL

設於雞頭場之池邊的設施，館內有許多深浦雪中胡蘿蔔商品、手工藝品、點心等在地特產品。

☎0173-77-2781 L4月上旬~11月，8:00~18:00（有季節性變動） 休營業期間無休 P100輛（使用奧十二湖停車場，1日400日圓） 所深浦町松神松神山国有林内 巴奧十二湖巴士站即到 MAP附錄②P.5 B-4

獲取健行資訊與名產品

➲緊鄰停車場的小木屋風格建築

## 雞頭場之池

●けとばのいけ

位在十二湖散步路線起點位置的大池塘，據說是由於形狀貌似雞冠而得此名。周遭步道有許多高聳又搶眼的山毛櫸樹，背後則能近距離欣賞崩山，能盡享一片壯麗景致。

➲平穩湖面映照出周邊風景十分優美

想拍照留念推薦來這裡

## 青池

●あおいけ

能夠從像露台一樣的步道俯瞰水面。森林圍繞四周的池水被染上美麗的藍色，小魚悠游的水中有倒木沈底，展現出如夢似幻的景致。

伊富魚養殖場
若想進一步了解十二湖就來這裡！
十二湖遊客中心
欣賞落口之池，享用以名水沖泡的抹茶放鬆一下
十二湖庵
中之池
落口之池
越口之池
釜池
王池東湖
森之物產館KYORORO
王池西湖
十二湖莊
グリル王池
沸壺之池
從山毛櫸自然林走下有階梯的下坡路便會抵達
奧十二湖巴士站
二目之池
雞頭場之池
日暮之池
仲道之池
小夜之池
八光之池
山毛櫸自然林
空氣好清新！深呼吸一下全身舒暢無比
青池
影坂之池
峽谷瞭望所
日本峽谷

## 落口之池

●おちくちのいけ

從沸壺之池注入水源的池塘，水深有20m，其水面猶如鏡子般倒映出四周的秀麗景色。有時會有鴨子或蒼鷺等野鳥來訪，夏天還能看見螢火蟲。

由清澈流水注入的美麗水池

➲在池畔的茶屋愜意欣賞美景

### 名為十二湖卻有33座？

十二湖是因地震引發山崩堵住河道而生，實際上有33座湖沼群，但因從背後的大崩所見的湖泊只有12座，而就此稱為十二湖。

清澈透明，依不同角度會有色彩變化

人氣第一的景點！

湖中有許多枯朽的倒木！

## 十二湖庵

●じゅうにこあん

湖泊與山毛櫸林環抱的茶屋，免費供應被選為「平成名水百選」的沸壺之池名水所沖泡的抹茶與甜點，可在十二湖自然風景的圍繞下稍作休息。

☎0173-77-3071 L4月中旬~11月上旬的9:30~16:00 休營業期間有不定休 MAP附錄②P.5 B-4

➲落口之池就在眼前的優美地點

在這裡休息一下

➲免費提供抹茶與甜點的服務非常窩心

喜歡尋訪名水的人必遊的美麗池塘

## 沸壺之池

●わきつぼのいけ

在十二湖的湖泊中透明度特別高，水面的碧藍不亞於青池，晨霧繚繞的清晨更是夢幻。附近有獲選為「平成名水百選」的沸壺池清水。

➲從高聳連香樹的樹根湧出清水灌入池中

在樹齡超過100年的巨木林間漫步

## 山毛櫸自然林

●ぶなしぜんりん

走過青池可見綿延近500m的山毛櫸自然林，沿途仔細觀察白神山地山毛櫸林的風貌，在寬闊的步道上悠閒散步。在澄澈空氣中深呼吸非常舒服。

➲在樹蔭間灑落的陽光下感受森林浴

從鰺澤站開始登山

# 白神之森遊山道

## 邂逅森林自然原始風貌的山路

●しらかみのもりゆうざんどう

專為登山新手所設置的步道，走這條路便能欣賞到與白神山地核心地區相去不遠的風景。設有2條不同長度的路線，選外圈路線可以在彷彿突出於交錯林木間的木頭步道上健行。

✆0173-79-2009（黑森館）
4月20日～10月31日，9:00～16:00（10月為～15:00） 休營業期間無休
¥入山費500日圓、國中小生400日圓
P30輛 所鰺ヶ沢町深谷町矢倉山
JR鰺澤站車程30分
MAP附錄②P.5 D-2

| 所需時間 | 內圈1小時／外圈2小時 |
|---|---|
| 推薦健走時段 | 9:00～16:00 |
| 推薦健走季節 | 4～10月 |
| 難易度 | ★★☆☆☆ |

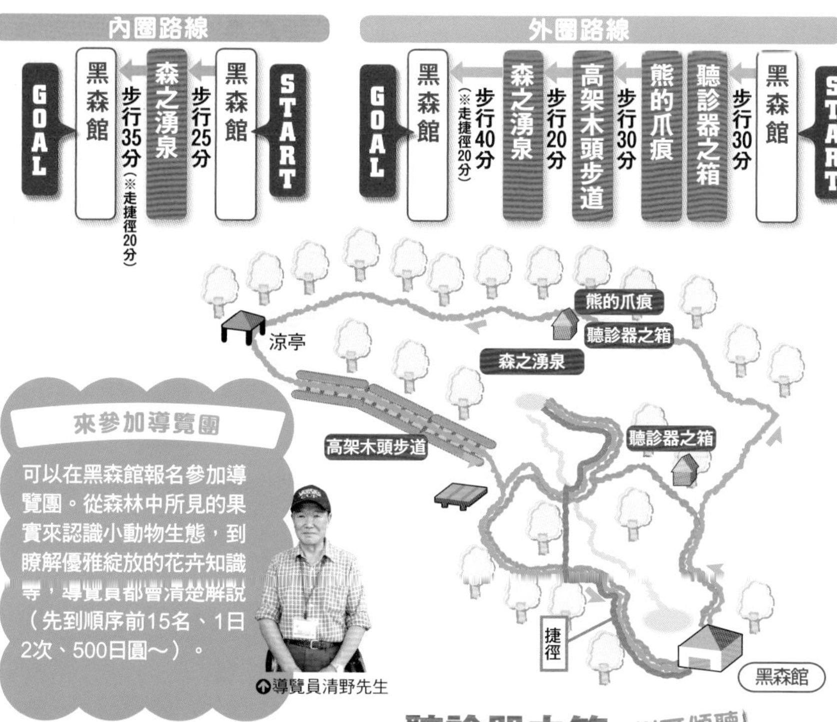


### 來參加導覽團

可以在黑森館報名參加導覽團。從森林中所見的果實來認識小動物生態，到瞭解優雅綻放的花卉知識等，導覽員都會清楚解說（先到順序前15名、1日2次、500日圓～）。

導覽員清野先生

### 「白神山地核心地區」是指?

列入世界自然遺產的區域是幾乎未曾受到任何人為影響的白神山地中央部分的核心地區，為了保護自然，這裡有實施入山管制。周邊被稱為緩衝地區的地帶以及從遠古留存下來的天然林不用申請便能觀光。

## 聽診器之箱

側耳傾聽樹木的脈動

●ちょうしんきのはこ

宛如鳥籠般的小小木箱中收納的是聽診器。試著將聽診器對著山毛櫸仔細傾聽，感受林木的生命力。

聽診器就放在這個木箱中

使用聽診器時必須小心別傷到樹木

## 黑森館

探索森林前先來這裡一趟

這裡是START & GOAL

與周遭景色互相輝映的木質外觀

●くろもりかん

具備展示室與休息室的綜合服務處，可以在此取得進入白神之森的許可證，拿到入手許可證後務必隨身攜帶。這裡也能租借長靴、登山杖等。

✆0173-79-2009 4月20日～10月31日，9:00～16:00（10月為～15:00） 休營業期間無休
¥入山費500日圓、國中小生400日圓 P30輛
所鰺ヶ沢町深谷町矢倉山1-26 JR鰺澤站搭弘南巴士往白神の森方向30分，終點站下車即到
MAP附錄②P.5 D-2

外圈　內圈

森林與動物共存的證據刻劃在樹上

## 熊的爪痕

真切感受到森林有動物的存在

●くまのつめあと

清楚刻劃在樹上的痕跡是原本打算吃樹木花芽的熊的爪痕。看著那清晰的爪痕，會讓人有種熊不知將從哪竄出的感覺。

## 森之湧泉

蘊藏泉水是森林資源豐沛的證明

前往森之湧泉需經過有高低落差的路

●もりのわきつぼ

內圈路線的目的地便是這處水源地，是滲入山毛櫸原始林的水聚集後一滴滴湧出的所在，也是這一帶的山毛櫸樹林成為水源地的最佳證明。禁止進入。

能飽覽山毛櫸森林的木頭步道

## 高架木頭步道

●はりだしもくどう

作為外圈路線的一環而設置的木頭步道是絕無傷及任何林中樹木所建造而成，不妨在白神的豐沛自然環抱下來走一回。眺望視野佳，能飽覽森林。

來看看樹齡超過300年的山毛櫸森林

弘前 P.20
青森市區 P.50
奧入瀨溪流・十和田・八甲田 P.67
八戶 P.83
津輕半島・五所川原 P.99
白神山地・津輕西海岸 P.107
下北半島 P.115

從**弘前站**開始登山

在綠色芬多精中散步

## 世界遺產小徑 山毛櫸林散步道

●せかいいさんのみちぶなりんさんさくどう

能夠在世界遺產區塊中輕鬆散步，即使是登山新手也能安心的路線。途中有3處標識，也可以在第2個標識選擇走小巡迴路線。沉浸在隨季節變換風貌的大自然，盡情享受散步樂。

當陽光從林蔭間灑落時，綠意更加耀眼美麗

沿途有上下坡，建議穿著登山鞋

也別錯過好好觀察樹根的林床植物的機會

魚止瀑布★ 暗門溪谷路線 曲淵★ 大巡迴路線 堰堤 世界遺產小徑山毛櫸林散步道 標識③ 標識② 小巡迴路線 暗門休憩所 標識① WC 暗門大橋 水綠山莊ANMON

☎0172-85-2800（西目屋村產業課觀光係） P160輛（使用水綠山莊ANMON停車場） 所西目屋村川原平大川添 交JR弘前站搭弘南巴士往津輕峠方向1小時30分，アクアグリーンビレッジANMON下車即到 MAP附錄②P.5 C-4

所需時間 1圈約2km（約60～120分）
推薦健走時段 9:00～15:00
推薦健走季節 5～10月
難易度 ★★☆☆☆

START 水綠山莊ANMON → 步行即到 → 暗門大橋 → 步行10分 → 暗門休憩所 → 步行即到 → 標識① → 步行約5分 → 標識② → 步行約10分 → 標識③ → 步行約60分 → 水綠山莊ANMON GOAL

這裡是START & GOAL

### 水綠山莊ANMON

●あくあぐりーんびれっじあんもん

位在白神山地入口處的露營場，由於鄰近世界遺產區，可以在健走前先來蒐集資訊一趟。主屋裡頭還有商店和餐廳。

☎0172-85-3021
L4月下旬～11月上旬，9:00～17:00（視設施而異）
休營業期間無休 P160輛 所西目屋村川原平大川添417 交JR弘前站搭弘南巴士往津輕峠方向1小時30分，アクアグリーンビレッジANMON下車即到
MAP附錄②P.5 C-4

漫遊白神山地的大本營

也推薦預約導覽請專家同行

遇見高大而搶眼的山毛櫸

傳說有神明寄宿其中的巨大山毛櫸

從**八森站**開始登山

挑戰正規的登山行程

## 二森路線

●ふたつもりこーす

從秋田縣方向攀爬白神山地的登山路線。雖然步道不盡然設置完善，只要有導覽員同行，即使是新手也能挑戰。從山頂俯瞰白神山地的景觀格外迷人。

能360度飽覽白神山地

途中也有險峻路段需小心行走

☎0185-76-4605（八峰町產業振興課） P30輛（使用白神ふれあい館停車場） 所秋田県八峰町八森 交JR八森站車程50分（登山口）
MAP附錄②P.5 C-5

所需時間 3小時30分～4小時
推薦健走時段 9:00～15:00
推薦健走季節 6～10月
難易度 ★★★☆☆

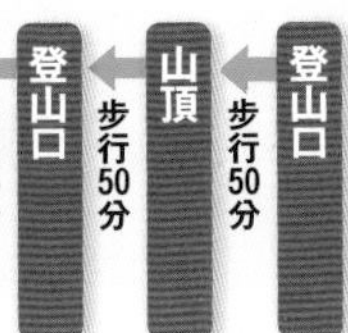

START 白神ふれあい館 → 開車45分 → 登山口 → 步行50分 → 山頂 → 步行50分 → 登山口 → 開車45分 → 白神ふれあい館 GOAL

這裡是START & GOAL

### 白神ふれあい館

●しらかみふれあいかん

供遊客免費休息，廁所24小時皆可使用，還有白神山地的景點介紹、協助安排白神導覽員（需預約）等服務。

☎0185-70-4211 L8:30～17:00 休無休（11～3月為週三休，逢假日則翌日休） P30輛
所秋田県八峰町八森三十釜133-1
交JR八森站車程5分 MAP附錄②P.5 B-5

位於ぶなっこランド內的服務處

也可以幫忙安排導覽員

日本海絕景就在車窗外

# 五能線（ごのうせん）Resort白神號電車遊

串起青森縣與秋田縣的五能線
是沿著日本海行駛的熱門路線。
搭乘行經青森站、弘前站～秋田站的Resort白神號，
出發來趟飽覽日本海絕景的快樂旅行吧！

※2017年10月時的資訊，行駛日與車內活動舉辦日請上JR東日本秋田支社官網確認

## 度假列車「Resort白神號」亮點看過來！

### Check! 1 能清楚望見景致的舒適座椅

車內空間寬敞而具開放感，大片窗戶使乘客能好好欣賞風景。櫸編成的車廂裝潢上大量使用了作為象徵的山毛櫸和青森檜木等沿線上的木材。

➲包廂席配置在列車的面海側

➲座椅設計以東北的夏日祭典為意象

↑透露出木質溫度的車廂內，1、4號車設有同時做為活動空間的觀景室

### Check! 2 車廂內還有數不清的樂趣

#### 上演津輕傳統的金多豆藏人偶戲

中泊町的無形民俗文化財「金多豆藏」在車內上演，能欣賞「金多」與「豆藏」風趣的對口相聲。

➲相傳於津輕的歡樂人偶戲

#### 津輕腔「說書」表演

能聽到以津輕腔講述的津輕傳說，在3號、4號車（12月～4月中旬有所調整）的陸奧鶴田站～川部站之間於週六日、假日、補假實施。

➲將成為美好的旅遊回憶

#### 津輕三味線現場演奏

在1號、2號、3號車的鰺澤站～五所川原站之間現場演奏津輕三味線。（12月～4月中旬有所調整）

➲由2人組帶來三味線的表演

---

盡情欣賞絕景

### Resort白神號

行駛於JR五能線的秋田站～弘前站、青森站這段區間的度假列車。全車對號入座，從搭車日1個月前的10時開始預約，可透過全日本的JR綠色窗口購票。若想在中途下車則建議購買五能線通票3810日圓。

✆050-2016-1600（JR東日本洽詢中心） ¥除了乘車券以外必須事先購買指定席券520日圓（非旺季）

MAP附錄②P.5 A-3

#### 3種車廂的列車出動！

#### 新型櫸編成

※設計由「KEN OKUYAMA DESIGN（代表：奥山清行）」擔任

## ❶鰺澤站
Ajigasawa

來去看看哇沙噢！

碰見牠時務必遵守禮儀喔

紅到被拍成電影的超人氣秋田犬哇沙噢就待在鰺澤這裡暱稱為「烤花枝通」上的「七里長浜きくや商店」內，來去看看牠吧。

☎0173-72-6766（七里長浜きくや商店）營8:00～17:00 休無休 P10輛 所鰺ヶ沢町南浮田町美ノ捨59-19 交JR鰺澤站車程10分 MAP附錄②P.5 D-1

作為觀光據點非常方便

網羅鰺澤在地產品的店家
### 海濱休息站わんど ●うみのえきわんど

海產與農產品的直銷店、餐廳、伴手禮店齊聚一堂，2樓則是鰺澤相撲館，展出專用腰布與照片等，介紹舞之海等當地出身的力士的活躍狀況。

☎0173-72-6661 營9:00～18:00（鰺澤相撲館～17:00），1～3月為9:00～17:00（鰺澤相撲館～16:00）休無休 ¥免費 P100輛 所鰺ヶ沢町本町246-4 交JR鰺澤站步行15分 MAP附錄②P.5 D-1

在站前發現平價美食！
### たこやき西海 ●たこやきさいかい

將敲薄的雞肉串上竹籤後油炸而成的炸雞肉棒很有名，由於是點餐後才現炸，麵衣酥脆、肉質多汁，可趁熱淋上美奶滋來享用。

☎0173-72-5937 營9:00～20:00（售完打烊，週六日、假日～19:00）休第1、3週三 P無 所鰺ヶ沢町舞戸町下富田29-115 交JR鰺澤站步行3分 MAP附錄②P.5 D-1

炸雞肉棒200日圓（週六為170日圓）

## ❷千疊敷站
Senjojiki

彷彿真能在此開宴的隆起海岸
### 千疊敷海岸 ●せんじょうじきかいがん

約200年前因地震造成海岸隆起所形成的風景名勝，傳說津輕藩主曾在此鋪上千張榻榻米開筵宴客。不妨來此欣賞無數的奇岩與日本海美景。

☎0173-74-4412（深浦町觀光課）營自由參觀 P20輛 所深浦町北金ヶ沢 交JR千疊敷站即到 MAP附錄②P.5 B-2

能大丸海水浴的千疊敷天然海水浴場也在附近

## Resort白神號 沿線的必遊看點大盤點！

## ❸WeSPa椿山站
WeSPa Tsubakiyama

葫蘆形狀的浴池是混浴露天浴池，女性專用的在旁邊

沉浸在可眺望日本海的夢幻露天溫泉
### 黃金崎不老不死溫泉 ●こがねざきふろうふしおんせん

近到彷彿海浪飛沫會打上來的露天浴池廣受歡迎，有混浴和女性專用的浴池，能在海風吹拂下泡湯。溫泉含有鐵質，能讓身體徹底暖和。

☎0173-74-3500 營露天浴池8:00～15:30、本館8:00～20:00、新館10:30～14:00 休無休 ¥600日圓、兒童300日圓 P100輛 所深浦町舮作下清滝15-1 交JR WeSPa椿山站搭免費接駁巴士5分 MAP附錄②P.5 A-3

具備景觀溫泉的度假設施
### WeSPa椿山 ●うぇすぱつばきやま

西歐風格餐廳與度假小屋林立的度假設施，還有能眺望日本海美景的景觀溫泉、玻璃體驗工房、昆蟲館等能來此玩上一天的多種設施。

☎0173-75-2261 營休¥視設施而異，需經電話洽詢 P250輛 所深浦町舮作鍋石226-1 交JR WeSpa椿山站即到 MAP附錄②P.5 A-3

物產館還有暢銷的當地口味霜淇淋

Check! 來去縣內一流的古寺 圓覺寺參觀

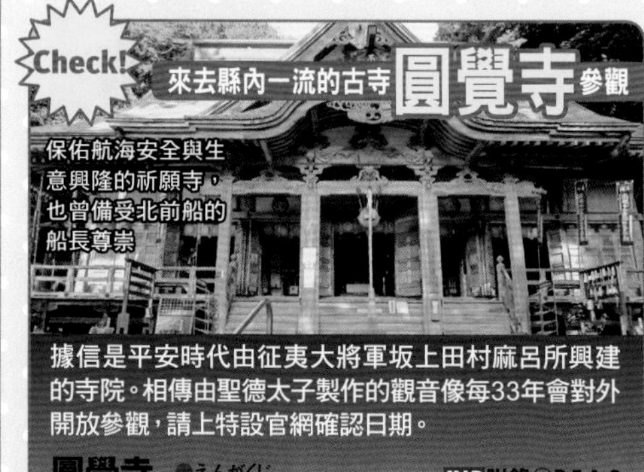
保佑航海安全與生意興隆的祈願寺。也曾備受北前船的船長尊崇

據信是平安時代由征夷大將軍坂上田村麻呂所興建的寺院。相傳由聖德太子製作的觀音像每33年會對外開放參觀，請上特設官網確認日期。

### 圓覺寺 ●えんがくじ
MAP附錄②P.5 A-3

☎0173-74-2029 營8:00～17:00，12～3月為～16:00 休無休 ¥寺寶拜觀費400日圓 P10輛 所深浦町深浦浜町275 交JR深浦站步行20分 HP https://goo.gl/H2BNiw

# 津輕西海岸 日本海的2大絕品美食 令人食指大動！

美食超齊全的青森縣內，津輕西海岸地區的兩大在地美食正夯。使用當地產新鮮海產的絕品蓋飯好吃到不吃會後悔！

## 深浦鮪魚排丼

ふかうらまぐろすてーきどん

擁有青森No.1捕獲量的深浦鮪魚 能以煎魚排方式品嘗的豪邁蓋飯！

**3種醬料**
所有餐廳都是生魚片沾芥末醬油、單面烤沾辣味噌，雙面烤則因店而異

**蒙古烤肉鍋**
有著無油煙又能快速烤熟且不易黏鍋的特色，烤肉聲響更是促進食慾

**鮪魚生魚片**
吃得到深浦鮪魚精髓的瘦肉生魚片，沾上芥末醬油細細品嘗

**魚排用鮪魚肉、蔬菜**
以金屬串烤的2串中，一串為單面烤、另一串則是雙面烤，蔬菜視各間店而異

**講究的甜點**
各家店用心製作的獨創甜點，使用深浦雪中胡蘿蔔等深浦產的食材

**季節性醬菜**
採用四季更迭的在地食材製作的醬菜也展現出各家店的個性和講究

**滑溜海帶的湯品**
深浦特產滑溜海帶的湯品多以味噌湯或日式清湯等方式供應

**深浦產山藥蓋飯**
配生魚片享用的蓋飯，深浦特產山藥的黏稠感使生魚片風味更圓融

**錦糸卵蓋飯**
鋪上單面烤魚排的蓋飯，半熟的濃香滋味可搭配辣味噌品嘗

**鮪魚乾片蓋飯**
鋪上雙面烤魚排的蓋飯，鮪魚乾片的豐醇與香味形成美味合奏

**深浦鮪魚排丼1350日圓**
將深浦鮪魚做成生魚片丼、魚排丼的新穎在地美食，藉由煎製方式更能添加香氣與鮮甜。

就讓夕陽與白神山地、鮪魚排丼成為旅遊的回憶

主廚柴谷孝仁先生（左）及外場領班七戶順一先生

### 深浦的鮪魚是指？

洄游至大間途中被捕獲的鮪魚稱為深浦鮪魚。由於鮪魚正值洄游途中，油脂分佈剛剛好，可說是肥肉與瘦肉達到完美平衡的高級品。這裡的捕獲量更占青森縣的半數，是超越大間町的名產地。

### レストラン アカショウビン

白神山地十二湖路線的觀光據點AWONE白神十二湖內的餐廳，堅持將深浦的豐富山海資源以地產地銷的方式供給客人，是一間以讓客人滿足為宗旨的店家。

➲散發出木頭溫和感的寬敞店內

☎0173-77-3311（AWONE白神十二湖）L11:00～20:30(有季節性變動) 休無休 P100輛 所深浦町松神下浜松14 ▣JR十二湖站搭弘南巴士往アオーネ白神十二湖方向5分，終點站下車即到(12～4月中旬路線巴士停駛)

MAP附錄②P.5 A-4

## 鰺澤名產 醃比目魚丼

あじがさわめいぶつひらめのづけどん

### 鰺澤的比目魚是指？

在鰺澤幾乎整年都能捕撈到的比目魚可說是當地的海洋恩澤。比目魚生息於白神山地靜流注入的日本海，因肉質緊致且富含膠原蛋白而成為堪稱頂級品的一流魚肉。

### 地魚食堂 たきわ ●じざかなしょくどうたきわ

漁貨批發商發揮專長而開設的餐廳，從觀光客到當地客人皆耳聞能吃到美味在地鮮魚而爭相造訪。僅在捕到好漁獲時營業，記得先洽詢。

☎0173-72-7531 L11:00～食材用罄打烊 休不定休 P10輛 所鰺ヶ沢町本町199 ▣JR鰺澤站車程5分

MAP附錄②P.5 D-1

↑將漁夫倉庫改造成的店面瀰漫著港都氣息

**醃比目魚丼1000日圓**
為避免其細膩風味逸失，會將比目魚拌上自製醬汁後上菜，是有美味比目魚進貨時才有的限定美食。

來試試熟知鮮魚風味的漁業者所供應的比目魚

我們的店只使用鰺澤的美味比目魚

受到許多當地人捧場的瀧渕多美子小姐

敬請在鰺澤的無際海景前盡情享用餐點

笑臉迎人備受好評的對馬美可小姐

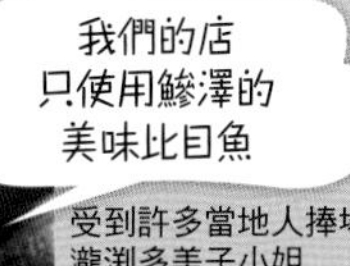

帶甜味的特製醬汁與醋飯的香醇令人不禁想一口接一口

↑賣點在於能從落地窗飽覽日本海的和式座位

**醃比目魚丼1080日圓**
添加從比目魚骨肉萃取出的鮮甜而帶點甜味的醬汁為一大特色，加上紫蘇等調味更添美味。

### ドライブイン 汐風 ●どらいぶいん しおかぜ

以傳承超過40年的古早味菜色博得人氣的餐廳，同時也積極採納當地美食，菜色選項多到驚人。能眺望海景的和式座位也深受觀光客喜愛。

☎0173-72-3401 L10:00～17:30(冬季～16:00) 休無休 P30輛 所鰺ヶ沢町赤石町大和田38-1 ▣JR陸奧赤石站車程4分

MAP附錄②P.5 C-1

# 下北半島

しもきたはんとう

豐富海產與絕美景點雲集
本州最北端的區域，下北半島。
從日本三大靈場之一的靈場恐山
到聞名全日本的大間鮪魚、
下北半島第一風景名勝佛浦等，
都可以在沿海兜風時一併遊逛。

區域No.1的矚目景點

## 靈場恐山

宛如置身於地獄和極樂世界般的奇妙空間，不妨來恐山走一回。

P.118

雄偉壯麗的景觀一望無際的佛浦

來到尻屋崎能近距離欣賞馬匹

滿載海膽等新鮮海產

推薦 BEST 3

兜風

### 下北半島兜風遊 P.116

奔馳在沿著海岸的暢快兜風路線，路途上順道享受海鮮美食與溫泉。

牧場

### 尻屋崎 P.117

面朝太平洋與津輕海峽的海岬上放牧著寒立馬，呈現一片牧歌般的風景。

美食

### 大間鮪魚 P.120

位在本州最北端的大間以擁有日本第一鮪魚而著稱，來嘗嘗絕品鮪魚吧。

#### 前往大間的交通方式

| 出發 | 目的地 | 交通 | 時間 |
|---|---|---|---|
| 陸奥巴士總站 | 大間 | 下北交通巴士 | 1小時38分 |
| 八戸站 | 大間 | 國道45·338號等 | 3小時30分 |
| 青森道青森東IC | 大間 | 國道279·338號等 | 3小時 |

#### 前往尻屋崎的交通方式

| 出發 | 目的地 | 交通 | 時間 |
|---|---|---|---|
| 陸奥巴士總站 | 尻屋崎 | 下北交通巴士 | 53分(冬季於尻屋停靠) |
| 八戸站 | 尻屋崎 | 國道45·338號、縣道248號等 | 3小時10分 |
| 八戸道八戸北IC | 尻屋崎 | 國道279·338號、縣道248號等 | 2小時55分 |

#### 前往佛浦的交通方式

| 出發 | 目的地 | 交通 | 時間 |
|---|---|---|---|
| 陸奥巴士總站 | 佛浦 | 下北交通巴士+計程車 | 2小時45分 |
| 新青森站 | 佛浦 | 國道279·338號等 | 4小時5分 |
| 青森道青森東IC | 佛浦 | 國道279·338號等 | 3小時45分 |

#### 前往陸奥的交通方式

| 出發 | 目的地 | 交通 | 時間 |
|---|---|---|---|
| 下北站 | 陸奥巴士總站 | 下北交通巴士 | 10分 |
| 新青森站 | 陸奥巴士總站 | 國道279號等 | 2小時25分 |
| 青森道青森東IC | 陸奥巴士總站 | 國道279號等 | 2小時 |

新函館北斗
津輕海峽
大間港
大間
下風呂
尻屋崎
藥研
恐山
下北半島
佛浦
龍飛崎
陸奥
大湊灣
十三湖
夏泊崎
陸奥灣
新青森站
青森
淺蟲
青森機場
三澤機場
三澤
古牧
八甲田
酸湯
五能線
岩木山
弘前
黑石溫泉鄉
青荷
十和田湖溫泉鄉
奧入瀨溪流
大鰐弘前
大鰐
碇ヶ関
白神山地
八戸站
八戸
南鄉
輕米
久慈
日本海
太平洋
能代

## CONTENTS

しもきたはんとう
下北半島
四面環海的本州最北端


# 下北半島兜風遊

## 本州最北端 2天1夜玩透透

四面環海的下北半島是日本本州最北邊的地區。猶如異世界般的景致、最頂級的鮪魚及海膽等，這裡充滿著其他地方找不到的迷人魅力，快來這自駕兜風玩上一回吧！

### 第1天

START 北海道新幹線 JR奥津輕今別站 → 35分 → 蟹田港 → 1時間 → 5分

搭乘渡輪抵達下北！

↓下北半島的水上玄關是脇野澤港

check! 約1小時船程串起津輕半島和下北半島

#### 陸奧灣渡輪 むつわんふぇりー

連結津輕半島蟹田港與下北半島脇野澤港，時間上可截短成陸路的約三分之一。

☎0174-22-3020(蟹田本社) 營4月中旬～11月上旬，8:00～(1天2往返、夏季3往返) 休營業期間無休 ¥蟹田～脇野澤1470日圓、兒童740日圓(汽車船運費用除外) 所外ヶ浜町蟹田中師宮本160(蟹田港碼頭) 交JR蟹田站步行20分 MAP附錄②P.10 H-2

## ① たいじま 鯛島

流傳1200年前的悲戀傳說形狀宛如鯛魚悠游於陸奧灣的無人島

從距離脇野澤漁港不遠的牛之首農村公園最適合觀景，位在外海約800m處，屬下北半島國定公園內的島嶼，流傳著坂上田村麻呂和村女的悲戀傳說。

↑身體上佈滿茂密綠意，尾巴則是嚴峻岩石

☎0175-44-2111(陸奧市脇野澤廳舍市民生活課) 營自由參觀 P5輛 所むつ市脇野沢新井田94(牛之首農村公園) 交JR下北站車程1小時 MAP附錄②P.9 B-5

↓55分

下北半島最具代表性 大自然交織出的神祕景觀

設有完善步道，靠步行即可前往

## ② ほとけがうら 佛浦

奇岩綿延近2km，下北半島數一數二的風景名勝。險峻岩石群圍繞的磅礡氣勢與神秘景觀完全體現了秘境的美名。

↑彷彿處於異世界的神祕空間

☎0175-38-4515(佐井村觀光協會) 營自由參觀 P20輛(12～3月不可使用) 所佐井村長後仏ヶ浦 交JR下北站車程2小時 MAP附錄②P.9 B-3

↓12分

## ③ ほとけがうらどらいぶいん 仏ヶ浦ドライブイン

在這裡吃午餐！

位在佛浦北邊的福浦港附近的得來速餐廳。因為是由漁夫經營的店，能品嘗到新鮮海膽與鮑魚等時令海產。

店家資訊在P.121

↓有著驚人甜度的海膽入口即化的海膽丼1500日圓

50分

老闆娘柳田石小姐(左)和田中文江小姐

將新鮮海產菜色一網打盡的餐廳

### ACCESS

新青森站 → 開車 國道279號等 2小時25分 → 陸奧巴士總站

下北站 → 巴士 下北交通巴士 10分 → 陸奧巴士總站

### ●路線導覽

所需2天1夜／343.8km

START JR奥津輕今別站
第1天 ↓
蟹田港渡輪總站
↓ 渡輪／1小時
脇野澤港渡輪總站
↓ 2.7km／5分
① 鯛島
↓ 36.3km／55分
② 佛浦
↓ 6.5km／12分
③ 仏ヶ浦ドライブイン
↓ 33.2km／50分
④ 大間崎
↓ 19.2km／25分
⑤ 下風呂溫泉
第2天 ↓ 20.8km／30分
⑥ 藥研溪流
↓ 24km／55分
⑦ 釜臥山瞭望台
↓ 22.3km／45分
⑧ 北防人大湊 安渡館・海望館
↓ 10.5km／20分
⑨ Sky Restaurant
↓ 27.8km／35分
⑩ 尻屋崎
↓ 119km／2時間50分
GOAL JR八戶站

大間 尻屋崎 陸奧巴士總站 脇野澤港 陸奧灣渡輪(蟹田～脇野澤) 蟹田港 北海道新幹線 新青森站 START JR奥津輕今別站 GOAL JR八戶站

# 第2天

原始林中的溪流一帶是觀光亮點散佈的寶庫


## 6 薬研溪流（やげんけいりゅう）

坐擁下北半島國定公園內的秀麗景觀，山毛櫸與青森檜木原始林遍佈的溪流。周遭設有完善的步道，還有免費的溫泉設施。

0175-22-1111（陸奧市觀光戰略課） 自由參觀 30輛 むつ市大畑町薬研 JR下北站車程50分

MAP附錄②P.9 D-2

春季有新綠、秋季有紅葉妝點色彩
森林鐵路的小火車軌道遺跡已改建為步道

55分

## 7 釜臥山展望台（かまふせやまてんぼうだい）

從津輕海峽到陸奧灣都一覽無遺的觀景台

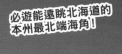

海拔879m的下北半島最高峰「釜臥山」的觀景台，能一探以斧頭狀聞名的下北半島輪廓，晴朗時更能眺望環繞下北的四面海洋。

0175-22-1111（陸奧市觀光戰略課） 5月中旬～11月3日（需確認），8:30～21:30 開放期間無休，可能視天候休館 免費 35輛 むつ市釜臥山 JR下北站車程35分

MAP附錄②P.9 D-4

能以肉眼見證與地圖相同的形狀

check! 形同鳳蝶般的夜景好迷人！

有著鳳蝶形狀的陸奧市夜景，更有人發起守護這片美景的活動。

45分

## 8 北防人大湊 安渡館・海望館（きたのさきもりおおみなとあんどかんかいぼうかん）

海望館在入夜時會點燈

設計參考舊海軍大湊要港部廳舍而建的設施，館內還有咖啡廳，也可購買自衛隊及海軍的商品。從隔壁的海望館可眺望海上自衛隊的護衛艦。

0175-29-3101（安渡館） 10:00～20:00（咖啡廳為11:00～） 無休 免費入館 50輛 むつ市桜木町3-1 JR大湊站車程10分

MAP附錄②P.9 D-4

咖啡廳有限量供應大湊海上自衛隊咖哩

附設咖啡廳及禮品店的交流設施

安渡館咖啡廳「憩-ikoi-」有供應甜點和鹹食

check! 參觀明治時代的水道設施

列入國家重要文化財的拱形重力石造堰堤所在的水源池公園也在附近。

能暫時忘卻時光流轉，悠閒享受

來去看看斷崖絕壁的「戀愛燈塔」和寒立馬！
「寒立馬寶寶」1200日圓也是推薦商品！

GOAL JR八戶站

2小時50分

## 10 尻屋崎（しりやざき）

有灰白色磚造建築的西式燈塔佇立，本州最東北端的海角。青森縣天然紀念物寒立馬在此放牧吃草，描繪出一片恬靜風景。

0175-27-2111（東通村經營企畫課） 4～11月，7:00～16:45（4月為8:00～15:45） 營業期間無休 免費 30輛 東通村尻屋 JR下北站車程50分

MAP附錄②P.8 G-2

能夠近距離欣賞惹人憐愛的寒立馬

必遊能遠眺北海道的本州最北端海角！

鮪魚雕像前是絕佳的拍照景點

まぐろ一本釣の町　おおま



## 4 大間崎（おおまざき）

以大間鮪魚聞名遐邇的本州最北端海岬，這裡有許多餐廳、伴手禮店而備受觀光客喜愛。晴天時能遠眺北海道。

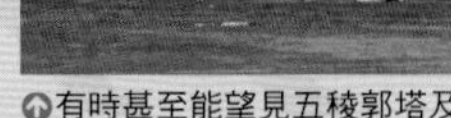

有時甚至能望見五稜郭塔及函館街景（照片為惠山）

0175-37-2111（大間町產業振興課） 自由參觀 45輛 大間町大間大間平 JR下北站車程1小時5分

MAP附錄②P.9 B-1

25分

面向國道的溫泉鄉瀰漫著硫磺的氣味
蔚為傳奇的大間鐵道遺跡上還有免費足湯

曾因溫泉療養地而興盛 擁有3條源泉的知名溫泉

## 5 下風呂溫泉（しもふろおんせん）

在這裡住宿！

罕見擁有3條源泉的溫泉鄉。坐擁溫泉的風間浦村盛行捕撈花枝，也因能欣賞到海上漁火而出名。

0175-35-2010（風間浦村商工會） JR下北站車程40分

MAP附錄②P.9 D-2

30分

20分

## 9 Sky Restaurant

在這裡吃午餐！

位於飯店11樓，能將陸奧市盡收眼底的道地法國菜餐廳。主廚推薦午餐、海軍可樂餅午餐等菜色都有著飽足份量。

0175-22-2331（陸奧格蘭酒店） 11:45～14:00、17:00～21:00 無休 600輛 むつ市田名部下道4 陸奧格蘭酒店11F JR下北站車程8分

MAP附錄②P.8 E-3

35分

主廚推薦午餐每週更換菜色，1250日圓
透過落地窗還能望見釜臥山

# 靈場恐山探訪

## 東北第一的能量景點

踏入一片荒涼的地獄光景中，最後邁向宛如置身極樂世界般的美麗湖畔…，至今依然有許多人為了與逝者溝通而來。

### 參拜參考路線

START 一 三途之川 步行7分 → 入山受理處 步行即到 → 二 總門 步行即到 → 三 山門 步行即到 → 四 本尊安置地藏殿 步行即到 → 五 無間地獄 步行5分 → 六 血池地獄 步行即到 → 七 宇曾利山湖 步行5分 → 八 五智山 步行3分 → 總門 GOAL

### 一 三途之川 ●さんずのかわ START

一走進恐山首先需經過紅色的太鼓橋，以跨過區分陰陽兩界的三途之川，繼續往前走便是靈場。

↑從三途之川到入山受理處約步行7分鐘

### 二 總門 ●そうもん

在入山受理處購票後穿過總門，正式踏入境內。白色石板的參道一路綿延至盡頭的地藏殿，兩旁有燈籠林立。

↑穿過入山受理處旁的總門踏上參道

### 三 山門 ●さんもん

有著莊嚴外觀的山門，左右兩旁聳立著仁王像，2樓則供奉五百羅漢。山門旁建有本堂。

↑穿過總門、踏上參道馬上便能看見山門

### 靈場恐山 ●れいじょうおそれざん

由慈覺大師開山的恐山是與高野山、比叡山齊名的日本三大靈場之一。和宇曾利山湖對望的丘陵因火山屬性而產生獨特又荒涼的景色。7月及10月舉辦的大祭典也以「潮來巫女降靈式」著稱。

↑火山岩覆蓋而形同地獄般的風景就在眼前

✆0175-22-3825（恐山寺務所） 🕒5～10月，6:00～17:00 休開放期間無休 ¥入山費500日圓、兒童200日圓 P500輛 所むつ市田名部宇曽利山3-2 交JR下北站搭下北交通巴士恐山線43分，終點站下車即到

MAP附錄②P.9 D-3

### 弔念逝者的靈魂
### 恐山大祭 ●おそれざんたいさい 7月20～24日

相傳「只要在這一天向地藏祈禱，便能拯救逝者免於苦難」而吸引眾多信徒前來參拜，境內還有實施「潮來巫女降靈式」。

※有時巫女無法到場。

✆0175-22-3825（恐山寺務所）

MAP附錄②P.9 D-3

←10月會舉辦長達3天的秋季大祭

潮來巫女是指？

藉由讓亡者的靈魂附身到自己身上來傳達其話語的東北地區巫職。逢恐山大祭時能一睹他們的樣貌，並會舉辦降靈式。

弘前
P.20
青森市區
P.50
奧入瀨溪流・十和田・八甲田
P.67
八戶
P.83
津輕半島・五所川原
P.99
白神山地・津輕西海岸
P.107
下北半島
P.115

↑據傳主神地藏菩薩是由慈覺大師所雕刻

↑從湖岸眺望湖面，宛如明鏡般優美

## 四 本尊安置地藏殿 ●ほんぞんあんちじぞうでん

在參道的尾端，是祭祀著主神地藏菩薩的地藏殿，做為引領生者的空間，被視為恐山的中心。

## 五 無間地獄 ●むげんじごく

參拜過地藏殿之後就來地獄走一遭。無間地獄的入口飄散出硫磺氣味，裸露的岩石呈現出令人毛骨悚然的景觀。

## 六 血池地獄 ●ちのいけじごく

八角圓堂旁的池塘，旁邊便是通往冥界的賽之河原。境內還有鹽屋地獄、金堀地獄、賭博地獄等地獄散佈四處。

## 七 宇曾利山湖 ●うそりやまこ

走出地獄來到的地方便是一片神祕寂靜氛圍的宇曾利山湖，當地人習慣稱之為宇曾利湖。位於湖泊對岸的是大盡山。

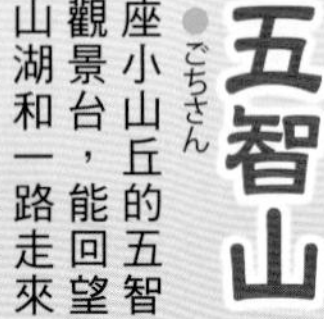

↑神祕色彩與靜謐籠罩四周

## 八 五智山 ●ごちさん

猶如一座小山丘的五智山設有觀景台，能回望宇曾利山湖和一路走來的恐山全景，更供奉著五智如來。

↑轉頭回望一路參拜過來的路程

↑參拜者走過地獄後為逝者祈禱成佛

↑四處都能聽見硫磺氣體噴出的聲音

### 附近還有這些設施

**來到靈場想泡泡的4種溫泉**

## 湯小屋 ●ゆごや

境內有4種不同功效的溫泉湧出，任何參拜者都能免費泡溫泉。溫泉水溫較高，泡湯時需多加留意。

↑有藥師之湯、古瀧之湯等4種溫泉

🕒5～10月，6:00～17:00 休營業期間無休 ¥參拜者免費
MAP附錄②P.9 D-3

**潔淨又寬敞的靈場住宿處**

## 恐山宿坊 吉祥閣 ●おそれざんしゅくぼうきっしょうかく

具備大浴場的住宿設施，必須要參加早上的佛前讀經。裡頭沒有電視和冰箱，房間在22時熄燈，能度過靜心的夜晚。

↑不輸飯店的整潔度與舒適感博得好評

☎0175-22-3825（恐山寺務所） 🕒5～10月，IN14:00、OUT10:00 ¥1泊2食12000日圓
MAP附錄②P.9 D-3

## 恐山主要看點地圖

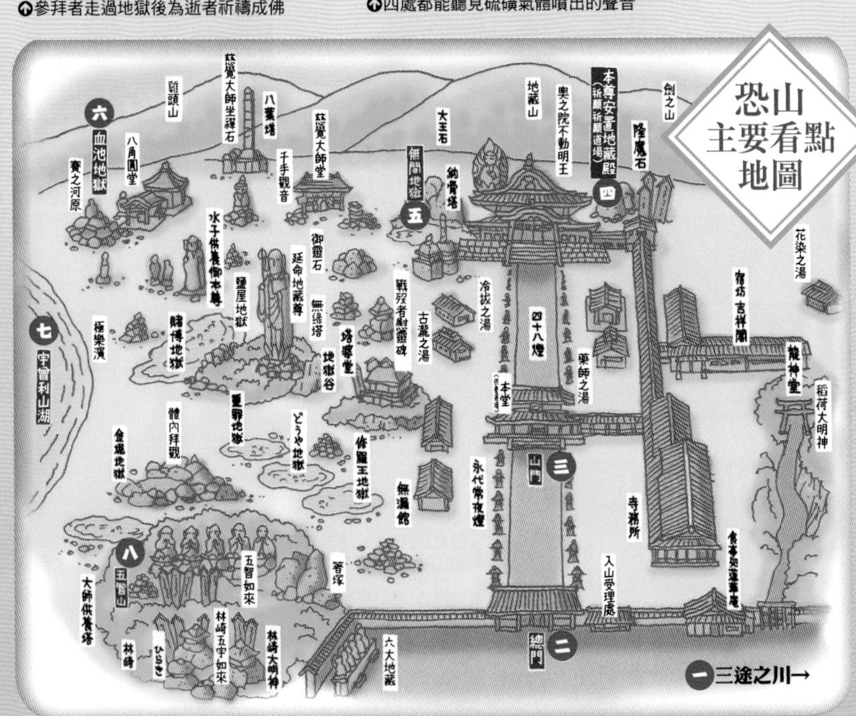

新鮮海產、知名菜色等多種美食！

# 下北美食

## 全～部都想吃！

以大間鮪魚遠近馳名的下北半島，其實也是扇貝、鮟鱇魚、海膽、豬肉等美食的寶庫，以下就來一併介紹蘊藏著知名菜色的下北美味！

大間的鮪魚屬於黑鮪魚

## 美食1 鮪魚滿漢大餐

一條魚甚至高達數千萬日圓而被視為高級品的黑鮪魚，秋～冬季特別好吃！

**大間鮪魚為何好吃**

「大間鮪魚」是以傳統釣法「一支釣」霸氣釣上海面，不但因津輕海峽的猛烈海浪而肉質緊緻，鮪魚會在藉由吃花枝和秋刀魚來增添脂肪時洄游，正是其美味的祕訣。

能以平實價格大啖美味的生鮪魚肉

**鮪魚丼**
2800日圓
吃得到生鮪魚的瘦肉、大腹肉、中腹肉3種部位的奢侈蓋飯（數量有限）

### 海峡荘
かいきょうそう

以良心價格提供時令海鮮，對生鮪魚特別講究，會因應季節使用大間產（9、10月）或近海產（4～8月）等不同產地的鮪魚，能在此盡情品嘗鮪魚的鮮美。

↑沒有生鮪魚時會歇業，請事先確認

☎0175-37-3691 L4月下旬～11月第1週日，10:00～15:00 休營業期間不定休（需確認） P10輛（使用町營停車場） 所大間町大間大間平17-734 JR下北站搭下北交通巴士佐井線1小時45分，大間崎下車即到
MAP附錄②P.9 B-1

### マリンハウスくどう

將厚切魚片擺盤成花瓣般，一次滿足眼福與口福的鮪魚丼很出名。還有供應海峽丼、鮭魚丼、醃花枝丼等大間近海的美味海產，入夜還有兼營旅館。

↑店家前方便是大間崎美景

☎0175-37-2479 L11:00～15:00（有時節性變動） 休不定休 P20輛 所大間町大間大間平17-736 JR下北站搭下北交通巴士佐井線1小時45分，大間崎下車即到
MAP附錄②P.9 B-1

在大間崎美景前飽享大間鮪魚和近海的魚產

**鮪魚丼**
2500日圓～（視時節調整）
擺盤有如花瓣般的秀色可餐蓋飯分量飽足

鋪滿厚切鮪魚的蓋飯令人心滿意足

**三色鮪魚丼**
3300日圓
豪邁鋪上厚切大間鮪魚的大腹肉、中腹肉、瘦肉的蓋飯

### 魚喰いの大間んぞく
さかなくいのおおまんぞく

將厚切鮪魚密密麻麻鋪滿整碗的鮪魚丼是驚為天人的美味，分量多到光吃這一碗便能飽足。店內掛滿了釣鮪魚的照片。

↑開這間店的漁夫曾經捕到一尾2020萬日圓的鮪魚

☎0175-37-5633 L8:00～18:00 休不定休 P10輛 所大間町大間大間平17-377 JR下北站搭下北交通巴士佐井線1小時45分，大間崎下車即到
MAP附錄②P.9 B-1

**究竟有什麼美食？**

下北半島四周有津輕海峽、陸奧灣、太平洋環繞，因四面環海而有各式各樣的特產品，例如大間鮪魚等受惠於豐沛漁場的海產格外新鮮。此外，孕育於嚴峻大自然而肉質鮮美的大間牛等也是自古以來便是當地美食文化的支柱之一。

### 大間浜寿司
おおまはまずし

創業超過50年的壽司店，可嘗嘗以傳統釣法釣上岸的在地鮪魚所捏製的壽司，感受入口即化的日本第一鮪魚。店家會不定期歇業，請事先確認營業日。

☎0175-37-2739 L11:30～13:30、17:30～21:00 休不定休 P10輛 所大間町大間69-3 JR下北站搭下北交通巴士佐井線1小時50分，大間下車即到
MAP附錄②P.9 B-1

↑鮪魚丼和海鮮丼也很推薦的店家

透過師傅熟練的手藝來品嘗日本第一的鮪魚

**黑鮪魚握壽司**
1貫500日圓～
最頂級的鮪魚握壽司，魚肉與醋飯交織出完美平衡

# 美食2 海產

無論生吃或熟食都是美味飽滿

在津輕海峽與陸奧灣捕獲的新鮮又滋味濃郁的海產類也是下北半島的特色。

以驚人的優惠價與分量大吃新鮮海產


**歌舞伎丼** 1000日圓
蓋上滿滿的入口即化海膽、花枝、鮭魚卵、鮪魚等的人氣No.1蓋飯

※配料會視時節而有所調整

## ぬいどう食堂
ぬいどうしょくどう

連當地人也不例外，吸引眾多客人為了新鮮便宜又分量充足的餐點而來的大眾食堂。當天早上現捕的海產鮮美又甘醇，絕對能打動饕客的心。

☎0175-38-5865 🕒4月10日～11月的9:00～15:00 休營業期間不定休 P12輛 所佐井村長後福浦川目83-1 🚃JR下北站車程1小時30分 MAP附錄②P.9 B-3

⬆儘管交通不便仍然人龍不斷的好評餐廳

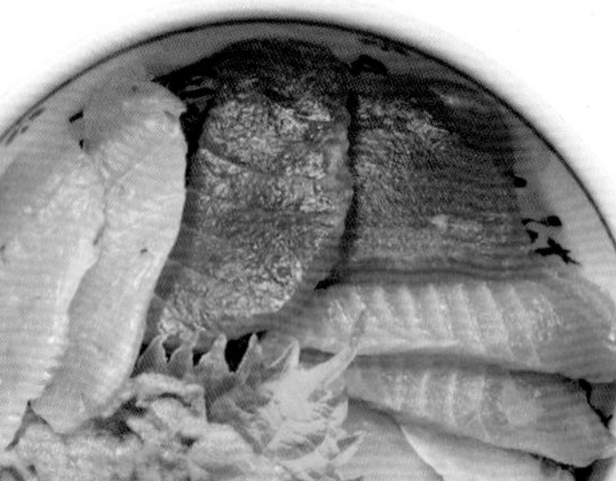
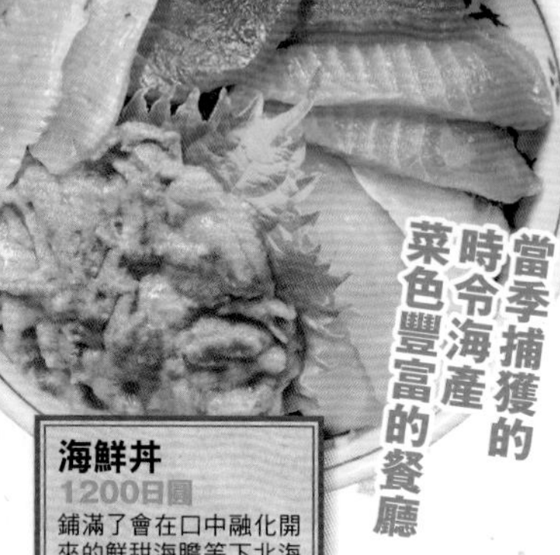

當季捕獲的時令海產菜色豐富的餐廳


**海鮮丼** 1200日圓
鋪滿了會在口中融化開來的鮮甜海膽等下北海產的蓋飯

## 仏ヶ浦ドライブイン
ほとけがうらどらいぶいん

從佛浦往北約6.5km，由福浦港的漁夫經營的得來速餐廳，供應使用新鮮海膽和鮑魚製作的蓋飯、生花枝片定食等，隨時都能品嘗到下北的時令鮮味。

☎0175-38-5825 🕒10:00～17:00 休不定休 P30輛 所佐井村長後福浦川目85 🚃JR下北站車程1小時30分 MAP附錄②P.9 B-3

⬆隨時造訪都能飽嘗下北的當令美味

**扇貝釜飯** 1080日圓
捕自陸奧灣的結實扇貝幾乎把飯蓋到看不見的驚人分量

## 和風料理 楠こう
わふうりょうりなんこう

將新鮮的下北海產做成講究的菜餚供給客人，以陸奧灣捕獲的扇貝填滿碗公的釜飯、能一次品嘗多種下北海產的陸奧灣滿漢御膳最具人氣。

⬆觀光客也能自在入店用餐的店家

☎0175-22-7377 🕒11:30～14:30（週日、假日～15:00）、17:00～21:30（週日、假日～21:00） 休週三 P20輛 所むつ市田名部町2-5 🚃JR下北站車程10分 MAP P.122 A-1

**風間浦鮟鱇鍋定食** 1500日圓(12～4月限定)
將生猛活撈的在地鮟鱇魚做成豪邁的漁夫風味鍋上菜

## お食事処 ばんやめし
おしょくじどころばんやめし

面朝國道279號，附設伴手禮店的餐廳，能在此一嘗海膽等下北名產，尤以冬季特有的鮟鱇料理可說是此店自信推薦菜。

☎0175-35-2865 🕒11:00～13:30(伴手禮販售為9:00～16:00) 休週二 P25輛 所風間浦村蛇浦石積12-13 🚃JR下北站搭下北交通巴士佐井線1小時30分，ばんや前下車即到 MAP附錄②P.9 C-1

⬆除了海鮮料理外，拉麵也很暢銷

據稱是下北鄉土料理味噌烤扇貝的始祖


**味噌烤扇貝定食** 1000日圓(單點800日圓)
將蔬菜和海產放入扇貝的大片貝殼後以味噌燉煮，再打上雞蛋蓋住

## 食事処なか川
しょくじどころなかがわ

相傳是味噌烤扇貝始祖的餐廳，代表菜色當然是味噌烤扇貝。其他扇貝料理也很出名，生吃和油炸為熱銷菜色。除了定食以外也可單點。

☎0175-22-3798 🕒10:30～19:00 休週一 P5輛 所むつ市小川町2-21-11 🚃JR下北站車程10分 MAP P.122 A-1

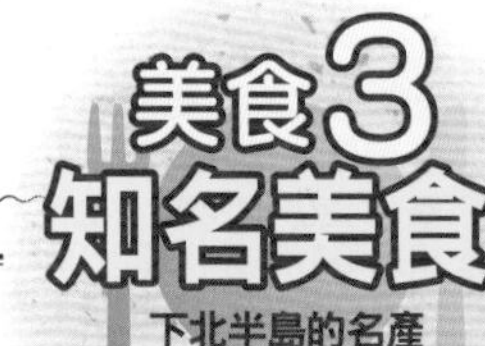
⬆2017年9月店面改裝

額外美食Check!

### 上方文化變成青森美食!?

受到江戶時代北前船來往於東北地區與上方之間的影響，至今在下北半島隨處仍能看見上方文化的影響，造型似蛋的麻糬料理「雞卵」就是其中之一，相傳在室町時代被京都人做為茶點食用。

➡鹹湯與甜餡的絕妙搭配

# 美食3 知名美食

下北半島的名產不光只有海鮮！

## 大間牛
おおまぎゅう

以鮪魚聞名的大間町也是牛肉的產地，有著不輸鮪魚大腹肉的肉質。來試試生長於嚴峻自然環境而厚實又健康的牛肉。

又有「陸鮪魚」之稱的牛肉

⬆也有A5等級的肉品，被看好能成為繼鮪魚的另一特產品

## 大湊海軍可樂餅
おおみなとかいぐんころっけ

據說是從舊海軍的食譜演化出的在地美食，以牛脂油炸是最大特色。各家店會有不同的小變化，約有20間店販售。

➡供應店家MAP請搜尋「Gururin Shimokita」

從舊海軍的餐點衍生而來!?

# 風景名勝與溫泉散佈 本州最北端之地 下北半島

●しもきたはんとう

位於本州最北邊，能遇見無數絕景。無論是陸奧市藥研溪流的溪谷之美，還是從釜臥山望出去的360度景觀都非常迷人，也別忘了品嘗五花八門的海鮮。

區域導覽

MAP P.122、附錄②P.8～9

洽詢處

0175-22-1111（陸奧市觀光戰略課）
0175-38-4515（佐井村觀光協會）
0175-35-2111（風間浦村產業建設課）

溫泉 MAP附錄②P.9 D-2

## 藥研溫泉

●やげんおんせん

0175-34-2008（夫婦河童溫泉） 溫泉

### 青森檜木茂盛生長的溪谷邊溫泉

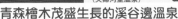

因溫泉的湧水口形似製作中藥的工具「藥研」（藥碾子）而得此名。而在奧藥研橋旁的男女各別露天浴池「夫婦河童溫泉」則能邊賞溪流邊泡湯。

夫婦河童溫泉8:30～18:00（5～8月為～19:00，11～3月為10:00～17:00） 休無休（1～3月為週二休） ¥230日圓、兒童110日圓 所むつ市大畑町赤滝山1-3（夫婦かっぱの湯） JR下北站搭下北交通巴士佐井線45分，大畑下車，車程25分

視野開闊的「夫婦河童溫泉」

學習館 MAP附錄②P.6 E-2

## 六所原燃PR中心

●ろっかしょげんねん ぴーあーるせんたー

0175-72-3101 景點

### 認識原子燃料回收再利用

將六所村的原子燃料回收設施以大型模型重現的「原燃TOURS」依照不同主題來區分樓層，趣味無窮。頂樓的展望廳可以欣賞360度全景。

9:00～17:00 休每月最後的週一（逢假日則翌日休，有變動的可能，須事先洽詢） ¥免費 P107輛 所六ヶ所村尾駮上尾駮2-42 青森鐵道野邊地站搭下北交通巴士往泊車庫方向50分，大石運動公園前下車即到

各個樓層有不同的主題，可以開心玩中學

溫泉 MAP附錄②P.9 C-3

## 湯野川溫泉 濃々園

●ゆのかわおんせん じょうじょうえん

0175-42-5136 溫泉

### 曾做為電影拍攝地的共用浴場

位在山林環繞的小小溫泉地，坐擁自然景觀的共同浴場。湯野川溪流潺潺水聲包圍而獨具風情的露天浴池有著絕佳療效。曾做為電影《飢餓海峽》的拍攝地。

9:00～19:00 休週二 ¥泡湯費380日圓、兒童150日圓 P30輛 所むつ市川內町湯野川68 JR下北站車程1小時

眼前便是湯野川流水的韻味十足露天溫泉

祭典 MAP P.122 A-1

## 田名部祭

●たなぶまつり

0175-22-1111（陸奧市觀光戰略課） 景點

### 華麗絢爛的花車周遊市內

每年8月18～20日舉辦的田名部神社例行大祭，華麗花車隨著樂聲浩蕩巡遊。最後一天會以眾人喝樽酒來期待明年再相會的「五車告別」劃下句點。

所陸奧市田名部地區（田名部神社周邊） JR下北站搭下北交通巴士市內線等路線10分，陸奧巴士總站下車，步行3分

據傳繼承了京都祇園流派的5輛絢麗花車遊街

艦艇 MAP附錄②P.9 D-4

## 參觀大湊基地艦艇

●おおみなときち かんていけんがく

0175-24-1111（海上自衛隊大湊地方總監部管理部總務課廣報係） 景點

### 近距離參觀氣勢凌人的艦艇

能參觀全長超過150m、標準排水量4650t、6萬馬力的「Makinami」等氣勢非凡的護衛艦，還能踏上甲板，若想來點平時罕見的體驗務必來逛逛。

4～11月的週六日、假日，13:30～14:30（報名為13:00～13:30） 休需上官網確認 ¥免費 P10輛 所むつ市大湊町4-1 JR大湊站車程15分

近距離欣賞更能感受其令人震懾的魄力

壽司 MAP P.122 B-2

## 秀寿司むつ店

●ひでずしむつてん

0175-22-3117 美食

### 低負擔輕鬆品嘗下北海產

魚肉採用下北半島的新鮮時令海產，加上以炭火用釜炊熟的米飯捏出的壽司堪稱絕品。隨季節能品嘗到陸奧灣的生口蝦蛄、大間鮪魚、下北產海藻等美味海鮮。

11:30～23:00 休不定休 P8輛 所むつ市横迎町1-2-12 JR下北站搭下北交通巴士市內線等路線10分，陸奧巴士總站下車，步行10分

主廚特配特上3780日圓、握壽司1080日圓等各種菜色

# 吃吃看大湊基地艦艇的咖哩！

CLOSE UP

海上自衛隊在航海時由於窗外景色一成不變，為了不失去星期幾的概念而養成每週五吃咖哩的習慣，每艘艦艇都有各自的食譜，而在海上自衛隊大湊基地的協助下，如今在陸奧市內的餐飲店已能吃到10個部隊的咖哩。海自咖哩近期成為陸奧市的最新美食而備受矚目，不妨來試試！加盟店等詳細資訊請洽※0175-22-1111（陸奧市經濟部觀光戰略課）。

↑北防人大湊 安渡館（P.117）的護衛艦Hamagiri咖哩

物產館　MAP P.122 B-1

## 陸奧下北觀光物產館(Masakari Plaza)

●むつしもきたかんこうぶっさんかんまさかりぷらざ　☎0175-22-9161（下北物產協會）　購物

### 具備伴手禮店和食堂非常方便

網羅下北半島所有市町村的特產品及山珍海味、美饌、青森檜木製品的物產館，而在2樓食堂能一嘗鄉土料理味噌烤扇貝定食。還設有田名部祭的迷你花車模展示區。

商店9:30～18:00（冬季有所調整） 休需洽詢 P50輛 所むつ市柳町1-10-25 JR下北站搭下北交通巴士市內線等路線10分，陸奧巴士總站下車即到

←陸奧灣活扇貝可寄送至日本各地（2kg4000日圓～，含運費）

餐廳　MAP 附錄②P.8 F-5

## 松楽

●しょうらく　☎0175-46-2905　美食

### 使用新鮮海產的料理飽足身心

因豐富菜色與美味料理而深獲好評，以生海膽定食2100日圓（4～10月）等發揮海膽鮮美的菜餚最具人氣。也推薦以扇貝殼做為器皿再加入花枝、打上蛋汁的烤扇貝。

10:00～22:00（週一～17:00） 休無休（12～3月為週一不定休，逢假日則營業） P30輛 所東通村白糠垣間19 JR下北站搭下北交通巴士市內線等路線10分，陸奧巴士總站轉乘泊線45分，松楽前下車即到

←提供蓋飯和定食、壽司、單品料理等各式料理

食堂　MAP 附錄②P.9 D-2

## あさの食堂

●あさのしょくどう　☎0175-36-2838　美食

### 有多種絕品蓋飯的溫泉街食堂

吃得到新鮮時令海鮮的食堂，推薦高人氣的海膽鮑魚丼2500日圓和招牌的活花枝定食1500日圓。活切下來的花枝肉身晶瑩剔透，鮮甜美味一入口便擴散開來。

11:00～22:00 休不定休 P5輛 所風間浦村下風呂12-1 JR下北站搭下北交通巴士佐井線1小時10分，下風呂下車即到

能飽嘗海膽風味與鮑魚口感的蓋飯

西點　MAP 附錄②P.8 E-2

## ケーキ屋タックン

●けーきやたっくん　☎0175-34-3622　購物

### 大排長龍的手工西點店

吸引許多粉絲遠道而來的西點店。店家希望能讓更多人品嘗，而以任誰都能輕鬆購買的價格提供。多達100種商品中有七成為店家獨創也是本店的人氣祕訣。

11:00～19:00 休週二 P4輛 所むつ市大畑町中島108-12 JR下北站車程30分

←脆皮泡芙與綿密奶油的硬皮泡芙1個108日圓

青森檜木專賣店　MAP 附錄②P.9 C-1

## わいどの木

●わいどのき　☎0175-35-2147　購物

### 推廣青森檜木魅力的專賣店

廣布於下北半島的青森檜木是日本三大美林之一，為了發揚青森檜木能融入日常的優點，這裡展示並販售多元的青森檜木製品。週六日、假日還可體驗木工（需預約）。

8:30～12:00、13:00～17:00（木工體驗於第3週以外的週六日、假日舉辦，需預約） 休不定休 ¥木工體驗1000日圓～ P20輛 所風間浦村易国間大川目6-7 JR下北站車程1小時

←倉庫改造而成的藝廊＆商店擺滿了青森檜木製品

# 青森旅館精選

高級感洋溢的氛圍與溫暖周到的服務備受遊客歡迎的「星野度假村」，位於青森縣內的三間旅館都各自蘊藏了獨具色彩的魅力！

# 入住夢幻的星野度假村！

Check!

樂享晨間的奧入瀨

## 體驗活動

提供多種活動，能體驗奧入瀨溪流最為美麗的早晨時刻。參加可手持放大鏡觀察青苔的「綠苔散步」會有自然導覽員介紹各種青苔。

讓美麗的青苔療癒心靈

唯一建造於奧入瀨溪流河畔上的度假型飯店

奧入瀨溪流

星野度假村

## 奧入瀨溪流飯店

ほしのりぞーとおいらせけいりゅうほてる

建於奧入瀨溪流沿岸，能在大自然圍繞下盡享度假氣氛。一走進館內，便會對佇立在寬敞迎賓廳中央的巨大暖爐深感驚豔。可以先在迎賓廳享用蘋果甜點，或到可眺望奧入瀨溪流的露天溫泉洗除旅行疲勞之後，再來享用能徹底品嘗蘋果魅力的自助式晚餐。隔天早上不妨來參加體驗活動，盡情感受晨間才看得到的優美奧入瀨溪流。

0570-073-022（星野度假村預約中心）
IN15:00、OUT12:00（有休館日，需洽詢）
¥1泊2食18500日圓～
P100輛 所十和田市奧瀨栃久保231 交JR八戶站、新青森站、青森機場車程1小時30分（有免費接駁巴士，需預約）

P.70

MAP附錄②P.3 B-1

1 迎賓廳中央的巨大暖爐由岡本太郎設計
2 房客專用的露天浴池「八重九重之湯」
3 2017年春季開幕的溪流露天溫泉
4 來迎賓廳品嘗以蘋果製作的甜點
5 能飽享蘋果魅力的青森蘋果廚房
6 在溪流露臺享用早餐是熱門的追加方案
7 附設能欣賞溪流的露天溫泉與露臺的溪流和室

古牧溫泉

# 星野度假村 青森屋

ほしのりぞーとあおもりや

▶P.92

標榜能夠完整體驗青森的自然與文化的旅館而坐擁高人氣。泡完質地柔滑的溫泉後，能沉浸於青森的文化、大口品嘗時令美味。若來到表演餐廳「陸奥祭屋」，能夠在體驗青森四大祭典的同時享用餐點，而在自助式餐廳「のれそれ食堂」則有穿著白色割烹服裝的媽媽們溫暖迎賓。用餐後可以到「歡騰廣場」欣賞津輕三味線和鏟子三味線的現場演奏，或是品嘗青森在地酒和下酒菜，可以盡情玩到深夜。

☎0570-073-022（星野度假村預約中心）
IN15:00、OUT12:00 ¥1泊2食16500日圓～
P200輛 所三沢市古間木山56 交JR八戶站有免費接駁巴士約40分（需預約）、JR新青森站有免費接駁巴士約2小時（需預約）、三澤機場與青森機場也有免費接駁巴士

MAP附錄②P.6 F-5

純泡湯入浴情報

元湯9:00～21:00 休無休 ¥450日圓（元湯）

1能嗨到24點的「ヨッテマレ酒場」 2釣到後能當場烤來吃的釣扇貝 3能飽覽腹地內遼闊公園的足湯 4歡騰表演秀每晚舉行 5能感受到青森祭典文化的客房「Ikutera」 6在祭典樂聲中享用餐點的「陸奥祭屋」 7也可以在古民家餐廳「南部曲屋」開心用餐 8のれそれ食堂是以「媽媽的溫馨料理」為理念的自助式餐廳 9設於池塘上方的露天溫泉「浮湯」，入夜能沉浸於夢幻空間

## 青森文化的主題公園

五花八門的四季樂趣

## 體驗活動

推出順應季節的各式活動，無論大人小孩都能玩得盡興。可以搭乘馬車漫遊公園、在津輕腔的吆喝聲下做早操，讓住宿時光更加充實好玩。

➔馬車遊會隨季節調整內容。動物取扱業登錄第145014號。

←津輕三味線搭配津輕腔的廣播體操也很特別

# 入住夢幻的星野度假村！

大鰐溫泉

## 星野度假村 界 津輕

ほしのりぞーとかいつがる

▶P.46

設點於弘前的後花園——大鰐溫泉，自古以來便被視為溫泉療養地而廣受支持的溫泉，能泡在以樹齡2000年的古檜木製成的浴槽裡盡情享受。晚餐是吃得到大量青森山珍海味的宴席料理，可細細品嘗隨著季節變化的津輕風味。大廳裝飾著加山又造描繪出津輕風景的壁畫《春秋波濤》，每晚都會在壁畫前舉行津輕三味線的現場演奏。客房內則是隨處可見青森傳統工藝「津輕小巾刺繡」點綴的優質空間，帶給您悠閒的住宿時光。

☎0570-073-011（界預約中心）
IN15:00、OUT12:00　1泊[illegible]食[illegible]1000日圓～　P20輛　所大鰐町大鰐上牡丹森36-1
交JR大鰐溫泉站車程5分
MAP附錄②P.4 G-4

## 呈現出沉著穩重的空間 時尚成熟風味的旅館

1

3

4

2

當地特有的溫馨款待

## 在地樂趣

Check!

津輕三味線全國冠軍澀谷幸平以及受其指導的工作人員每晚都會在大廳酒廊帶來津輕三味線的現場演奏，不妨來欣賞那強勁又華麗的音色吧。

➔在大廳的巨幅壁畫前演奏，氣勢非凡

6

5

7

1冬季可以在白雪景致的陪襯下，在添加蘋果的大浴場泡泡湯　2以小巾圖騰妝點成現代風的洋室　3夏夜會在水邊設置津輕小巾燈籠　4住宿棟的走廊和牆面等處皆可看見以飄落於雪國津輕的白雪做為意象的小巾幻燈　5用小巾刺繡增添色彩的在地特色房「津輕小巾客房」　6用上大量當季食材與大間鮪魚的特別宴席　7掛設在客房走廊的小巾刺繡燈具

## 青森旅館精選 恬靜的溫泉旅館&飯店

從頂級的溫泉旅館到主打餐點的旅館、便於觀光的飯店等，以下嚴選出各具特色的青森旅館及飯店，幫助您找到能消除旅遊疲勞的舒適空間。

### 能遠眺日本海的水平線 以絕景露天溫泉著稱

↑夕陽西下時的景色更顯優美，非常推薦

### 深浦 黃金崎不老不死溫泉 こがねざきふろうふしおんせん

設於岸邊，彷彿與海岸融為一體般的露天浴池非常出名。每到日落時分，溫泉便會染上金黃色而韻味十足。從新館大浴場內的全景瞭望浴池眺望出去的景致也很迷人。

↑吸引許多人來拍照留念的招牌

↑吃得到漁業城市特有的新鮮海產料理

00173-74-3500
IN14:00、OUT10:00 ¥1泊2食10410日圓～ P100輛 所深浦町舮作下清滝15 交JRWeSPa椿山站搭免費接駁巴士5分

MAP附錄②P.5 A-3

**純泡湯入浴情報**
露天浴池8:00～15:30、本館8:00～19:30、新館10:30～14:00 休無休
¥600日圓、兒童300日圓

### 黑石溫泉鄉 花禅の庄 かぜんのしょう

位在從弘前市區往八甲田山、十和田湖、奧入瀨方向的山區，館內全面鋪設榻榻米，空間整潔的純和風溫泉旅館，能在此度過奢華時光。

↓盡情享用山珍海味擺滿桌的菜餚

0172-54-8226
IN15:00、OUT10:00
¥1泊2食14910日圓～
P30輛 所黒石市袋富山64-2 交弘南鐵道黒石站搭弘南巴士往虹の湖公園方向30分，津軽伝承工芸館前下車，步行2分

MAP附錄②P.4 H-3

↓屬於單純泉，透明無色的溫泉據說有美肌效果

寂靜籠罩的祥和時光

**純泡湯入浴情報**
11:00～15:00
休週四 ¥700日圓

↑在沉穩風格的純和風客房好好放鬆一下

### 奧入瀨溪流 野の花 焼山荘 ののはなやけやまそう

散發出隱密風情的溫泉旅館，全館鋪設榻榻米並使用青森檜木，打造出舒適愜意的空間。採源泉放流的溫泉，1天便能泡遍4座浴池。

0176-74-2345 IN15:00、OUT10:00
¥1泊2食11490～28770日圓 P50輛
所十和田市法量焼山64-225 交JR八戶站搭JR巴士往十和田湖方向1小時20分，十和田湖溫泉鄉下車即到

MAP附錄②P.3 B-1

**純泡湯入浴情報**
13:30～19:00（需預約） 休無休
¥600日圓

→位於方便前往奧入瀨溪流的位置

→感受青森的四季，一面悠哉享受溫泉

融合鄉土料理與現代風味的佳餚

←使用青森縣產嚴選食材的料理深受好評

百澤溫泉

## アソベの森いわき荘

あそべのもりいわきそう

以能眺望岩木山的絕佳位置為賣點，客房有和式、洋式等多種房型。可以在豪邁用上青森檜木製作的大浴場、四周一片原始林的露天浴池放鬆泡溫泉。

從客房遠眺美麗的岩木山稜線
橡樹原生林圍繞四周的天然岩石露天浴池

窗外可望見岩木山的雄偉景觀

佇立在岩木山山腳下的閑靜旅館

0172-83-2215
IN13:00、OUT12:00
房費11880～43200日圓
P100輛　所弘前市百沢寺沢28-29　JR弘前站搭弘南巴士往いわき荘方向55分，終點站下車即到（弘前站有免費接駁巴士，需預約）
MAP附錄②P.4 E-3

**純泡湯入浴情報**
7:00～16:00
休無休　¥500日圓

淺蟲溫泉

## 秋田屋酒店

ほてるあきたや

可以從頂樓面向大海的大浴池欣賞夕陽落入陸奧灣及市內的夜景，大量採用在地食材和陸奧灣產的新鮮海產所烹製的菜色也廣獲好評。

能眺望夕陽沉入陸奧灣的溫泉旅館
隨季節或時間變換風貌的景致非常迷人

能將陸奧灣盡收眼底的景觀大浴場

飽享新鮮的當地海鮮

017-752-3239　IN15:00、OUT10:00　¥1泊2食10030～19590日圓　P30輛　所青森市浅虫蛍谷293-12　青森鐵道淺蟲溫泉站步行5分
MAP附錄②P.6 G-3

**純泡湯入浴情報**
11:00～15:00
休不定休　¥1000日圓

大鰐溫泉

## 青森釀酒廠酒店

あおもりわいなりーほてる

壯麗大自然環繞的高原度假飯店。以北歐風為設計的白色建築令人印象深刻，館內和客房散發出穩重氣氛，能夠在寬敞大浴場和露天浴池愜意泡湯。

能感受大自然的療癒大浴場

青森檜木香氣洋溢且空間開闊的大浴場

0172-48-2881
IN15:00、OUT10:00
¥1泊2食11500日圓～
P100輛　所大鰐町島田滝の沢100-9
JR大鰐溫泉站車程10分（大鰐溫泉站有免費接駁巴士）
MAP附錄②P.4 G-4

津輕平原就在眼前，在青森縣數一數二的美景前享用餐點

十和田湖畔溫泉

## 十和田莊酒店

ほてるとわだそう

坐落在十和田湖畔最熱鬧的休屋地區，寬闊的大廳、流入泉之廣場的末廣大瀑布療癒人心。溫泉備有2種大浴場及露天浴池（12～3月公休）、溫泉水柱池等。

十和田湖畔規模一流的旅館
正中央設有檜木樓台的大浴場「御倉」

地理位置便於遊覽十和田湖的大型旅館

0176-75-2221
IN15:00、OUT10:00
¥1泊2食8840～21800日圓　P100輛　所十和田市奥瀬十和田湖畔休屋340　JR八戶站搭JR巴士往十和田湖方向2小時15分，終點站下車，步行5分
MAP P.74 B-2

**純泡湯入浴情報**
15:00～21:00
休不定休　¥500日圓

酸湯溫泉

## 八甲田酒店

はっこうだほてる

酸湯溫泉直營的度假飯店，由小木屋風格的本棟以及客房、溫泉浴場等6棟建築構成。晚餐可在主餐廳品嘗道地的法國菜。

簡約木屋風格的度假飯店

能邊欣賞森林景觀邊泡湯的大浴場

017-728-2000
IN12:00、OUT11:00　¥1泊2食24126～68406日圓
P60輛
所青森市八甲田山1
JR新青森站車程1小時
MAP附錄②P.7 A-5

散發出溫暖的本棟佇立於山毛櫸樹林中

淺蟲溫泉

## 南部屋・海扇閣

なんぶやかいせんかく

從頂樓的景觀浴池可望見絕美景致。館內展出鄉土色彩濃厚的畫作及工藝品，每晚還會舉辦津輕三味線的現場表演，是一間能體驗津輕文化的旅館。

**純泡湯入浴情報**
12:00～14:30
休無休　¥1000日圓、兒童500日圓

017-752-4411　IN15:00、OUT10:00　¥1泊2食15270日圓～　P80輛　所青森市浅虫蛍谷31
青森鐵道淺蟲溫泉站即到
MAP附錄②P.6 G-3

成熟穩重的純和風外觀

高人氣的津輕三味線表演

景觀浴池的美景能療癒身心

從景觀浴池俯瞰陸奧灣

## 淺蟲溫泉 絕景之宿 淺蟲櫻花觀光飯店

ぜっけいのやどあさむしさくらかんこうほてる

淺蟲溫泉區唯一建於岸邊的飯店，可聽見舒心的海浪聲。在陸奧灣美景的陪伴下享用時令美饌，晚餐後還能欣賞津輕三味線的現場演奏。

**浪潮聲此起彼落 海濱上的旅館**

⊙飄散出青森檜木香氣的療癒溫泉「展望浴池」坐擁絕景

017-752-3355 IN15:00、OUT10:00 ¥1泊2食16350～27150日圓 P80輛 所青森市浅虫坂本51-1 青森鐵道淺蟲溫泉站步行10分

MAP附錄②P.6 G-2

## 青森市區 青森國際酒店

あおもりこくさいほてる

位在距離青森站的不遠處，由於地點鄰近港區和鬧區，以早市聞名的市場，方便遊覽觀光景點，餐廳選擇也很多元。

⊙早起去逛逛早市吧

**便於青森觀光 鄰近車站的飯店**

017-722-4321 IN14:00、OUT11:00 ¥單人房8100日圓～、雙床房15000日圓～ P90輛 所青森市新町1-6-18 JR青森站步行5分

MAP附錄②P.14 F-4

## 岩木山 星與森之ROMANTOPIA

ほしともりのろまんとぴあ

獨棟型的小木屋飯店，所有客房皆附有廚房、烹飪器具，能盡享私人空間。還設有天文台、可遠眺岩木山的露天浴池等豐富設施。

**坐落於森林中的獨立型小木屋**

⊙價格平實，非常適合長期住宿

0172-84-2288 IN15:00、OUT10:00 ¥4人棟10800日圓～、1泊2食6090日圓～ P250輛 所弘前市水木在家桜井113-2 JR弘前站車程30分

MAP附錄②P.4 E-4

## 弘前 弘前廣場酒店

ひろさきぷらざほてる

方便做為觀光據點的地點，也很適合出差。高人氣早餐早上6時30分開始供餐，對於得清晨退房的人來說很貼心。

**堅持使用在地食材 早餐備受好評**

0172-35-0345 IN15:00、OUT11:00 ¥單人房7020日圓～、雙床房12960日圓～ P70輛 所弘前市代官町101-1 JR弘前站步行12分

⊙適合觀光或出差的最佳位置

MAP附錄②P.12 G-3

## 黒石溫泉鄉 かねさだ旅館

かねさだりょかん

位在黑石溫泉鄉的落合溫泉，主打能邊欣賞繡球花邊泡湯的繡球花溫泉。晚餐則能品嘗由老闆大展廚藝、滿滿當令美食的家庭料理。

0172-54-8378 IN15:00、OUT10:00 ¥1泊2食8790日圓～ P10輛 所黒石市袋富田66-5 弘南鐵道黒石站搭弘南巴士往虹の湖公園方向30分，津軽こけし館下車，步行5分

MAP附錄②P.4 H-3

**能盡情放鬆的居家風味旅館**

⊙榻榻米客房讓人能夠愜意享受

## 弘前 HOTEL ROUTE-INN HIROSAKI EKIMAE

ほてるるーといんひろさきえきまえ

位於弘前站的正前方，頂樓設有大浴場及休息室，營造出能讓房客悠閒享受的空間。大廳還有提供自助式咖啡的服務。

**所有客房都能使用免費Wi-Fi**

⊙空間寬敞的舒適雙床房

0172-31-0010 IN15:00、OUT10:00 ¥單人房6500日圓～、雙床房11200日圓～ P73輛 所弘前市駅前町5-1 JR弘前站即到

MAP附錄②P.12 H-4

## 奧入瀨溪流 天然溫泉掛け流しの宿 ホテル ポニー温泉

てんねんおんせんかけながしのやどほてるぽにーおんせん

以能飽覽八甲田連峰的露天浴池博得好評，可以在此感受四季更迭的風景與鄉村風情。具備以青森檜木打造的露天浴池、三溫暖、岩盤浴等設施。

**純泡湯入浴情報**

5:00～22:00 休無休 ¥360日圓、小學生150日圓、幼童60日圓

**八甲田連峰盡收眼底的露天浴池**

0176-23-4836 IN15:00、OUT10:00 ¥1泊2食6800日圓～ P60輛 所十和田市三本木佐井幅167-1 JR七戸十和田站搭十和田觀光電鐵巴士往三本木營業所方向45分，到十和田中央轉乘往焼山方向20分，八郷下車即到

MAP附錄②P.3 D-1

⊙弱鹼性的溫泉能讓肌膚滋潤光滑

## 陸奧市 FOLKLORO大湊飯店

ほてるふぉるくろーろおおみなと

鄰接大湊站，具備能將2間雙床房打通成一間的連通房，非常適合多人數下榻於此。從早餐會場的迎賓廳能望見陸奧灣。

**家庭或團體客也推薦來此住宿**

⊙鄰接大湊站，登記入住超快速

0175-24-0051 IN15:00、OUT11:00 ¥單人房6600日圓～、雙床房13200日圓～ P45輛 所むつ市大湊新町7-20 JR大湊站即到

MAP附錄②P.8 E-4

## 五所川原 燦路都大飯店

ほてるさんるーとごしょがわら

靠近五所川原站而交通方便的位置。館內設有溫泉大浴場，能消除舟車勞頓。也十分推薦可以眺望市區街景與岩木山的餐廳。

**在飯店自豪的溫泉大浴場徹底放鬆享受**

⊙擁有多種療效的溫泉，開放至24時

0173-34-8811 IN14:00、OUT11:00 ¥單人房6930日圓～、雙床房13860日圓～ P40輛 所五所川原市布屋町25 JR五所川原站步行3分

MAP P.103 A-1

## 陸奧市中心 陸奧公園酒店

前往各觀光地區都很方便。除了無障礙客房、散發沉穩氣氛的和室之外，還有可使用網路等設備的商務房。

**下北半島的絕佳觀光據點**

⊙走幾步路即可抵達陸奧巴士總站

0175-22-0089 IN15:00、OUT10:00 ¥單人房5832日圓～、雙床房12960日圓～ P70輛 所むつ市田名部町9-10 JR下北站車程8分

MAP P.122 B-1

# 青森 交通方式詳細資訊

前往青森篇

該如何前往本州最北邊的青森？為了讓旅行更加充實，先對前往方式有個概念，再來好好規劃旅行吧。

## 最基本的前往方式！ 搭飛機・鐵路・巴士前往青森

### 首先前往青森機場或者三澤機場

身為縣都的青森以及弘前、八戶是青森的主要門戶，欲前往八戶則以三澤機場最近，前往青森或弘前以青森機場最近。除了秋冬加開的定期包機以外，台灣目前無直飛青森的航班。前往青森機場可從羽田、新千歲、小牧、伊丹機場，三澤機場可從羽田、伊丹、丘珠機場前往，兩地各有定期航班。

### 新幹線和特急列車會直達青森縣內

若搭鐵路前往，JR東北新幹線可從東京直達新青森。此外，若能順利轉乘接續班次，還可前往青森或弘前。從函館出發則是經由北海道・東北新幹線前往。

JR北海道 東北新幹線「はやぶさ」

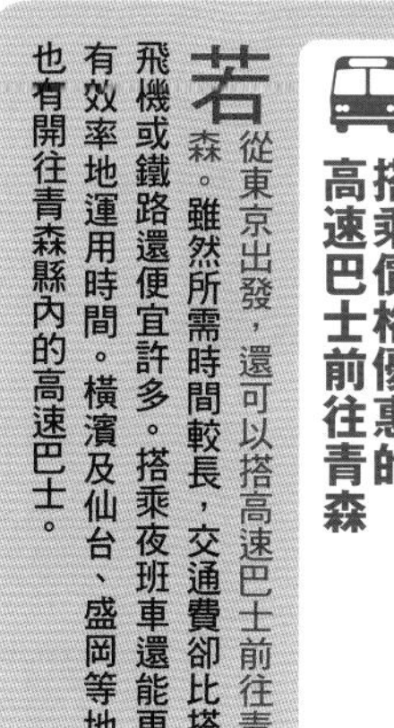

### 搭乘價格優惠的高速巴士前往青森

若從東京出發，還可以搭高速巴士前往青森。雖然所需時間較長，交通費卻比搭飛機或鐵路還便宜許多。搭乘夜班車還能更有效率地運用時間。橫濱及仙台、盛岡等地也有開往青森縣內的高速巴士。

## ●前往弘前這樣去！

從東京出發以搭飛機到青森機場最為快速，從青森機場到弘前市中心就搭巴士。若選擇鐵路，可搭JR東北、北海道新幹線與一般鐵路到新青森站轉乘（新青森～弘前若搭乘特急列車需另購特急券）。從東京出發的直達高速巴士有日間班次與夜行班次，從仙台出發只有日間班次。

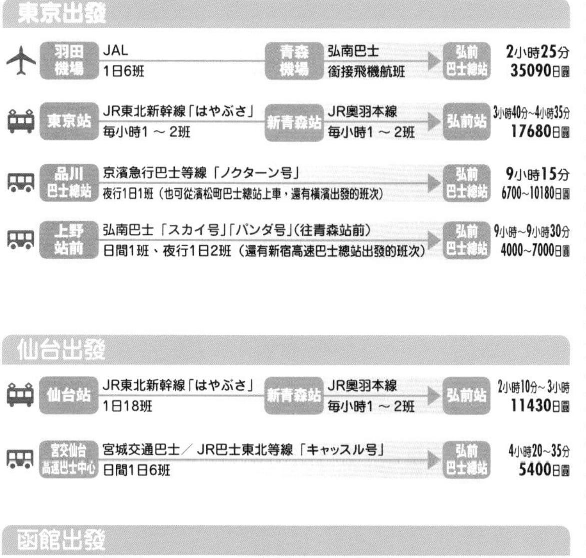

| 東京出發 | | | | | | | | |
|---|---|---|---|---|---|---|---|---|
| 羽田機場 | JAL 1日6班 | 青森機場 | 弘南巴士 銜接飛機航班 | | | 弘前巴士總站 | 2小時25分 | 35090日圓 |
| 東京站 | JR東北新幹線「はやぶさ」 每小時1～2班 | 新青森站 | JR奧羽本線 每小時1～2班 | | | 弘前站 | 3小時40分～4小時35分 | 17680日圓 |
| 品川巴士總站 | 京濱急行巴士等線「ノクターン号」 夜行1日1班（也可從濱松町巴士總站上車，還有橫濱出發的班次） | | | | | 弘前巴士總站 | 9小時15分 | 6700～10180日圓 |
| 上野站前 | 弘南巴士「スカイ号」「パンダ号」（往青森站前） 日間1班、夜行1日2班（還有新宿高速巴士總站出發的班次） | | | | | 弘前巴士總站 | 9小時～9小時30分 | 4000～7000日圓 |

| 仙台出發 | | | | | | | | |
|---|---|---|---|---|---|---|---|---|
| 仙台站 | JR東北新幹線「はやぶさ」 1日18班 | 新青森站 | JR奧羽本線 每小時1～2班 | | | 弘前站 | 2小時10分～3小時 | 11430日圓 |
| 宮交仙台高速巴士中心 | 宮城交通巴士／JR巴士東北等線「キャッスル号」 日間1日6班 | | | | | 弘前巴士總站 | 4小時20～35分 | 5400日圓 |

| 函館出發 | | | | | | | | |
|---|---|---|---|---|---|---|---|---|
| 函館站 | JR函館本線「はこだてライナー」 1日16班 | 新函館北斗站 | JR北海道新幹線「はやぶさ」「はやて」 1日13班 | 新青森站 | JR奧羽本線 每小時1～2班 | 弘前站 | 2小時20分～3小時5分 | 8340日圓 |

## ●前往青森這樣去！

從東京出發以搭飛機最快速。若搭乘鐵路，選擇JR東北・北海道新幹線比較快，此外，僅限於JR奧羽本線新青森～青森之間，搭乘特急列車不需特急券便能使用普通列車的自由座（青春18旅遊通票不適用）。還可以搭高速巴士前往。

| 東京出發 | | | | | | |
|---|---|---|---|---|---|---|
| 羽田機場 | JAL 1日6班 | 青森機場 | JR巴士東北 銜接飛機航班 | 青森站前 | 2小時10分 | 34790日圓 |
| 東京站 | JR東北新幹線「はやぶさ」 每小時1～2班 | 新青森站 | JR奧羽本線 每小時1～2班 | 青森站 | 3小時20～50分 | 17350日圓 |
| 東京站八重洲南口 | JR巴士東北「ラ・フォーレ号」 夜行1日1班 | | | 青森站前 | 9小時35分 | 7500～10500日圓 |
| 東京站八重洲南口 | 弘南巴士「津輕号」 夜行1日1班 | | | 青森站 | 10小時10分 | 8000～10500日圓 |
| 上野站前 | 弘南巴士「パンダ号」「スカイ号」 日間1班、夜行1日2班 | | | 青森站前 | 10小時20～50分 | 4000～7000日圓 |

| 仙台出發 | | | | | | | | |
|---|---|---|---|---|---|---|---|---|
| 仙台站 | JR東北新幹線「はやぶさ」 1日18班 | 新青森站 | JR奧羽本線 每小時1～3班 | | | 青森站 | 1小時40分～2小時40分 | 11210日圓 |
| 宮交仙台高速巴士中心 | 宮城交通巴士／JR巴士東北等線「ブルーシティ号」 日間1日4班 | | | | | 青森站 | 4小時50分～5小時5分 | 4900～6000日圓 |

| 函館出發 | | | | | | | | |
|---|---|---|---|---|---|---|---|---|
| 函館站 | JR函館本線「はこだてライナー」 1日16班 | 新函館北斗站 | JR北海道新幹線「はやぶさ」「はやて」 1日13班 | 新青森站 | JR奧羽本線 每小時1～3班 | 青森站 | 1小時50分～2小時40分 | 7690日圓 |

## ●前往八戶這樣去！

搭乘鐵路最方便。前往市中心可從八戶站轉乘JR八戶線前往本八戶站方向。八戶站有開往十和田湖方向的巴士停靠。從東京搭乘飛機過來雖然能節省時間，班次較少卻是一大問題。機場巴士不會停靠八戶站，而是直接開往八戶市中心。三澤機場～八戶八日町需55分、1400日圓。

| 東京出發 | | | | | | |
|---|---|---|---|---|---|---|
| 羽田機場 | JAL 1日3班 | 三澤機場 | 十和田觀光電鐵巴士 銜接飛機航班 | 八戶八日町 | 2小時25分 | 34690日圓 |
| 東京站 | JR東北新幹線「はやぶさ」 每小時1班 | | | 八戶站 | 2小時45～55分 | 16290日圓 |
| 東京站八重洲南口 | 國際興業巴士等線「シリウス号」（往七戶十和田站南口） 夜行1日1班（也可從池袋站東口上車） | | | 八戶站東口 | 9小時15分 | 7600～10000日圓 |

| 仙台出發 | | | | |
|---|---|---|---|---|
| 仙台站 | JR東北新幹線「はやぶさ」 1日16班 | 八戶站 | 1小時10～55分 | 9280日圓 |
| 仙台站東口 | JR巴士東北等線「うみねこ号」 日間1日3班 | 八戶LAPIA巴士總站 | 4小時25～40分 | 3900日圓～4900日圓 |

| 函館出發 | | | | | | |
|---|---|---|---|---|---|---|
| 函館站 | JR函館本線「はこだてライナー」 1日16班 | 新函館北斗站 | JR北海道・東北新幹線「はやぶさ」「はやて」 1日13班 | 八戶站 | 2小時～2小時30分 | 10940日圓 |

搭飛機的費用為平常時期的一般費用，包含旅客服務設施使用費等。鐵路的費用為完整行程的一般票價與平常時期特急普通列車對號座費用的合計值（包含轉乘優惠，若無搭乘特急列車則僅算一般票價）。所需時間刊載去程的標準值。刊載資訊皆為2017年10月時的數據，可能因交通營運狀況或票價調整等而有所變更，出發前請事先做好確認。

# 青森 交通方式地圖

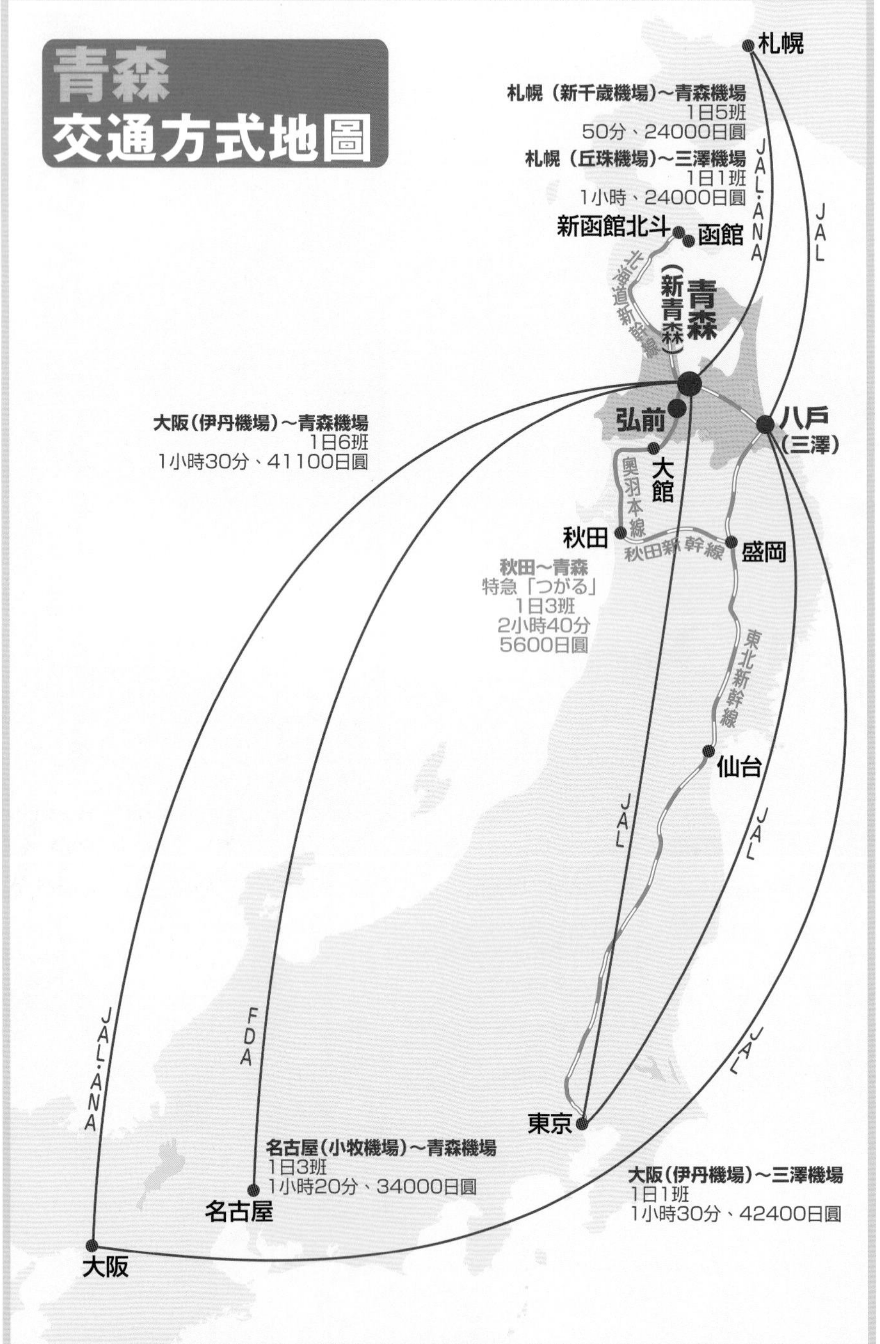


## 時刻及費用等資訊的諮詢處

**飛機**

- ▶▶JAL（日本航空）……☎0570-025-071
- ▶▶ANA（全日空）……☎0570-029-222
- ▶▶FDA（富士夢幻航空）……☎0570-55-0489

**鐵路**

- ▶▶JR東日本洽詢中心……☎050-2016-1600

**機場巴士、高速巴士**

- ▶▶JR巴士東北青森站前JR巴士售票處（東京～青森／青森機場～青森站）☎017-773-5722
- ▶▶京急高速巴士座席中心……☎03-3743-0022
- ▶▶弘南巴士弘前巴士總站服務處（青森機場～弘前）……☎0172-36-5061
- ▶▶十和田觀光電鐵……☎0178-43-4520
- ▶▶國際興業高速巴士預約中心……☎0570-048-985
- ▶▶弘南巴士預約中心（東京、上野、新宿～青森、弘前）……☎0172-37-0022
- ▶▶宮城交通高速巴士綜合服務處……☎022-261-5333
- ▶▶JR巴士東北仙台站東口服務處（仙台～青森、弘前、八戶）☎022-256-6646

## 「弘前↔十和田湖間接駁巴士」輕鬆觀光去

行駛於弘前及小坂、十和田湖之間的預約制接駁巴士，2、4～11月的每週六、日及弘前櫻花祭期間每天營運。推出A、B、C、D共4條路線，A、D路線從弘前出發，B、C路線從十和田湖出發。單程各3000～3500日圓，當天往返（A+B或者C+D路線）5000～6000日圓。最晚須在搭乘的7天前預約。路線詳情請見弘前、十和田湖間接駁巴士官網（http://www.tsugarunavi.jp/shuttlebus/），預約、洽詢請洽弘南巴士（A、B路線）☎0172-38-2255、第一觀光巴士（C、D路線）☎0186-35-2166。

※以上為2018年資訊，進一步資訊需洽詢

## 前往青森的優惠車票

### 青森假期通票　2470日圓

限當日搭乘

售票地點／青森周邊的JR東日本主要車站的綠色窗口、對號座售票機、View Plaza、主要旅行社等

週六日、假日或指定期間內的任一天，可整天自由搭乘青森指定區域內的JR線（新幹線除外）、青森鐵道。

●欲搭乘特急列車則需加購特急券等

### 三連休東日本・函館通票　14050日圓

限指定的3日內有效

售票地點／JR東日本・北海道主要車站的綠色窗口、View Plaza、Twinkle Plaza、對號座售票機、主要旅行社等（部分除外）

僅限於規定時間內的3連休，可自由搭乘JR東日本全線及JR北海道管轄範圍內部分路線（函館周邊）的快速、普通列車的普通車自由座。

●部分私鐵路線也可自由搭乘　●欲搭乘新幹線或特急列車等則需加購特急券等　●最晚在開始使用日的前一天購買

### 津輕通票　2060日圓

2日內有效

售票地點／通票使用範圍內以及JR東日本秋田縣管轄範圍內（部分除外）、深浦、鰺澤站的對號座售票機、綠色窗口、View Plaza等

●JR奧羽本線青森～新青森～弘前～碇關以及JR五能線川部～五所川原、津輕鐵道津輕五所川原～金木以及弘南鐵道弘南線、大鰐線全線自由搭乘（快速、普通列車的普通車自由座）　●也可自由搭乘弘南巴士的指定區間　●全年皆可使用

### 五能線通票　3810日圓

限2日內有效

售票地點／通票使用範圍內以及JR東日本秋田地區內的車站之綠色窗口、View Plaza（部分除外）

包含五能線在內的指定區間，可自由搭乘快速、普通列車的普通車自由座。

●自由搭乘JR五能線所有區間及JR奧羽本線青森～新青森～弘前以及東能代～秋田（快速、普通列車的普通車自由座）　●欲搭乘「Resort白神號」需加購對號座票券

### 北海道&東日本通票（限普通列車）　10850日圓

限連續7日內有效

售票地點／JR東日本・北海道主要車站的綠色窗口、View Plaza等（部分除外）

僅限夏季、冬季的指定期間內，可自由搭乘JR東日本・北海道全線以及青森鐵道、IGR岩手銀河鐵道的快速、普通列車的普通車自由座。

●也可自由搭乘北越急行北北線　●不可搭乘道南漁火鐵道　●欲搭乘新幹線或特急列車需加購特急券及該區間的車票

# 青森縣內的交通

為了能在青森縣內順暢來往，必須事先對交通網有初步的概念，尤其一定要確認機場的交通方式、前往目標觀光地區的路線巴士班次。此外，行駛於縣內主要都市之間的高速巴士及都市內的巴士也非常重要。

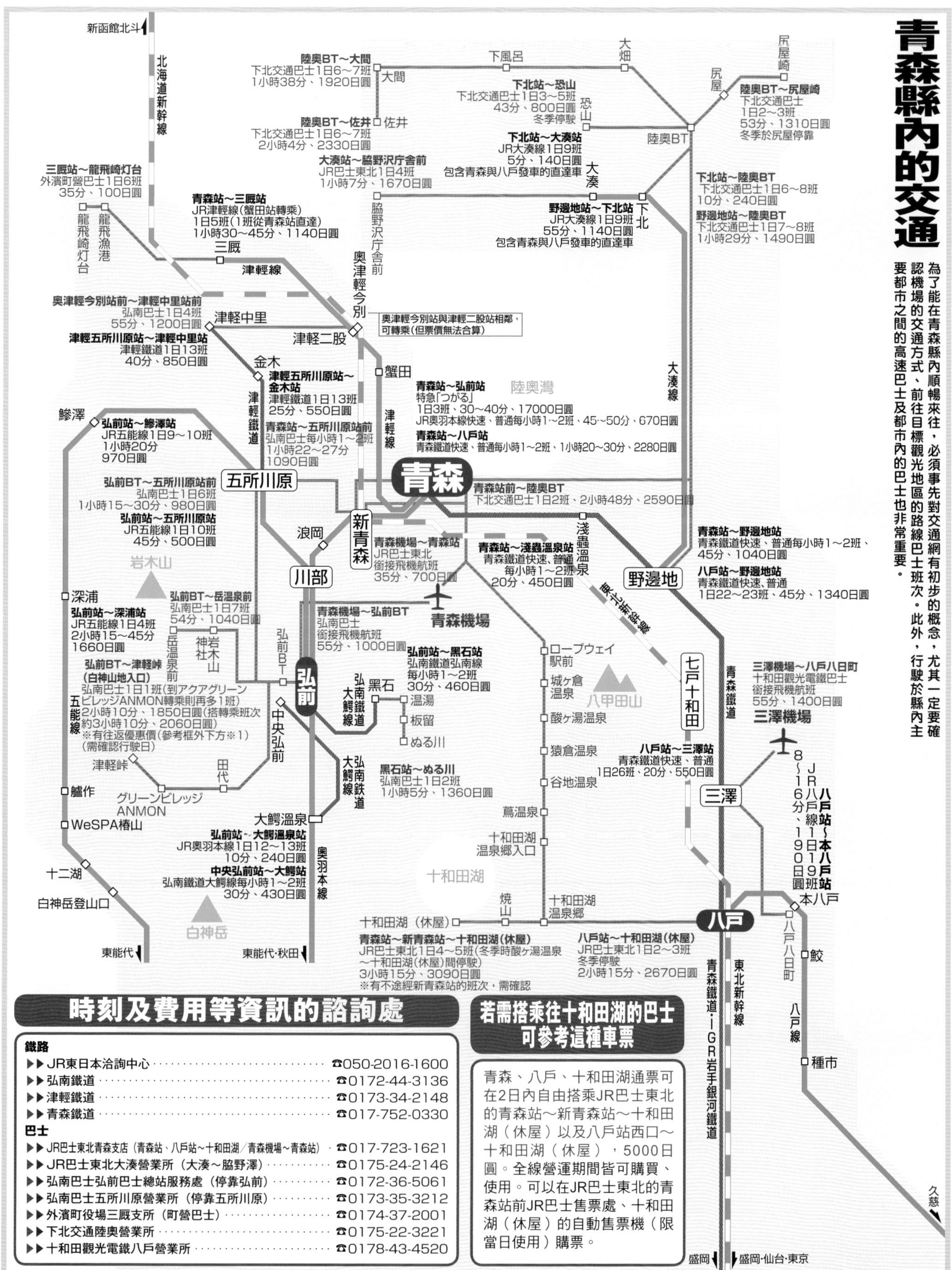


## 時刻及費用等資訊的諮詢處

**鐵路**

- ▶▶JR東日本洽詢中心……☎050-2016-1600
- ▶▶弘南鐵道……☎0172-44-3136
- ▶▶津輕鐵道……☎0173-34-2148
- ▶▶青森鐵道……☎017-752-0330

**巴士**

- ▶▶JR巴士東北青森支店（青森站、八戶站～十和田湖／青森機場～青森站）……☎017-723-1621
- ▶▶JR巴士東北大湊營業所（大湊～脇野澤）……☎0175-24-2146
- ▶▶弘南巴士弘前巴士總站服務處（停靠弘前）……☎0172-36-5061
- ▶▶弘南巴士五所川原營業所（停靠五所川原）……☎0173-35-3212
- ▶▶外濱町役場三厩支所（町營巴士）……☎0174-37-2001
- ▶▶下北交通陸奥營業所……☎0175-22-3221
- ▶▶十和田觀光電鐵八戶營業所……☎0178-43-4520

## 若需搭乘往十和田湖的巴士可參考這種車票

青森、八戶、十和田湖通票可在2日內自由搭乘JR巴士東北的青森站～新青森站～十和田湖（休屋）以及八戶站西口～十和田湖（休屋），5000日圓。全線營運期間皆可購買、使用。可以在JR巴士東北的青森站前JR巴士售票處、十和田湖（休屋）的自動售票機（限當日使用）購票。

※1：弘前BT～津軽峠的往返優惠價／直達班次、轉乘班次皆為2780日圓。往返車票於弘前巴士總站、弘前站前服務處販售。

# 青森交通方式詳細資訊

## 租車自駕篇

不用在意時間、能自由前往目的地正是租車自駕的魅力。由於在青森縣內光靠鐵路或巴士移動還是有不便之處，這對喜愛租車自駕的人來說剛剛好。不過有些地方從出發到目的地需長距離駕駛，建議事先將中途休憩地點列入考量，規劃出有彈性的行程。

### 道路資訊及租車自駕的諮詢處

日本道路交通情報中心（青森資訊）‥ ☎050-3369-6602
NEXCO東日本客服中心 ………… ☎0570-024-024
豐田租車 ……… 📞0800-7000-111
日產租車 ………… 📞0120-00-4123
日本租車 ……… 📞0800-500-0919
歐力士租車 ………… 📞0120-30-5543

### ●便於租車自駕的搜尋網站

最常見的電視、收音機的交通資訊
**日本道路交通情報中心**
提供塞車資訊和塞車預測、冬季封鎖資訊等。

以提供高速公路資訊為主
**NEXCO東日本**
主要提供包含東北地區在內的東日本高速公路資訊，也包含大、小型公路休息站的資訊。

網羅日本各地的主要道路
**國土交通省道路局 塞車資訊**
不僅是高速公路，連一般道路資訊也涵蓋在內。

### ●自駕兜風導覽

東北自動車道為主要路線。欲前往青森中心區需從青森JCT走青森自動車道，前往八戶中心區則從安代JCT走八戶自動車道。此外，需特別留意積雪或路面結冰、冬季封鎖資訊等。先搭乘大眾交通工具抵達青森縣內，再來租車自駕也是另一種方法。選擇JR搭配租車的「鐵路＋租車服務」可享優惠，詳情請向車站確認以及查詢時刻表。

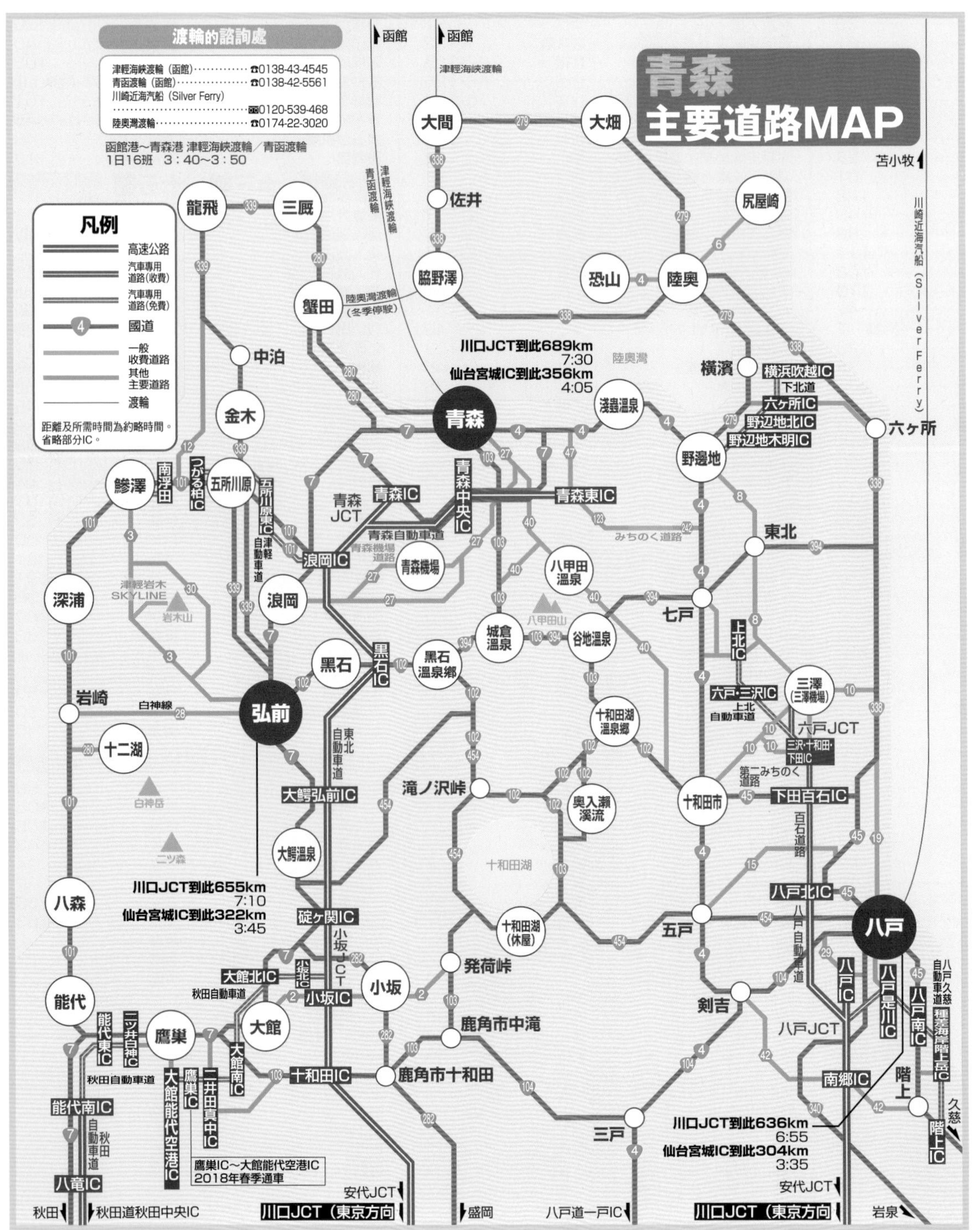

# INDEX

按筆畫順序

## 外文字母



## 日文假名



## 一劃～二劃



## 三劃～四劃

【 MM 哈日情報誌系列 12 】

# 青森

**弘前・津輕・十和田**

作者／MAPPLE昭文社編輯部
編輯／編集工房ビータス
翻譯／潘涵語
校對／曾紓宥、汪欣慈
責任編輯／林德偉
發行人／周元白
排版製作／長城製版印刷股份有限公司
出版者／人人出版股份有限公司
地址／23145 新北市新店區寶橋路235巷6弄6號7樓
電話／（02）2918-3366（代表號）
傳真／（02）2914-0000
網址／www.jjp.com.tw
郵政劃撥帳號／16402311 人人出版股份有限公司
製版印刷／長城製版印刷股份有限公司
電話／（02）2918-3366（代表號）
經銷商／聯合發行股份有限公司
電話／（02）2917-8022
第一版第一刷／2018年10月
定價／新台幣380元

國家圖書館出版品預行編目(CIP)資料

青森 弘前·津輕·十和田 / MAPPLE昭文社編輯部作 ；
潘涵語翻譯. -- 第一版.-- 新北市：人人, 2018.10
面； 公分. --（MM哈日情報誌系列；12）
SBN 978-986-461-158-4（平裝）

1.旅遊 2.日本青森縣

731.7119 107013230

Mapple magazine AOMORI
HIROSAKI・TSUGARU・TOWADA

MM日本12
201810